本书得到 2021 年度南京审计大学青年教师科研培育项目资助

法|学|研|究|文|丛
——— 环境法学 ———

生态环境损害的
行政命令型救济研究

谌　杨◉著

知识产权出版社
全国百佳图书出版单位
——北京——

图书在版编目（CIP）数据

生态环境损害的行政命令型救济研究／谌杨著．—北京：知识产权出版社，2022.5
ISBN 978－7－5130－8116－0

Ⅰ．①生…　Ⅱ．①谌…　Ⅲ．①生态环境—环境污染—赔偿—研究—中国
Ⅳ．①D922.683.4

中国版本图书馆 CIP 数据核字（2022）第 056105 号

责任编辑：彭小华　　　　　　　　　　责任校对：潘凤越
封面设计：智兴设计室　　　　　　　　责任印制：刘译文

生态环境损害的行政命令型救济研究
谌　杨　著

出版发行：**知识产权出版社** 有限责任公司　　网　　址：http：//www.ipph.cn
社　　址：北京市海淀区气象路 50 号院　　　　邮　　编：100081
责编电话：010－82000860 转 8115　　　　　　责编邮箱：huapxh@sina.com
发行电话：010－82000860 转 8101/8102　　　 发行传真：010－82000893/82005070/82000270
印　　刷：天津嘉恒印务有限公司　　　　　　经　　销：新华书店、各大网上书店及相关专业书店
开　　本：880mm×1230mm　1/32　　　　　　印　　张：10.75
版　　次：2022 年 5 月第 1 版　　　　　　　　印　　次：2022 年 5 月第 1 次印刷
字　　数：280 千字　　　　　　　　　　　　定　　价：88.00 元
ISBN 978－7－5130－8116－0

序

  良好生态环境是最公平的公共产品，是最普惠的民生福祉。在当下我国着力推进生态文明建设，守护绿水青山与净土蓝天的宏大背景下，广大人民群众对于及时并有效修复我国普遍存在的因环境污染或生态破坏行为所造成的长期性和累积性生态环境损害的要求亦愈发强烈。基于此，我国自2015年起正式启动生态环境损害赔偿制度改革，意在明确生态环境损害责任人除了应当承担惩罚性的环境行政责任或环境刑事责任，亦需要承担填补性的生态环境损害修复或赔偿责任，以破解我国长期存在的"企业污染、群众受害、政府买单"困局。

  值得注意的是，在我国的环境法律体系中，已经存在着责令消除污染、责令恢复原状、责令赔偿损失等类型的行政命令。虽然立法者设置这些行政命令的初衷可能并非是用于救济生态环境损害，但这些行政命令的实施，不仅与生态环境损害密切关联，而且已经蕴含了生态环境损害救济的部分功能。然而，由于当下我国对于环境民事公益诉讼制度以及生态环境损害赔偿制度的推崇，使得生态环境损害的行政救济途径在一定程度上被忽略。事实上，相对于行政救济而言，司法救济以其高成本和终局性理应作为最后保障，在穷尽行政救济的情况下再启动司法救济。基于此，本书在反思现行诉讼为主模式及其司法救济的基础上，对生态环境损害的行政救济特别是行政命令救济模式进行了较为系统和细致的研究，并以"通过行政命令途径救济生态环境损害"的主张回应了生态环境损害救济中的行政权与司法权的选择问题。通观全书，我认为本书主要有以下几方面的特色。

首先，本书的论证过程较为严谨。本书主要采取了先驳论再立论的方式，先行对学界关于生态环境损害救济的相关主流学说进行了较为完整的归纳和评析，再对现行理论与机制的不足或不力之处进行了较为全面和深入的分析，在此基础上提出通过行政命令途径救济生态环境损害的观点，并对构建行政命令救济制度的必要性与合理性进行了较为充分的论证。

其次，在本书中不乏创新观点。作者不仅对环境民事公益诉讼制度、生态环境损害赔偿制度以及关于生态环境损害救济模式的其他理论设想中所存在的问题进行了剖析，以推动学界对于我国既有的以及设想中的生态环境损害救济多重模式的合理性与必要性展开系统化的反思，而且还通过创设专门用于救济生态环境损害的行政命令类型，扩展行政命令救济的适用范围，尝试将实践中不同程度和不同类型的生态环境损害均纳入行政命令途径进行救济。

再次，本书的研究内容具有较强的实效性。本书在论证中不仅紧密结合实践，较为全面且细致地梳理了我国生态环境损害救济的相关立法，同时亦参考若干实践中的典型案例，注重理论研究与现实案例的结合运用，进一步增强了所提观点的说服力。

最后，本书提出了用于救济生态环境损害的具体行政命令类型，完善了生态环境损害行政命令救济的基本程序，并在最后草拟了《生态环境损害救济法》建议稿及内容说明，充分表明了本书的相关研究并非空谈，而是具有可行性且"可落地"的具体制度设计。

作者谌杨博士是我指导的博士研究生，研究生学习期间，勤奋好学、谦虚严谨，善于对环境法律相关理论与制度进行反思，具有良好的学术意识。本书是他在博士论文的基础上进行修改完善的最终成果。看到自己学生的专著付梓出版，我由衷地感到高兴，并真诚地祝愿谌杨博士在未来的学术道路上继续保持求真务实的学术精神，为我国生态环境法治建设添砖加瓦。

朱 谦

2022 年 2 月 6 日

前　言

　　生态环境损害是指由环境污染或生态破坏等人为因素所造成的对生态环境本身的损害，也即对自然资源或环境要素生态价值的损害。在生态环境损害的概念之中，不包括人身权或财产权损害等私法权利的损害。生态环境损害的客体是环境公共利益，应当通过公法途径予以救济。

　　我国的生态环境损害救济体系是在我国生态环境治理工作不断推进的过程中逐步发展起来的。从总体上看，我国的生态环境损害救济主要经历了早期的未对生态环境损害进行救济阶段，到通过民事侵权责任途径兼顾救济生态环境损害阶段，再到当下通过环境民事公益诉讼制度与生态环境损害赔偿制度双渠道救济生态环境损害阶段。然而，在目前我国生态环境损害救济体系中占据核心地位的环境民事公益诉讼制度与生态环境损害赔偿制度均存在诸多欠缺，并且这些欠缺难以通过制度完善等表层式修补的方式予以化解，因而通过环境民事公益诉讼制度与生态环境损害赔偿制度难以实现对生态环境损害的有效救济。不仅如此，我国学者所提出的关于生态环境损害救济途径的其他理论设想，也因在必要性、可行性或适当性等方面存在一定的欠缺而难以在我国生态环境损害救济实践中加以适用。

事实上，在我国的环境法律体系中存在责令消除污染、责令恢复原状、责令赔偿损失等行政命令类型，虽然立法者设置这些行政命令的初衷并非是用之救济生态环境损害，并且通过这些行政命令也无法实现对生态环境损害的完整救济，但在这些行政命令之中，确实已经蕴含了生态环境损害救济的部分功能。然而，出于借鉴域外公民诉讼制度等通过诉讼途径救济生态环境损害的实践经验之因素，以及在生态文明建设背景下鼓励司法机关在生态环境损害救济方面积极创新并有所作为之考虑，我国立法者更倾向于将环境民事公益诉讼制度与生态环境损害赔偿制度作为我国生态环境损害救济的主要发展方向，从而导致生态环境损害的行政命令救济途径在一定程度上被忽视。

实际上，从欧美国家和地区关于生态环境损害救济的相关立法与司法实践来看，通过行政命令途径救济生态环境损害亦是相对可行且较为有效的救济途径之一。而基于对"搭便车"理论、国家公权力理论、政府环境责任理论以及行政效能理论在生态环境损害救济领域内的嵌入适用，不难发现在由行政权主导各项环境事务的我国，通过更为高效的行政途径而非司法途径或其他途径救济生态环境损害是更为合适的选择。循此继进，在应当通过行政途径救济生态环境损害的基本框架下，进一步将具备及时性、专业性和普适性特征且能够有效弥补环境民事公益诉讼制度与生态环境损害赔偿制度各项欠缺的行政命令作为我国生态环境损害救济的优先选择，是我国构建科学完备且契合实际需要的生态环境损害救济体系的应有之义。

在具体构建生态环境损害的行政命令救济体系时，应当在恪守合法性、必要性和有效性三重准则的前提下，创设责令消除环境风险、责令修复生态环境、责令异地替代修复和责令赔偿生态损失四种专门用于救济生态环境损害的行政命令类型。其中，责令消除环境风险可以用于对尚未实际发生的生态环境损害风险的预防性救济；而责令修复生态环境、责令异地替代修复和责令赔偿生态损失则可以用于对已经实际发生的生态环境损害结果的恢复性或填补性救济。出于使生态环境损害的行政命令救济体系进一步规范化之目的，亦需要从内部控制制度、信息公开制度、公众参与制度和权利保障制度四个维度对专门用于救济生态环境损害的行政命令的作出程序进行相应的法律规制。

针对生态环境损害的行政命令救济体系中可能存在的行政机关怠于履行生态环境损害救济职责之行为，可以通过检察建议制度、行政公益诉讼制度和公众检举制度予以应对；对于行政机关在生态环境损害救济中可能存在的因行为失范而损害行政相对人合法权益之情形，可以通过行政复议、行政诉讼和信访申诉途径予以解决；对于生态环境损害责任人确无能力履行生态环境损害修复或赔偿责任之情境，可以通过社会化救济、政府补充救济和劳务代偿等方式予以化解；对于生态环境损害责任人拒不履行专门用于救济生态环境损害的行政命令之情况，则可以通过行政代履行、加处罚款与划拨存款、信用惩戒等方式予以处理。

目录

CONTENTS

导　论

一、选题背景与选题意义

（一）选题背景

自改革开放以来，我国经济社会等多个方面均得到了飞速发展，在社会主义建设的过程中取得了多项彪炳史册的历史性成就。然而，在这一系列辉煌成就的背后，不容忽视的一个现象即是我国某些地区的环境污染与生态破坏问题比较严重。近年来，我国更是接连发生了多起危害程度深、社会影响大的生态环境损害事件，这些生态环境损害事件影响了当地人民群众的生活质量，降低了当地人民群众的获得感和幸福感，成为美丽中国建设中亟待突破的瓶颈。

通常来说，环境污染或生态破坏行为会带来双重损害❶：一是因环境污染或生态破坏行为所导致的对人身权或财产权的损害，由于这种损害属于私法之范畴，因而可以通过民事侵权责任体系予以救济；

---

❶ 吕忠梅："论环境侵权的二元性"，载《人民法院报》2014 年 10 月 29 日，第 8 版。

二是因环境污染或生态破坏行为所导致的对生态环境本身的损害，也即本书所述的"生态环境损害"，其通常表现为生态系统退化、生态服务功能丧失或环境容量下降等，由于这种生态环境损害的对象实质为环境公共利益，属于公法之范畴，因而需要通过公法体系予以救济。然而长期以来，囿于我国立法者对于生态环境本身损害的现象与后果的认识不足，导致我国环境法律体系中长期缺乏对生态环境本身损害进行填补性救济的相关内容，实践中造成大量生态环境损害的责任人仅被科以惩罚性的环境行政责任或环境刑事责任，而并未要求其承担填补性的生态环境损害修复或赔偿责任。

事实上，生态环境损害的惩罚性责任与填补性责任之间存在很大的区别。就属于惩罚性责任范畴的行政罚款或刑事罚金而言，通常都有其数额上限，这些数十万元乃至数百万元的罚款或罚金看似已不算少，但倘若将其与动辄上千万元甚至上亿元的生态环境修复费用相比较，无异于杯水车薪。因此，在仅对生态环境损害责任人科以行政处罚或刑事处罚等惩罚性责任的情况下，其所承担的惩罚性责任与其对生态环境所造成的实际损害之间是远远无法匹配的。这种无法匹配会导致实践中的生态环境修复工作出现巨大的资金缺口，而不得不由政府通过公共财政支出的方式来承担巨额的生态环境修复费用，并最终通过税收等方式转嫁给社会公众，这便是通常所说的"企业污染、群众受害、政府买单"困局。❶

为了破解这一困扰我国生态环境损害救济工作多年的难题，近年来党和政府陆续出台了一系列政策文件，开始着力构建以民事求偿为核心的生态环境损害赔偿制度：2015 年 12 月，中共中

---

❶ 赵静："以制度破解'企业污染、群众受害、政府买单'局面"，载《辽宁日报》2021 年 1 月 28 日，第 10 版。

央办公厅、国务院办公厅联合印发了《生态环境损害赔偿制度改革试点方案》，决定选择部分省份开展生态环境损害赔偿制度改革试点。2016 年 8 月，中央全面深化改革领导小组第二十七次会议审议通过了《关于在部分省份开展生态环境损害赔偿制度改革试点的报告》，批准在吉林、江苏、山东等 7 省（市）率先开展生态环境损害赔偿制度改革试点工作。2017 年 12 月，在经历了一年多的试点之后，中共中央办公厅、国务院办公厅联合印发了《生态环境损害赔偿制度改革方案》，正式决定在全国范围内推行生态环境损害赔偿制度。2019 年 6 月，最高人民法院发布了《关于审理生态环境损害赔偿案件的若干规定（试行）》，对司法实践中亟待明确的关于生态环境损害赔偿制度的若干重要问题进行了规定。

而几乎是在同一时期，全国人民代表大会常务委员会（以下简称人大常委会）也通过对《中华人民共和国民事诉讼法》（以下简称《民事诉讼法》）和《中华人民共和国环境保护法》（以下简称《环境保护法》）的历次修改或修订，确立了由社会组织和检察机关作为原告提起环境民事公益诉讼的制度安排：2012 年 8 月，第十一届全国人大常委会第二十八次会议对《民事诉讼法》进行了修改，首次以立法的形式确立了环境民事公益诉讼制度。2014 年 4 月，第十二届全国人大常委会第八次会议对《环境保护法》进行了全面修订，进一步完善了社会组织提起环境民事公益诉讼的相关制度规则。2017 年 6 月，第十二届全国人大会常委会第二十八次会议对《民事诉讼法》再次进行了修改，赋予检察机关以环境民事公益诉讼原告主体资格。此外，最高人民法院也于 2015 年 1 月和 2018 年 3 月先后发布了《关于审理环境民事公益诉讼案件适用法律若干问题的解释》与《关于检察公益诉讼案件适用法律若干问题的解释》两部司法解释，进一步对社会组织和检察机关提起环境民事公益诉讼的相关制度规则进行了细化规定。

至此，我国旨在对生态环境本身损害进行填补性救济的生态环境损害救济体系完成了一个从无到有的蜕变。尽管目前我国涉及生态环境损害救济的各项制度安排大多仍处于实践探索阶段，但我国的生态环境损害救济工作无疑已经迈入了一个全新的历史时期，以往对生态环境本身的损害无法进行填补性救济的尴尬局面也已经在一定程度上得到了改变。

（二）选题意义

如前文所述，通过中共中央办公厅、国务院办公厅出台的若干政策文件、全国人大常委会的历次修订的法律以及最高人民法院相继发布的若干司法解释，我国已经初步构建起一个涵盖生态环境损害赔偿制度与环境民事公益诉讼制度（包括社会组织环境民事公益诉讼与检察环境民事公益诉讼）的生态环境损害救济体系之雏形：首先，省级和地市级人民政府及其指定的相关部门或机构，或者受国务院委托行使全民所有自然资源资产所有权的部门，可以通过生态环境损害赔偿磋商或诉讼的方式要求生态环境损害责任人承担生态环境损害赔偿责任；其次，依法在设区的市级以上人民政府民政部门登记、专门从事环境保护公益活动连续五年以上且无违法记录的社会组织，可以通过提起环境民事公益诉讼的方式要求生态环境损害责任人承担生态环境损害赔偿责任；最后，检察机关在没有符合条件的社会组织或行政机关和社会组织不提起诉讼的情况下，可以通过提起检察环境民事公益诉讼的方式要求生态环境损害责任人承担生态环境损害赔偿责任。

然而本书认为，在目前我国正着力构建的这一通过环境民事公益诉讼制度与生态环境损害赔偿制度双渠道救济生态环境损害的制度体系之中，仍有诸多问题值得我们进一步思考：如在生态环境损害赔偿制度中，生态环境损害赔偿磋商程序这一明显带有民事平等协商色彩的求偿方式，与赔偿义务人在生态环境损害赔偿中应当做到"应赔尽赔"❶ 的基本要求之间的矛盾怎么解决？再比如在环境民事公益诉讼制度中，面对社会组织提起环境民事公益诉讼的案件数量所呈现出的逐年下降的趋势，❷ 在当下我国生态环境损害救济体系的框架内能够给出怎样的应对方案？而在关于环境民事公益诉讼制度与生态环境损害赔偿制度之间的适用顺位关系方面，《关于审理生态环境损害赔偿案件的若干规定（试行）》第 17 条❸所确立的生态环境损害赔偿诉讼优先于环境民事公益诉讼的制度安排是否具有天然的正当性？

　　诸如此类的一系列问题，皆可谓是我国在构建通过环境民事公益诉讼制度与生态环境损害赔偿制度双渠道救济生态环境损害的制度体系时所不得不面临的多重难题。而从另一个角度来说，这一系列问题的存在，也恰恰反映出当下我国通过环境民事公益诉讼制度与生态环境损害赔偿制度双渠道救济生态环境的制度安排本身即存在着为数不少的内在矛盾，并且不难发现的是，这些内在矛盾大多是基于环境民事公益诉讼制度与生态环境损害赔偿

❶ 所谓"应赔尽赔"，是指政府在开展生态环境损害赔偿工作的全过程中，必须责成赔偿义务人足额赔偿包括环境应急处置费用、损害鉴定评估费用、生态环境修复费用、生态环境服务功能永久性损失等在内的各项损失和费用，"该赔的要素必须要赔全，要让环境违法企业付出应有的代价，使其不敢再铤而走险。"参见许海燕："环境有价，一旦损害'应赔尽赔'"，载《新华日报》2018 年 9 月 17 日，第 5 版；严厚福："损害生态环境必须'应赔尽赔'"，载《人民日报》2017 年 12 月 20 日，第 5 版。

❷ 王琳琳："保障社会组织开展公益诉讼需精准施策"，载《中国环境报》2018 年 3 月 14 日，第 8 版。

❸ 《关于审理生态环境损害赔偿案件的若干规定（试行）》（2019）第 17 条规定："人民法院受理因同一损害生态环境行为提起的生态环境损害赔偿诉讼案件和民事公益诉讼案件，应先中止民事公益诉讼案件的审理，待生态环境损害赔偿诉讼案件审理完毕后，就民事公益诉讼案件未被涵盖的诉讼请求依法作出裁判。"

制度两者的固有属性而产生的：如在环境民事公益诉讼制度中，诉讼程序所固有的冗长性特征与生态环境损害救济的紧迫性要求之间即存在无法兼容之矛盾；而在生态环境损害赔偿制度中，由于将纯私权化的自然资源国家所有权作为政府索赔的权利基础，因而始终难逃对国家对于自然资源所享有的究竟应当是私人所有权还是行政管理权的诘问。

总而言之，环境民事公益诉讼制度与生态环境损害赔偿制度两者均存在若干根源于制度本身的内在矛盾，而这种内在矛盾难以通过不触及矛盾根源的制度完善或者细节调整等表层式修补的方式予以解决。因此，唯有彻底摆脱仅对环境民事公益诉讼制度与生态环境损害赔偿制度两者进行制度完善或者细节调整等对策型研究之窠臼，而从更高位阶的理论层面对我国应当构建怎样的生态环境损害救济体系进行整体把握与分析探讨，方能构建一个更加科学完备且更为符合生态环境损害救济客观需要的生态环境损害救济体系，进而对我国实践中存在的大量生态环境损害进行有效救济。

而本书的选题意义即在于此。本书的理论意义在于：从理论层面提出应当改变目前我国通过环境民事公益诉讼制度与生态环境损害赔偿制度双渠道救济生态环境损害的制度格局，转而通过行政命令途径对生态环境损害进行救济，以实现我国生态环境损害救济体系由民事主导转为行政主导的根本性变革，从而将生态环境损害这一实质为环境公共利益损害的公法问题，由私法调整拨回公法调整的正确轨道。本书的实践意义在于：在提出应当通过行政命令途径救济生态环境损害之观点的基础上，进一步对生态环境损害行政命令救济体系中所需要创设的行政命令的类型及其适用情境进行厘定，并依照规范化和标准化的要求对行政命令的作出程序进行相应的制度设计，同时针对实践中可能出现的各种行政命令失灵情形分别提出相应的解决方案，以使生态环境损害的行政命令救济体系能够在实践中得到广泛的适用。

二、相关概念之界定

（一）生态环境损害的概念内涵

依照中共中央办公厅、国务院办公厅于2017年12月联合印发的《生态环境损害赔偿制度改革方案》中的定义，"生态环境损害"是指"因污染环境或生态破坏行为所造成大气、水源、土壤等环境要素和植物、动物、微生物等生物要素的不利改变，以及上述要素构成的生态系统功能退化"。而生态环境部于2020年12月发布的《生态环境损害鉴定评估技术指南 总纲和关键环节 第1部分：总纲》（GB/T 39791.1—2020）则对上述定义进行了补充，该标准将"生态环境损害"定义为"因污染环境、破坏生态造成环境空气、地表水、沉积物、土壤、地下水、海水等环境要素和植物、动物、微生物等生物要素的不利改变，及上述要素构成的生态系统的功能退化和服务减少"，也即将生态服务功能的减损也纳入了"生态环境损害"的定义之中，并对生态服务功能的含义进行了解释。❶

从域外方面来看，《美国综合环境反应、补偿和责任法》将"生态环境损害"表述为"自然资源损害"，意指"土地、鱼类、野生动物、生物群、空气、海洋水域、地表水、地下水、饮用水源等所有由美国联邦政府以及各州或地方政府所控制或管理的此类自然资源所受到的损害或减损"。❷ 而《欧盟关于预防和补救环境损害的环境责任指令》（以下简称《欧盟环境责任指令》）则将

---

❶ 《生态环境损害鉴定评估技术指南 总纲和关键环节 第1部分：总纲》（GB/T 39791.1—2020）第3.2条规定："生态服务功能是生态系统在维持生命的物质循环和能量转换过程中，为人类与生物提供的各种惠益，通常包括供给服务、调节服务、文化服务和支持功能。"

❷ Comprehensive Environmental Response, Compensation and Liability Act § 42 U. S. C. § 9601 (16) (2018).

"生态环境损害" 表述为 "环境损害", 其定义为 "可能直接或间接发生的自然资源可衡量的不利变化或自然资源服务可衡量的减损", 具体包括对受保护物种和自然栖息地的损害、对水资源的损害和对土壤的损害等, 并特别注明 "本指令不适用于人身伤害案件、对私有财产造成的损害或任何经济损失"。❶ 英国于 2015 年制定的《英国环境损害预防和补救规则》则延续了《欧盟环境责任指令》中的定义, 将 "环境损害" 概括为 "受保护的物种或自然栖息地、具有特殊科学意义的地点、地表水或地下水、海域、土壤等所受到的损害"。❷ 法国于 2016 年制定的《法国生物多样性法》则将 "生态损害" 定义为 "对生态系统的组成部分或其功能造成的损害, 或对人类可以从环境中获得的集体利益造成的损害"。❸

综上可见, 对于生态环境损害的概念内涵, 大部分国家或国际组织都选择了概括加列举的定义方式, 以尽可能使 "生态环境损害" 这一概念的覆盖范围更为广泛, 从而有利于对生态环境进行更为严密和周全的保护。然而, 在确立了这一略显宽泛的生态环境损害概念的同时, 也带来了一个因概念泛化而引发的重要问题: 如前文所述, 环境污染或生态破坏行为会同时造成双重损害, 即属于私法范畴的对人身权或财产权的损害, 以及属于公法范畴的对生态环境本身的损害。那么, 在 "生态环境损害" 的概念内涵之中, 是否也应当同时涵盖私法属性的人身权或财产权损害 (即自然资源或环境要素经济价值损害) 以及公法属性的对生态环境本身的损害

---

❶ Directive 2004/35/CE of the European Parliament and of the Council, Article 2. 1, OJ L 143, 30. 4. 2004.

❷ The Environmental Damage (Prevention and Remediation) (England) Regulations 2015, PART 1, Regulation 4.

❸ Julie Foulon, Recent developments in French Environmental Law: Recognition and Implementation of Ecological Damage in French Tort Law, *Environmental Law Review*, 2019, Vol. 21, Issue 4, pp. 309 – 317.

（即自然资源或环境要素生态价值损害）两个方面？

　　事实上，对上述问题的分析探讨方才是厘清生态环境损害的概念内涵过程中最为重要的环节，这是因为不同类型的损害对应了不同的救济途径，正如私法性质的人身权或财产权损害对应了私法救济途径，而公法性质的对生态环境本身的损害则对应了公法救济途径。因此，倘若"生态环境损害"的概念内涵中既包含私法性质的人身权或财产权损害，又包含公法性质的对生态环境本身的损害，那么在生态环境损害的救济程序中就应当兼具私法救济途径与公法救济途径；而倘若"生态环境损害"的概念内涵中仅包含公法性质的对生态环境本身的损害，那么在生态环境损害的救济程序中则只需要具备公法救济途径即可。

　　在我国环境法学界中，有部分学者认为在"生态环境损害"的概念内涵中同时包含私法性质的人身权或财产权损害以及公法性质的对生态环境本身的损害。如有学者提出，生态环境损害的客体包括环境要素与生态功能，前者是指作为物权客体的自然资源，后者是指由全体社会成员所享有的公共利益。[1] 而与此同时，亦有更多学者认为在生态环境损害的概念中仅包含公法性质的对生态环境本身的损害。如有学者指出，生态环境损害是因人类的排污行为而导致的对自然环境生态功能的损害，[2] 因而是一种不同于人身损害或者财产损害的新的损害类型。[3] 生态环境损害实质是对生态环境本身的损害，也即是对环境公共利益的损害。[4] 生态环

---

[1]　楚道文、唐艳秋："论生态环境损害救济之主体制度"，载《政法论丛》2019 年第 5 期，第 141 页。

[2]　柯坚："建立我国生态环境损害多元化法律救济机制——以康菲溢油污染事件为背景"，载《甘肃政法学院学报》2012 年第 1 期，第 102 页。

[3]　刘画洁、王正一："生态环境损害赔偿范围研究"，载《南京大学学报》（哲学·人文科学·社会科学）2017 年第 2 期，第 30 页。

[4]　蔡守秋："从环境权到国家环境保护义务和环境公益诉讼"，载《现代法学》2013 年第 6 期，第 3 页。

境损害通常表现为环境质量下降或生态功能退化，在生态环境损害的概念之中不涉及任何人身损害或财产损害问题。❶

对于以上两种截然相反的观点，本书笔者赞同后者。笔者认为，在"生态环境损害"的概念内涵中应当仅包括公法性质的对生态环境本身的损害，而不应当包括其他任何形式的私法性质人身权或财产权损害。事实上，从前文所述的多个国家或国际组织对"生态环境损害"的定义中即不难发现，将人身权或财产权损害排除在生态环境损害的概念之外是世界各国的通行做法。而作为我国生态环境损害赔偿制度改革纲领性文件的《生态环境损害赔偿制度改革方案》也明确指出"涉及人身伤害以及个人或集体财产损失而要求赔偿的，应当适用侵权责任法等法律规定"，从而将人身权或财产权损害排除在生态环境损害赔偿制度的赔偿范围之外。

事实上，我国生态环境损害赔偿制度仅对生态环境本身损害进行救济而不涉及人身权或财产权损害救济问题的制度安排，是与弥补"我国环境法律体系中可以用于救济生态环境本身损害的救济途径长期缺位"这一构建生态环境损害赔偿制度的初衷相吻合的。因此，将"生态环境损害"的概念内涵限定为对生态环境本身的损害而通过公法途径予以救济，同时继续通过民事侵权责任途径对环境污染或生态破坏行为所导致的人身权或财产权损害进行救济的制度安排亦是适当的。

除此之外，亦有学者对"生态环境损害"的概念内涵提出了其他方面的见解。如有学者提出，自然界中的地震、海啸、洪涝等自然灾害也会对生态环境造成损害，因而需要在"生态环境损害"的概念中进一步明确该损害是由人为因素所造成的，即"生

---

❶ 刘倩："生态环境损害赔偿：概念界定、理论基础与制度框架"，载《中国环境管理》2017年第1期，第99页。

态环境损害"是指由法人、社会组织或个人的环境污染或生态破坏行为所造成的生态失衡或者生态系统功能退化，而应当承担生态环境修复或者赔偿责任的环境违法行为。❶ 笔者认为这一观点具备合理性，自然灾害所导致的生态环境损害并不存在法律意义上可以要求其承担损害修复或赔偿责任的责任者，而法律作为调整人与人之间权利义务关系的行为规范，也并无对自然灾害问题进行调整的可能。因此，有必要将非人为因素所导致的对生态环境本身的损害从"生态环境损害"的概念中排除，以确保"生态环境损害"这一概念具备进行研究探讨的学术价值。

综上所述，本书认为"生态环境损害"是指由人为因素所造成的对生态环境本身的损害，也即是对自然资源或环境要素生态价值所造成的损害。"生态环境损害"通常表现为生态服务功能减损或环境容量下降等多种形式。实践中造成"生态环境损害"的原因既包括环境污染行为，也包括生态破坏行为。"生态环境损害"是对不特定多数人所共同享有的环境利益所造成的损害，其所侵害的客体是环境公共利益，应当通过公法途径予以救济。

（二）生态环境损害救济的概念内涵

依照《辞海》对于"救济"一词的解释，"救济"是指"用金钱或物资等提供援助"；❷ 而在《现代汉语词典》中，也将"救济"一词解释为"用金钱或物资帮助灾区或生活困难的人"。❸ 基于上述解释，不难发现在一般语境下，"救济"一词主要描述的是行为主体在某些特定事件发生之后所采取的一系列补救行动，也

---

❶ 南景毓："生态环境损害：从科学概念到法律概念"，载《河北法学》2018 年第 11 期，第 109 页。

❷ 夏征农、陈至立主编：《辞海（第六版）》，上海辞书出版社 2009 年版，第1172 页。

❸ 中国社会科学院语言研究所词典编辑室编：《现代汉语词典（第七版）》，商务印书馆 2016 年版，第 700 页。

即"救济"强调的是一种事后的补救行为，而这种事后性也是"救济"一词的基本属性和通常理解。然而，在本书所研究探讨的生态环境损害救济问题之范畴下，将"救济"局限于一种事后的补救行为显然不符合环境法律体系中的风险预防原则。因此，在"生态环境损害救济"这一特定语境中，应当对"救济"一词的内涵进行一定的扩大解释。

本书认为，在"生态环境损害救济"的概念内涵中，应当包括两方面的内容：一是处于事前阶段的，对尚未实际发生的生态环境损害风险的预防性救济；二是处于事后阶段的，对已经实际发生的生态环境损害结果的恢复性救济（填补性救济）。其中前者的救济对象是生态环境损害风险，相应的救济途径主要是消除环境风险；后者的救济对象是生态环境损害结果，相应的救济途径主要是修复生态环境。除此之外，由于一些已经实际发生的生态环境损害结果基于客观原因已经无法修复或因环境自净能力而无须修复，故恢复性救济（填补性救济）的救济途径还应当包括异地替代修复和货币赔偿。综上所述，"生态环境损害救济"的概念内涵具体如图1所示。

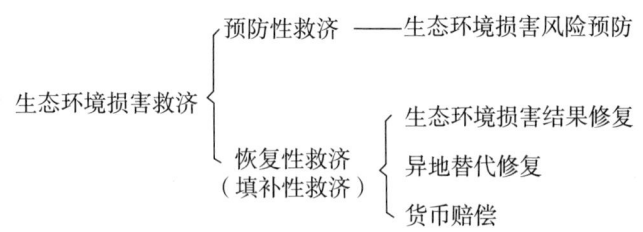

图1　生态环境损害救济的概念内涵

（三）行政命令的概念界定与概念辨析

1. 行政命令的概念界定

行政命令是一个内涵丰富的概念。通常来说，行政命令泛指行政机关所作出的各种约束性的指示，既包括具体的作为或不作为指示，也包括规范不特定对象行为的各类规范性文件。❶ 行政命令可以作广义上的行政命令和狭义上的行政命令两种理解，其中广义上的行政命令可以分为三种类型：一是作为抽象行政行为的行政命令；二是作为具体行政行为的行政命令；三是作为行政机关内部职务行为的行政命令。而狭义上的行政命令仅指作为具体行政行为的行政命令。❷

首先，作为抽象行政行为的行政命令是指由行政机关以"命令"或"令"的形式所发布的具有普遍约束力的各类规范性文件，这类行政命令与德国行政法体系中的法规命令相类似。❸ 行政机关发布这类行政命令的依据在于宪法或法律的授权，如《中华人民共和国宪法》（以下简称《宪法》）授予了国务院❹及其各部委❺制定行政法规或规章以及发布决定和命令的权力，《中华人民共和国地方各级人民代表大会和地方各级人民政府组织法》（以下简称《地方各级人民代表大会和地方各级人民政府组织法》）授予了地方各级人民政府发布决定和命令的权力等。❻ 这些作为抽象行政行

❶ 胡晓军：《行政命令研究：从行政行为形态的视角》，法律出版社2017年版，第10页。

❷ 杨解君：《行政法与行政诉讼法（上）》，清华大学出版社2009年版，第289页。

❸ ［德］奥托·迈耶：《德国行政法》，刘飞译，商务印书馆2002年版，第86页。

❹ 《宪法》（2018）第89条规定："国务院行使下列职权：
（一）根据宪法和法律，规定行政措施，制定行政法规，发布决定和命令；
……"

❺ 《宪法》（2018）第90条第2款规定："各部、各委员会根据法律和国务院的行政法规、决定、命令，在本部门的权限内，发布命令、指示和规章。"

❻ 《地方各级人民代表大会和地方各级人民政府组织法》（2015）第59条规定："县级以上的地方各级人民政府行使下列职权：
（一）执行本级人民代表大会及其常务委员会的决议，以及上级国家行政机关的决定和命令，规定行政措施，发布决定和命令；
……"

为的行政命令通常以"国务院令""某某部令""某某人民政府令"等形式命名，其内容多为发布行政法规、规章或其他规范性文件，其目的在于为不特定的行政相对人创设一般性的行为规则，因而这类行政命令在性质上属于行政立法。其次，作为具体行政行为的行政命令也即狭义上的行政命令，是指行政机关针对特定行政相对人所作出的要求其为或不为一定行为的命令。作为具体行政行为的行政命令与作为抽象行政行为的行政命令之间的区别在于：前者是行政机关针对特定行政相对人所作出的要求其为或不为特定行为的命令，而后者则是行政机关针对不特定多数人所作出的可重复适用的规范性文件。最后，作为行政机关内部职务行为的行政命令是指上级行政机关向下级行政机关所作出的各种指令性的命令，这类行政命令仅在行政机关内部产生效力，不涉及行政相对人的问题。

值得注意的是，2014年11月我国对《中华人民共和国行政诉讼法》（以下简称《行政诉讼法》）进行了修改，将全法中"具体行政行为"的表述都修改为"行政行为"，但在《行政诉讼法》所采用的"行政行为"概念中，并不包括针对不特定多数人制定普遍适用的规范性文件的抽象行政行为。❶ 基于此，本书沿用了具体行政行为与抽象行政行为的二元区分，下文所述的专门用于救济生态环境损害的行政命令是指作为具体行政行为的行政命令，而不涉及作为抽象行政行为的行政命令或作为行政机关内部职务行为的行政命令。本书所述的生态环境损害的行政命令救济，是指具有生态环境保护职责的行政机关向生态环境损害责任人作出专门用于救济生态环境损害的行政命令，责令其对生态环境损害风险进行预防或责令其对受损生态环境进行修复或赔偿的一项具体行政行为。

---

❶ 全国人大常委会法制工作委员会编：《中华人民共和国行政诉讼法释义》，法律出版社2014年版，第8页。

2. 行政命令的概念辨析

在生态环境损害救济中，通过行政命令、行政处罚或行政强制途径都可以在一定程度上使受损的生态环境得到救济。如通过行政命令可以直接责令造成生态环境损害的责任人承担生态环境损害修复或赔偿责任；通过行政处罚则可以对拒绝承担生态环境损害修复或赔偿责任的责任人予以责罚，从而敦促其履行相关义务；而通过行政强制则可以利用行政代履行制度修复受损的生态环境，或者可以通过划拨、拍卖等方式直接取得生态环境损害赔偿金。然而，这并不代表在生态环境损害救济中，行政命令可以为行政处罚或行政强制所取代。事实上，行政命令与行政处罚或行政强制之间均存在一定的区别，厘清这些区别，是构建生态环境损害行政命令救济体系的必要前提。

（1）行政命令与行政处罚之辨析。行政命令与行政处罚之间的辨析问题是我国法学界与法律实务界所重点关注的理论问题之一。事实上，在我国环境行政领域内，行政命令与行政处罚出现混淆的现象较为普遍，其原因在于行政命令与行政处罚都是行政机关依职权作出的单方行政行为，其内容都在于为行政相对人设置一定的义务。并且在我国的环境法律体系中，对于行政命令与行政处罚的表述往往极为接近，两者通常都以"责令……"为主要的表述方式，从而导致行政命令与行政处罚难以区分。❶举例来说，依照《中华人民共和国行政处罚法》（以下简称《行政处罚法》）第9条❷的规定，行政机关作出的"责令停产"属于行政处

---

❶　程雨燕："试论责令改正环境违法行为之制度归属——兼评《环境行政处罚办法》第12条"，载《中国地质大学学报》（社会科学版）2012年第1期，第32页。

❷　《行政处罚法》（2021）第9条规定："行政处罚的种类：

……

（四）限制开展生产经营活动、责令停产停业、责令关闭、限制从业；

……"

罚；而依照《环境行政处罚办法》第 12 条❶的规定，行政机关作出的"责令停止生产"属于行政命令。不难发现，同样是"责令停止生产"的表述，却存在行政处罚和行政命令两种解释路径。

厘清行政命令与行政处罚的意义在于行政命令与行政处罚有着完全不同的作出程序。同样以"责令停止生产"为例，倘若将"责令停止生产"理解为行政处罚，则行政机关应当遵循《行政处罚法》第 63 条❷之规定，在作出"责令停止生产"的行政处罚之前应当告知当事人有要求举行听证的权利；而倘若将"责令停止生产"理解为行政命令，则由于行政命令不需要适用行政处罚的程序性规定，且我国尚未针对行政命令的作出程序进行专项立法，故行政机关无须在作出"责令停止生产"之前组织听证。由此可见，不同的解释路径实际对应了截然不同的行政程序，因而当行政机关在向行政相对人作出某一具有"责令"性质的行政行为之后，该行政行为被定性为行政命令或行政处罚将直接关系到该具体行政行为是否程序合法。

通常来说，可以通过考察某一具体行政行为是否具有"惩罚性"来判断该具体行政行为究竟属于行政命令抑或行政处罚，❸ 这

---

❶ 《环境行政处罚办法》（2010）第 12 条规定："根据环境保护法律、行政法规和部门规章，责令改正或者限期改正违法行为的行政命令的具体形式有：

……

（三）责令停止生产或者使用；

……"

❷ 《行政处罚法》（2021）第 63 条规定："行政机关拟作出下列行政处罚决定，应当告知当事人有要求听证的权利，当事人要求听证的，行政机关应当组织听证：

……

（四）责令停产停业、责令关闭、限制从业；

……"

❸ 夏雨："责令改正之行为性质研究"，载《行政法学研究》2013 年第 3 期，第 41 页。

一判定方式也已为我国最新修订的《行政处罚法》第 2 条❶所确认。具体而言，倘若行政机关作出某一具体行政行为的目的在于使行政相对人履行其本就应当履行的义务，那么该具体行政行为应当属于行政命令；而倘若行政机关通过作出某一具体行政行为而在行政相对人本应当履行的义务之外增加了新的义务，且增加该义务的目的在于对行政相对人进行制裁，那么该具体行政行为应当属于行政处罚。❷以前文所述的"责令停止生产"为例，行为人在开展生产经营活动时遵纪守法是其本该履行的义务，故责令行政相对人停止其违法生产经营活动、恢复合法生产经营状态的"责令停止生产"，应当属于一项行政命令；而责令行政相对人停止其正常且合法的生产经营活动（通常是行政相对人前期存在违法行为，但违法状态已经消除）以实现惩戒效果，使其不敢再出现违法行为的"责令停止生产"，则应当属于一项行政处罚。❸

从生态环境损害救济的角度来说，厘清行政命令与行政处罚在功能上的区别，有利于明确行政命令在生态环境损害救济中的独立适用价值，从而避免实践中出现重行政处罚而轻行政命令、甚至试图以行政处罚取代行政命令的现象。❹事实上，由于行政命令在行政程序中属于应当优先适用的基础性行政行为，而行政处罚则属于在基础性行政行为失灵时才需要适用的保障性行政行为，

---

❶ 《行政处罚法》（2021）第 2 条规定："行政处罚是指行政机关对违反行政管理秩序的公民、法人或其他组织，以减损权益或者增加义务的方式予以惩戒的行为。"

❷ 黄锴："行政执法中责令改正的法理特质与行为结构"，载《浙江学刊》2019 年第 2 期，第 168 页。

❸ 胡建淼、胡晓军："行政责令行为法律规范分析及立法规范"，载《浙江大学学报》（人文社会科学版）2013 年第 1 期，第 105 页。

❹ 涂永前："环境行政处罚与环境行政命令的衔接——从《环境保护法》第 60 条切入"，载《法学论坛》2015 年第 6 期，第 69 页。

因而在生态环境损害救济程序中，行政命令实际上处于主导地位，应当予以优先适用。❶ 不仅如此，厘清行政命令与行政处罚二者可以在同一生态环境损害案件中先后适用的逻辑关系，可以为行政机关在通过行政命令责令生态环境损害责任人承担生态环境损害修复与赔偿责任的同时，另行向生态环境损害责任人科以行政处罚提供理论支撑。如此，即可以实现在通过行政命令对生态环境损害进行填补性救济的情况下，亦通过行政处罚对生态环境损害责任人施以惩罚性责任，使行政命令与行政处罚在生态环境损害救济中形成配合，❷ 从而对生态环境损害责任人形成有效威慑，降低其再次损害生态环境的可能。

（2）行政命令与行政强制之辨析。通常来说，行政命令与行政强制之间的区别在于行政命令是行政机关对行政相对人所作出的一种意思表示，通常表现为行政机关为实现某种行政目的而指令行政相对人为或不为某一特定的行为。虽然行政机关可以通过行政命令为行政相对人设定义务，但行政命令本身并不具备强制力，收到行政命令的行政相对人既有遵从行政命令的可能，也有违背行政命令的可能，对于拒不执行行政命令的行政相对人，行政机关只能通过其他途径实施制裁。❸ 而行政强制则是行政机关为了保障其作出的包括行政命令在内的各项具体行政行为能够得到有效执行，在国家强制力的支持下对拒不执行行政命令或拒不履行法律义务的行政相对人作出的强制手段。行政强制不需要行政

---

❶ 薛艳华："环境行政命令与环境行政处罚的错位与匡正"，载《大连理工大学学报》（社会科学版）2019 年第 6 期，第 95 页。

❷ 胡静："我国环境行政命令实施的困境及出路"，载《华中科技大学学报》（社会科学版）2021 年第 1 期，第 85 页。

❸ 姜明安主编：《行政法与行政诉讼法（第六版）》，北京大学出版社 2015 年版，第 259 页。

相对人主动申请或自觉接受，而是由行政机关依职权直接行使，❶
其形式通常表现为行政机关主动出击，对拒绝执行行政命令或拒绝履行法律义务的行政相对人施以新的行政行为，包括划拨存款、查封、扣押、实施代履行等，以使行政目的能够得以实现。由此可见，行政强制基于其所具有的主动性和作为性特征，与仅体现为一种意思表示的行政命令之间存在明显的区别。

与行政命令和行政处罚两者存在适用上的先后关系一样，行政命令和行政强制两者同样存在适用上的先后关系。行政命令属于第一性法律义务，应当先行适用，而行政强制属于违反第一性法律义务而产生的第二性法律义务，应当在后适用。通常来说，行政相对人拒不执行行政命令是行政机关实施行政强制的原因，而行政机关实施行政强制则是保障行政命令得到有效执行的重要手段。行政命令的非强制性特征以及行政强制的保障性功能决定了单独依靠行政命令或单独依靠行政强制都不能实现对生态环境损害的有效救济。在通过行政命令途径救济生态环境损害的过程中，行政机关所作出的行政命令并不一定会为行政相对人所接受，也不一定会得到顺利执行，故需要在生态环境损害的行政命令救济途径中设置必要的行政强制措施，作为保障行政命令得到顺利执行的强制性手段，以使受损的生态环境能够得到有效救济。

三、域内外研究现状与评述

（一）生态环境损害的民事途径救济研究

在我国于 2020 年 5 月出台的《中华人民共和国民法典》（以下简称《民法典》）侵权责任编环境污染和生态破坏责任一章中，

---

❶ 马怀德主编：《行政法与行政诉讼法（第五版）》，中国法制出版社 2015 年版，第 235 页。

明确规定了生态环境损害赔偿责任，❶ 这标志着我国正式确立了通过民事途径救济生态环境损害的制度安排。❷ 对此有学者指出，在《民法典》中规定公法性质的生态环境损害修复或赔偿责任是《民法典》的重大突破，体现了《民法典》对于环境保护问题的积极回应，也是《民法典》"绿色化"和贯彻生态文明理念的重要成果。❸ 我国《民法典》有必要扩大侵权责任的保护范围，从对传统人身和财产权利的保护扩大到对公共环境权益的保护。❹ 亦有学者提出，在《民法典》侵权责任编中规定生态环境损害赔偿责任，是《民法典》超越传统侵权责任理念而作出的制度创新。❺ 为了贯彻《民法典》"绿色原则"的价值追求，将生态环境损害纳入环境侵权责任的救济范围是新时代民事侵权立法的应有之意。❻

同时，也有学者对上述完全通过民事侵权责任途径救济生态环境损害的观点进行一定程度的变通，认为虽然传统民事侵权责任制度无法完全覆盖生态环境损害，但并不意味着生态利益无法

---

❶ 《民法典》第 1235 条规定："违反国家规定造成生态环境损害的，国家规定的机关或者法律规定的组织有权请求侵权人赔偿下列损失和费用：
（一）生态环境受到损害至修复完成期间服务功能丧失导致的损失；
（二）生态环境功能永久性损害造成的损失；
（三）生态环境损害调查、鉴定评估等费用；
（四）清除污染、修复生态环境费用；
（五）防止损害的发生和扩大所支出的合理费用。"

❷ 郄建荣："生态环境损害赔偿写入民法典"，载《法制日报》2020 年 7 月 4 日，第 4 版。

❸ 刘倩、於方："如何理解民法典中的生态环境损害赔偿？"，载《中国环境报》2020 年 6 月 2 日，第 8 版。

❹ 刘长兴："生态文明背景下侵权法一般规则的'绿色化'改造"，载《政法论丛》2020 年第 1 期，第 85 页。

❺ 钟瑞栋、杨静："美丽中国建设背景下民法典侵权责任编的完善"，载《河南社会科学》2020 年第 2 期，第 69 页。

❻ 赵悦、刘尉："《民法典·侵权责任编（草案）》'一审稿'生态环境公益损害民事救济途径辨析"，载《南京工业大学学报》（社会科学版）2019 年第 3 期，第 25 页。

通过侵权责任途径救济。❶ 如由于某些环境污染或生态破坏行为会同时损害自然资源或环境要素的经济价值和生态价值，❷ 因而可以利用生态环境损害与传统损害之间的重叠关系，通过侵权责任制度兼顾救济生态环境损害。❸ 还有学者提出，可以选择扩张民事侵权责任体系中对于"损害"的定义，使其能够涵盖生态利益，从而在生态环境损害行为同时构成民事侵权的情况下直接适用侵权责任制度，在生态环境损害行为难以构成民事侵权时类推适用侵权责任规则。❹ 再或者，可以通过拟制条款将政府或有关机关因生态损害而遭受的不利负担视为侵权责任法中的损害，使私法肩负起保护生态利益的重任。❺

而从域外方面来看，亦有部分学者认为有必要通过民事途径特别是民事侵权责任途径救济生态环境损害。如美国学者基思·海尔顿（Keith N. Hylton）教授认为，对于公共行政机构而言，侵权责任法的灵活性使其能够更好地应对实践中的各种新问题，侵权责任法的私人执法机制在克服执法机构渎职等不当行为时亦具有优越性，这使在环境保护相关工作中侵权责任法应当优先于环境法而适用。❻ 英国学者马克·威尔德（Mark Wilde）教授则认

❶ 李明耀："生态环境侵权责任中'绿色原则'的功能阐释与规则整合"，载《求索》2019 年第 5 期，第 76 页。

❷ 王世进、曾祥生："侵权责任法与环境法的对话：环境侵权责任最新发展——兼评《中华人民共和国侵权责任法》第八章"，载《武汉大学学报》（哲学社会科学版）2010 年第 3 期，第 403 页。

❸ 李承亮："侵权责任法视野中的生态损害"，载《现代法学》2010 年第 1 期，第 63 页。

❹ 冯洁语："公私法协动视野下生态环境损害赔偿的理论构成"，载《法学研究》2020 年第 2 期，第 169 页。

❺ 李昊："论生态损害的侵权责任构造——以损害拟制条款为进路"，载《南京大学学报》（哲学·人文科学·社会科学）2019 年第 1 期，第 49 页。

❻ Keith N. Hylton, When Should We Prefer Tort Law to Environmental Regulation, *Washburn Law Journal*, 2002, Vol. 41, Issue 3, pp. 515 – 534.

为，侵权责任法赋予了社会中的每个成员参与生态环境保护的机会，且能够有效改善和提高政府环境监管的效果。同时，通过侵权责任途径所获得损害赔偿费用不仅能够准确地反映出生态环境的价值，还可用于对生态环境损害的补救。❶ 澳大利亚学者彼得·坎恩（Peter Cane）教授则指出，实践证明"命令－控制"型环境行政监管模式存在诸多弊端，而由于侵权责任制度既是一种补偿机制，又具有一定的风险控制与威慑功能，故可以将其作为修复生态环境损害的有效制度工具。❷

当然，亦有诸多学者认为生态环境损害不应通过民事侵权责任途径救济。如有学者指出，环境侵权行为所导致的纯粹公益损害并不涉及任何民事主体的权益，故不能简单地适用侵权责任制度，而需要建立新的责任制度予以救济。❸《民法典》侵权责任编贯彻"绿色原则"必须有明确的边界，不能突破侵权责任法私权保护与私益救济的价值目标，❹ 也不宜通过侵权责任制度救济公法性质的生态环境损害。❺ 事实上，即使对侵权责任制度的救济范围进行扩大，但受到民法制度内在逻辑的约束，其程度也必然有限。❻ 还有学者指出，《民法典》侵权责任编调整的应当是人身权

---

❶ Mark Wilde, Civil Liability for Environmental Damage-A Comparative Analysis of Law and Policy in Europe and In the United States, Kluwer Law International, 2002, p. 161.

❷ Peter Cane, Using Tort Law to Enforce Environmental Regulations, *Washburn Law Journal*, 2002, Vol. 41, Issue 3, pp. 427–468.

❸ 吕忠梅课题组："'绿色原则'在民法典中的贯彻论纲"，载《中国法学》2018年第1期，第25页。

❹ 刘超："论'绿色原则'在民法典侵权责任编的制度展开"，载《法律科学》（西北政法大学学报）2018年第6期，第144页。

❺ 刘超："《民法典》侵权责任编的绿色制度创新"，载《法学杂志》2020年第10期，第33页。

❻ 吕忠梅、窦海阳："民法典'绿色化'与环境法典的调适"，载《中外法学》2018年第4期，第867页。

和财产权等私权，而生态环境损害责任指向的对象是公共利益，将生态环境损害责任纳入民法典的调整范围将导致公法与私法体系的混乱。❶ 民法应当以人身权益与财产权益的保障为限度，环境公共利益损害救济请求权的基础应在公法规范中寻求。❷

综上所述，不难发现目前我国环境法学界对于是否应当通过民事途径（特别是侵权责任途径）救济生态环境损害存在两种"针锋相对"的观点。其中，赞成通过民事途径救济生态环境损害的学者大多是基于《民法典》侵权责任编中关于生态环境损害赔偿责任的既成规定，从实然的角度试图对通过民事途径救济生态环境损害作出合理解说；而反对通过民事途径救济生态环境损害的学者则主要对实践中将公法性质的生态环境损害问题纳入私法性质的侵权责任制度予以救济的合理性提出质疑，从应然的角度对生态环境损害问题应当通过公法途径予以救济的观点加以证成。

（二）生态环境损害的公私融合救济研究

当然，对于应当通过何种途径救济生态环境损害这一问题，学界除了存在前文所述的公法救济途径与私法救济途径"二选一"的相关观点之外，也存在应当将公法救济途径与私法救济途径相融合的折中观点。

如德国学者克里斯蒂安·巴尔（Christian V. Bar）教授指出，生态环境损害就其性质而言既不是一个纯粹的公法问题，也不是一个纯粹的私法问题，其处于公法和私法的边界之上。针对生态

---

❶ 孙佑海、王倩："民法典侵权责任编的绿色规制限度研究——'公私划分'视野下对生态环境损害责任纳入民法典的异见"，载《甘肃政法学院学报》2019年第5期，第62页。

❷ 徐以祥、李兴宇："环境利益在民法分则中的规范展开与限度"，载《中国地质大学学报》（社会科学版）2018年第6期，第81页。

环境损害的救济，应当赋予国家一个公法性质上、私法操作上的请求权。❶ 美国学者马克·拉瑟姆（Mark Latham）教授认为，环境行政法律制度的作用主要在于对损害的事前预防与威慑，民事侵权责任制度的作用主要是对已经发生的损害进行补救，因而两者在生态环境损害救济中存在功能互补，应当共同适用。❷ 学者亚当·阿贝尔科普（Adam D. K. Abelkop）则指出，面对宏观的法律制度难以解决当代复杂的环境问题以及环境行政执法普遍较为宽松的客观情况，侵权责任制度在生态环境损害救济中有其特定的适用空间，故应当将侵权责任制度作为环境行政监管等公法规制手段的重要补充。❸

亦有学者认为，应当以相对灵活的方式来看待行政法与私法，两者其实并不是完全相互分离的两种法律制度，行政机关借助私法途径执行公法规范所规定的公共行政任务是可行的。❹ 在生态环境损害救济中，应当灵活选择可行的救济途径，如可以将公法性质的生态环境损害通过私法途径予以救济，而这也与环境治理由管制向合作治理转变的趋势相一致。❺ 还有学者提出，由于生态环境损害涉及的法律关系主体复杂、法律利益要素多元，因而在生

---

❶ Christian V. Bar, *Non - Contractual Liability Arising out of Damage Caused to Another*, Oxford University Press, 2009, p. 529.

❷ Mark Latham, Victor E. Schwartz, Christopher E. Appel, The Intersection of Tort and Environment Law: Where the Twains Should Meet and Depart, *Fordham Law Review*, 2011, Vol. 80, Issue 2, pp. 737 - 774.

❸ Adam D. K. Abelkop, Tort Law as an Environmental Policy Instrument, *Oregon Law Review*, 2013, Vol. 92, Issue 2, pp. 381 - 470.

❹ ［德］汉斯·沃尔夫、奥托·巴霍夫、罗尔夫·施托贝尔：《行政法（第一卷）》，高家伟译，商务印书馆2002年版，第233页。

❺ 张梓太、李晨光：“生态环境损害政府索赔的路径选择”，载《社会科学辑刊》2018年第3期，第122页。

态环境损害救济中需要进行公法与私法的二元协同。❶ 事实上，在民法体系中引入公法内容，为民事活动主体注入"生态理性"，建立私益与公益的双重保护机制，是我国《民法典》的重要任务。❷

不难发现，认为生态环境损害应当通过公私法融合途径进行救济的学者，大多认识到由于生态环境损害实质为环境公共利益损害，因而将其完全通过私法途径予以规制存在不妥。但是，鉴于目前我国《民法典》侵权责任编已经将生态环境损害赔偿责任纳入其中的客观实际，同时考虑到目前我国已经基本确立的政府索赔制度的总体框架，❸ 这些学者出于使我国既有的通过民事途径救济生态环境损害的制度体系得到合理解释之目的，提出了我国应当建立"公法性质、私法操作"的生态环境损害救济模式，从而充分发挥公法私法延着不同路径保护生态环境的协同作用，❹ 并提出应当在《民法典》侵权责任编中吸收和纳入环境资源保护的公法原则和法律技术，❺ 在公私法融合的背景下妥善处理好作为私法的《民法典》与作为公法的环境资源保护法律之间的关系，从而建立公共利益保护的私法操作机制。❻

（三）生态环境损害的行政主导救济研究

如果说上述生态环境损害的公私融合救济的观点，是对生态

---

❶ 王莉、邹雄："生态环境损害公私法二元救济的规则安排"，载《南京社会科学》2020 年第 6 期，第 83 页。

❷ 吕忠梅："《民法典》'绿色规则'的环境法透视"，载《法学杂志》2020 年第 10 期，第 7 页。

❸ 张宝："生态环境损害政府索赔制度的性质与定位"，载《现代法学》2020 年第 2 期，第 90 页。

❹ 刘超："论'绿色原则'在民法典侵权责任编的制度展开"，载《法律科学》（西北政法大学学报）2018 年第 6 期，第 150 页。

❺ 石佳友："治理体系的完善与民法典的时代精神"，载《法学研究》2016 年第 1 期，第 5 页。

❻ 吕忠梅："中国民法典的'绿色'需求及功能实现"，载《法律科学》（西北政法大学学报）2018 年第 6 期，第 113 页。

环境损害究竟应当通过公法途径抑或是私法途径进行救济两种针锋相对的观点的一种略显妥协性的解决方案，那么以行政途径为主导救济生态环境损害的观点，则更为明显地体现出部分环境法学者对于生态环境损害责任属于一项公法责任、应当通过公法途径进行救济这一观点的坚持。

如玛丽亚·李（Maria Lee）教授基于其对欧盟《环境责任白皮书》的分析，指出通过属于私法的侵权责任制度进行环境规制将会面临受侵权责任制度所保护的利益范围较为狭窄的问题，而传统侵权法作为私法的本质也决定了其难以救济除了私益之外的其他利益，因而作为私法的民事侵权责任制度在环境监管中的作用较小。❶ 肯尼斯·亚伯拉罕（Kenneth S. Abraham）教授则认为，由于生态环境损害具有长期潜伏性、难以确定责任人、难以确定因果关系等特点，导致传统意义上的侵权责任难以适用于生态环境损害救济，生态环境损害更宜于通过行政途径进行规制。❷ 彼得·哈文加（Peter Havenga）教授则指出，随着越来越有效的行政规制途径的建立，对于受到生态环境损害影响的个人来说，生态环境损害私法救济的重要性正在逐渐减弱，这些环境受害者的权利将更多地通过行政机构执行环境法律的方式得到间接保护。❸

我国亦有学者指出，生态环境损害的样态繁多、遍及空间广、影响时间长，通过属于私法的侵权责任途径难以弥补生态环境损

---

❶ Maria Lee, Tort, Regulation and Environmental Liability, *Legal Studies*, 2002, Vol. 22, Issue 1, pp. 33 – 52.

❷ Kenneth S. Abraham, The Relation Between Civil Liability and Environmental Regulation: An Analytical Overview, *Washburn Law Journal*, 2002, Vol. 41, Issue 3, pp. 379 – 398.

❸ Peter Havenga, Liability for Environmental Damage, *South African Mercantile Law Journal*, 1995, Vol. 7, Issue 2, pp. 187 – 203.

害所造成的巨大损失，因而生态环境损害填补更应注重公法的作用。❶ 也有学者提出，由于通过行政手段追究生态环境损害责任可以充分发挥行政机关的专业性和效率优势，能够及时发现生态环境损害事实、固定相关证据、明确修复方案，也更契合生态环境损害责任属于一项不以损害结果的实际发生为必要条件的防御责任的属性特征，故我国的生态环境损害救济制度应当以行政救济途径为主。❷ 相反，民事救济途径中用于救济已然损害的赔偿性责任、阻遏性责任等责任承担方式，都不能对生态环境损害提供有效救济，故民事救济途径并非是应对生态环境损害的有效制度。❸

还有学者从政府环境责任的角度展开论证，认为开展生态环境损害救济工作是政府履行其环境监管职责与环境保护义务的应有之义，政府作为生态环境的管理人，对受损的生态环境进行治理和修复是其首要的责任和义务。❹ 在生态环境损害救济领域内，行政机关始终处于主导性地位，而生态环境损害本身的公共属性，亦使其必然落入现代行政的公法调整范围。❺ 因此，基于政府主导的生态环境损害救济与我国现行的环境行政管理体制之间的高度契合性，❻ 生态环境损害救济的全过程皆应由行政法律规范调整。相应的，我国应当通过行政执行能力的强化和行政公益诉讼制度

❶ 侯佳儒：“生态环境损害的赔偿、移转与预防：从私法到公法”，载《法学论坛》2017 年第 3 期，第 27 页。

❷ 康京涛：“生态环境损害政府民事索赔的困境及出路——基于政策文本与案例实践的考察”，载《法治论坛》2019 年第 2 期，第 273 页。

❸ 徐祥民、辛帅：“民事救济的环保功能有限性——再论环境侵权与环境侵害的关系”，载《法律科学》（西北政法大学学报）2016 年第 4 期，第 88 页。

❹ 陈爱武、姚震宇：“环境公益诉讼若干问题研究——以生态环境损害赔偿制度为对象的分析”，载《法律适用》2019 年第 1 期，第 30 页。

❺ 韩英夫、黄锡生：“生态损害行政协商与司法救济的衔接困境与出路”，载《中国地质大学学报》（社会科学版）2018 年第 1 期，第 35 页。

❻ 张梓太、李晨光：“生态环境损害政府索赔的路径选择”，载《社会科学辑刊》2018 年第 3 期，第 122 页。

的完善，建立以公法为主导的生态损害救济制度，而私法救济则应当在公法框架建立前或无法适用的情况下适当发挥补充作用。❶

由此可见，在目前我国已经初步形成通过环境民事公益诉讼制度与生态环境损害赔偿制度两种私法途径对生态环境损害进行救济的背景下，仍有诸多学者坚持应当通过公法途径特别是行政途径对生态环境损害进行救济。而上述学者坚持这一观点的原因主要是基于对生态环境损害实质为公法性质的环境公共利益损害的基本认知，❷ 从而明确对受损的生态环境进行救济以维护环境公共利益之任务，实质为行政机关生态环境保护义务的延伸，❸ 由此推导得出对于生态环境损害救济等现代环境公共事务，应当以行政途径为主要的应对手段。❹

（四）生态环境损害的行政命令救济研究

基于应当通过行政途径救济生态环境损害之观点，我国部分环境法学者进一步提出可以适用属于具体行政行为类型之一的行政命令来对生态环境损害进行救济。如有学者指出，长期以来我国行政机关在环境监管中偏好适用行政处罚而轻视了行政命令的作用，导致在生态环境损害救济程序中行政命令的补救性功能遭到了忽视。因此，有必要正确认识环境行政命令体系，重视行政命令在消除环境危害后果以及维护环境公共利益等方面的重要作

---

❶ 刘静：“论生态损害救济的模式选择”，载《中国法学》2019 年第 5 期，第 267 页。

❷ 康京涛：“生态修复责任的法律性质及实现机制”，载《北京理工大学学报》（社会科学版）2019 年第 5 期，第 134 页。

❸ 赵小姣：“我国生态环境损害赔偿立法：模式与难点”，载《东北大学学报》（社会科学版）2020 年第 5 期，第 84 页。

❹ 王明远：“论我国环境公益诉讼的发展方向：基于行政权与司法权关系理论的分析”，载《中国法学》2016 年第 1 期，第 49 页。

用。❶ 亦有学者提出，通过民事救济途径难以实现对生态环境损害的完整救济，而通过责令赔偿、责令改正等行政命令对生态环境损害进行救济，更符合我国目前以行政为主导的环境监管的立法逻辑，对于预防生态环境损害的发生以及防止生态环境损害程度的进一步扩大有着重要意义。❷

然而，在论及哪些类型的生态环境损害宜于通过行政命令途径进行救济时，我国环境法学者大多认为行政命令救济途径无法适用于所有类型的生态环境损害。如有学者提出，责令修复生态环境的行政命令作为生态环境损害的公法救济手段之一，具有指令性、应急性、直接性和个体性等特点，但由于行政命令是针对单个环境违法行为作出的，其内容较为简单，且只能考虑单个违法行为的短期后果，故责令修复生态环境的行政命令的适用范围较为有限，通常只能适用于违法行为导致的分散、小型环境污染场地或生态破坏场地的修复。❸ 亦有学者认为，基于行政机关对环境信息的高度熟悉以及其所具备的专业技术能力，通过行政命令救济生态环境损害更具及时性和有效性优势，但由于行政命令是行政机关单方面作出的行政行为，可能存在对问题考虑不周和对行政相对人利益考量不充分的情况，因此在应急性救济、生态环境修复和非金钱替代性修复方面宜使用行政命令，而在金钱替代性修复和生态功能的赔偿方面，宜通过双方协商或司法程序来确定赔偿金的数额，而不适宜采用行政命令救济。❹ 还有学者认为，

---

❶ 胡静："我国环境行政命令体系探究"，载《华中科技大学学报》（社会科学版）2017 年第 6 期，第 82 页。

❷ 况文婷、梅凤乔："生态环境损害行政责任方式探讨"，载《人民论坛》2016 年第 14 期，第 117 页。

❸ 李挚萍："行政命令型生态环境修复机制研究"，载《法学评论》2020 年第 3 期，第 184 页。

❹ 徐以祥："论生态环境损害的行政命令救济"，载《政治与法律》2019 年第 9 期，第 92 页。

赋予行政机关责令修复生态环境的职权，是生态环境本身的公共属性以及行政权的直接性、主动性特征所决定的，但由于生态环境服务功能损失的评估、基线水平的判断等均具有科学不确定性的特点，难以做到精确化，且生态环境服务功能这一概念的伸缩性较强，诸如娱乐、研究等功能均包含在这一概念之中，因此在救济生态环境服务功能损失时不宜采用强制性的行政命令，更适宜以和解方式达成一致意见。❶

由此可见，虽然通过行政命令救济生态环境损害的观点已经在一定程度上得到我国部分环境法学者的支持和肯定，但不难发现上述提出以行政命令救济生态环境损害的环境法学者，大多同时也认为生态环境损害的行政命令救济途径有其特定的适用情境和功能局限，而无法在所有的生态环境损害事件中加以适用。事实上，这是因为我国环境法学者在尝试构建生态环境损害的行政命令救济体系时，使用的是我国行政法律体系与环境法律体系中既有的"责令消除污染""责令恢复原状"等行政命令类型。由于这些行政命令类型本身并非是专门为生态环境损害救济程序所设计的，其功能范围无法覆盖实践中不同形式的生态环境损害，因而在将这些行政命令直接适用于生态环境损害救济时，不仅会产生诸多难以兼容之处，亦无法实现对生态环境损害的完整救济。因此，我国环境法学者方才提出生态环境损害的行政命令救济只能在特定的情形下加以适用。除此之外，基于目前我国已经基本确立的通过环境民事公益诉讼制度与生态环境损害赔偿制度双渠道救济生态环境损害的客观实际，我国环境法学者大多出于对既有制度的尊重以及避免行政命令救济途径与其他救济途径之间出现适用冲突之考虑，而对生态环境损害的行政命令救济途径设置

---

❶ 韩梅："论行政机关提起的生态环境损害赔偿之法律范畴与路径"，载《中国环境管理》2020 年第 1 期，第 143 页。

了一定的适用范围限制。

四、研究思路、研究方法与拟解决的问题

（一）研究思路

本书以"我国应当通过行政命令救济生态环境损害"为贯穿全书的核心命题与逻辑主线，遵循"发现问题—分析问题—解决问题"的研究思路与论证路径，在对当下我国通过环境民事公益诉讼制度与生态环境损害赔偿制度双渠道救济生态环境损害的制度体系进行系统化反思的基础上，尝试对"我国为什么应当通过行政命令救济生态环境损害""我国应当如何构建生态环境损害的行政命令救济体系"以及"我国应当如何保障生态环境损害的行政命令救济体系有效运行"等理论或实践问题作出解答与回应。

本书第一章首先梳理了我国生态环境损害救济的相关历史背景，整体勾勒出我国生态环境损害救济从无到有的嬗变过程，对当下我国通过环境民事公益诉讼制度与生态环境损害赔偿制度双渠道救济生态环境损害的基本概况进行了阐述。在此基础上，剖析了环境民事公益诉讼制度与生态环境损害赔偿制度两者存在的若干欠缺之处，点明通过环境民事公益诉讼制度或生态环境损害赔偿制度难以实现对生态环境损害的有效救济。同时，亦对我国学者所提出的关于生态环境损害救济模式的其他理论设想中存在的问题进行了反思，并对这些理论设想的不适当性进行了评述。

本书第二章主要对目前我国环境法律体系中涉及生态环境损害救济的相关行政命令条款进行了梳理，据此得出在我国环境法律体系中确实存在若干具有生态环境损害救济部分功能的行政命令类型，因而通过行政命令途径救济生态环境损害的设想并非是无源之水或无本之木。但是，由于我国环境法律体系中现有的行政命令类型并非是专门为生态环境损害救济而设计的，其在功能

上更倾向于对受损生态环境进行物理修复而非生态恢复，因而通过这些行政命令难以实现对生态环境损害的完整救济，故我国有必要构建专门的生态环境损害行政命令救济体系。

本书第三章主要对我国应当通过行政命令救济生态环境损害之观点进行逻辑证成，旨在回答"我国为什么应当通过行政命令救济生态环境损害"的问题。对于这一命题的论证思路可以分为两个层次：首先，通过对"搭便车"理论、国家公权力理论、政府环境责任理论以及行政效能理论等理论模型的嵌入适用，得出我国应当通过行政途径而非司法途径或其他途径救济生态环境损害；其次，在前面论证的基础上，基于行政命令所具备的及时性、专业性和普适性特征以及行政命令救济途径在生态环境损害救济中相较于其他救济途径所展现出的优越性，进一步推导得出我国应当通过行政救济途径中的行政命令对生态环境损害进行救济。

本书第四章是在明确了我国应当通过行政命令救济生态环境损害的基础上，对"我国应当如何构建生态环境损害的行政命令救济体系"这一问题进行回应。主要提出我国应当创设责令消除环境风险、责令修复生态环境、责令异地替代修复和责令赔偿生态损失四种专门用于救济生态环境损害的行政命令类型，并从内部控制制度、信息公开制度、公众参与制度和权利保障制度四个维度对上述四种行政命令类型的作出程序进行规范化构造，尝试构建较为完整的生态环境损害行政命令救济体系。

本书第五章主要对生态环境损害行政命令救济体系的保障措施进行论述，旨在回答"如何保障我国的生态环境损害行政命令救济体系有效运行"的问题。由于在生态环境损害的行政命令救济体系中，作出行政命令的行政机关存在不作为或乱作为的风险，而接受行政命令的行政相对人则存在确无能力履责或拒不履责的风险，且这些风险都有可能造成生态环境损害的行政命令救济体系失灵。因此，本书第五章就上述风险分别提出了相应的解决方案，力求通过生态环境损害行政命令救济体系有效实现对生态环境损害的完整救济。

（二）研究方法

1. 历史分析法

任何社会科学研究都离不开对历史的研究，以史为鉴、鉴往知来，在历史前进的逻辑中汲取经验和智慧，❶ 是社会科学研究的重要方法与关键内容。事实上，将历史分析法适用于法学研究同样十分必要且有效，这是因为任何一项法律制度的产生与变迁都是基于特定的历史背景，以及为了解决特定时期的社会问题。因此，通过历史分析法将法律制度置于特定的历史时期内进行考察，可以觅得该法律制度背后的生成机理与发展脉络，从而不仅能够对某项法律制度的内容与效果作出科学而公正的评价，亦能够为该法律制度的发展与完善提供相应的思路和方向。

结合本书所研究探讨的生态环境损害救济问题，笔者主要在以下两个方面运用了历史分析法：一是对我国生态环境损害救济的历史嬗变过程进行了梳理，阐释了当下我国通过环境民事公益诉讼制度与生态环境损害赔偿制度双渠道救济生态环境损害的制度格局的形成过程与运行现状，为后文对环境民事公益诉讼制度和生态环境损害赔偿制度的反思进行铺垫；二是对我国环境法律体系中原有的行政命令条款相继遭到删减或弃置的变迁过程以及其背后的历史原因进行探究分析，特别是结合历次修法工作的时代背景而对历次修法的修改点以及修法前后相关条文的具体变化进行对比分析，揭示了我国环境法律体系中具有生态环境损害救济部分功能的行政命令条款已然为我国立法者和执法者所普遍忽

❶ 杨煌："不断提升历史思维能力"，载《学习时报》2019 年 4 月 1 日，第 1 版。

视的客观现状，从而引出后文中我国应当创设专门用于救济生态环境损害的行政命令类型的相关内容。

2. 实证分析法

实证分析法是以观察社会现象和分析法律事实为主要内容的研究方法，其以直接来源于社会实践中的各类事实为研究对象，通过定性和定量分析以及对大数据等技术的运用，提高法律制度设计和运行的科学性。❶ 事实上，任何一项法律制度的提出，最终都是为了解决特定的社会实际问题，因而法学研究应当以积极回应社会治理的实际需要为出发点与落脚点，脱离了社会实践的法学研究将失去其存在价值与生命力。实证分析既可以为法学研究提供丰富的研究素材，拉近理论研究与社会实践之间的距离，又可以为法学研究提供充分的数据佐证，使得法学研究所得出的结论更为真实可靠。因此，在法学研究中融入实证分析是相当必要的。❷

本书主要通过列举客观数据以及引入真实案例的方式进行实证分析：首先，笔者收集了大量载于权威报刊的新闻报道作为论据材料，通过列举客观数据的方式对相关观点进行证成。如在论证我国的社会组织无意提起环境民事公益诉讼并由此导致我国由社会组织提起环境民事公益诉讼的制度安排缺乏可行性时，笔者引用了新闻报道中关于我国社会组织极少提起环境民事公益诉讼的相关数据，以印证我国的社会组织确实无意提起环境民事公益诉讼；其次，笔者选取了若干具有代表性的真实案例，通过事实列举的方式对相关观点进行证成，如在论证因生态环境损害赔偿

❶ 潘德勇：“从价值到事实：法学实证方法的变迁”，载《社会科学》2015年第3期，第100页。
❷ 赵骏：“中国法律实证研究的回归与超越”，载《政法论坛》2013年第2期，第13页。

制度存在妥协性问题而无法对生态环境损害进行完整救济时，笔者引用了实践中地方生态环境主管部门在生态环境损害赔偿磋商中放弃要求责任人足额承担生态环境损害赔偿责任的真实案例，以印证我国的生态环境损害赔偿制度确实存在妥协性问题。

3. 规范分析法

规范分析方法是法学研究特有的研究方法，其以法律规范、法律解释、司法判例等规范事实作为研究对象，❶ 通过对法律概念和法律条文的描述、注释和解释，从而揭示法律的清晰含义。❷ 事实上，法学研究之所以区别于哲学、经济学、社会学等其他门类的社会科学研究，正是因为法学研究具有法律文本和法律条文这样客观实在的研究对象。法学是诠释与解释之学，❸ 基于法律文本和法律条文在法学研究中的基础性地位，法学研究者必须充分运用规范分析方法，通过对法律文本以及法律条文的研读与诠释，发掘其中可能存在的不当之处，并对由此可能造成的法律制度在实践中的适用困境进行合理推测，进而为法律制度的完善提供相应的建议。

在本书中有多处分析论证运用了规范分析方法：如通过对我国《环境保护法》等法律法规以及相关司法解释中关于社会组织提起环境民事公益诉讼所设置的各项资格限制条款的研读，本书尝试对我国实践中社会组织较少提起环境民事公益诉讼的现象作出了相对合理的解释；又如通过对我国《宪法》以及《民法典》中关于自然资源国家所有权制度的相关条款的探究，本书尝试对"国家"以及代表"国家"行使权力的行政机关对于国有自然资源

---

❶ 谢晖："论规范分析方法"，载《中国法学》2009 年第 2 期，第 42 页。

❷ 谈萧："规范法学的方法构成及适用范围"，载《法律科学》（西北政法大学学报）2012 年第 4 期，第 41 页。

❸ ［德］卡尔·拉伦茨：《法学方法论》，陈爱娥译，商务印书馆 2003 年版，第 85 页。

所享有的应当是管理权而非民法意义上的私有财产权进行了论证；再如通过对我国环境法律法规中"责令消除污染""责令恢复原状""责令赔偿损失"等行政命令条款的分析解读，本书初步得出了上述三项行政命令类型仅具备生态环境损害救济部分功能的结论。

4. 比较分析法

在全球治理一体化的宏大背景下，包括法学研究在内的各项社会科学研究均应当具备充分的全球视野，特别是由于生态环境损害问题是超越国家属性的"人与自然"之间存在的问题，[1] 不同国家的生态环境损害问题在一定程度上具有同质性，因而在涉及生态环境损害救济工作的相关研究中，更有向具备生态环境治理先进经验的国家学习借鉴的必要。事实上，由于欧美等西方发达国家和地区相较于我国更早出现生态环境损害问题，也更早开始对生态环境损害进行救济，因而在生态环境治理特别是生态环境损害救济方面，欧美等西方发达国家和地区的一些历经实践检验而相对成熟的做法非常值得我国学习借鉴。而这样的学习借鉴不仅有利于我国在生态环境损害救济方面少走弯路并节约试错成本，亦有助于使我国的生态环境损害问题得到尽快解决，从而能够迅速且有效地提升我国的生态环境质量。

本书主要通过分析探究美国与欧盟在生态环境损害救济领域内的相关立法与实践的方式进行比较分析。在《美国超级基金法案》以及《欧盟环境责任指令》这两部最具代表性的涉及生态环境损害救济问题的法律文件中，存在大量行政命令条款以及通过行政命令途径救济生态环境损害的相关制度规则，而美国以及欧盟的多个成员国也基于上述法律文件而分别建立起了以行政命令

---

[1] 曹孟勤："人与自然和谐共生的价值意蕴"，载《光明日报》2019 年 2 月 25 日，第 15 版。

为中心的生态环境损害救济体系。本书在对《美国超级基金法案》以及《欧盟环境责任指令》中的相关行政命令条款进行分析探讨的基础上，阐述了美国与欧盟通过行政命令途径救济生态环境损害的基本概况，并对值得我国学习借鉴的相关经验做法进行了总结。

（三）拟解决的问题

围绕本书所提出的"我国应当通过行政命令途径救济生态环境损害"这一核心命题与逻辑主线，本书主要对以下三个具有层次递进关系的问题进行了较为系统化的研究论证，具体如下文所述：

1. 我国为什么应当通过行政命令救济生态环境损害的问题

这一问题是对本书核心命题的直接回应。本书认为，我国应当通过行政命令救济生态环境损害的理由主要包括以下几个方面：（1）基于环境民事公益诉讼制度与生态环境损害赔偿制度所存在的诸多欠缺，我国难以通过环境民事公益诉讼制度或生态环境损害赔偿制度实现对生态环境损害的有效救济；（2）我国学者所提出的关于生态环境损害救济模式的其他理论设想亦在可行性或适当性等方面存在一定的欠缺，因而同样难以适用于生态环境损害救济；（3）通过行政命令救济生态环境损害，可以规避环境民事公益诉讼制度与生态环境损害赔偿制度所存在的诸多欠缺，且行政命令所具备的及时性、专业性和普适性特征能够满足生态环境损害救济工作的各项特定需求；（4）生态环境损害实质为环境公共利益损害，应当通过公法途径予以救济，在由行政权主导各项环境事务的我国，通过行政命令对生态环境损害进行救济更为适当。

2. 我国应当如何构建生态环境损害的行政命令救济体系的问题

这一问题是在明确了我国应当通过行政命令救济生态环境损

害的基础上进一步提出的。本书认为，我国应当依照如下路径构建生态环境损害的行政命令救济体系：（1）由于我国环境法律体系中现有的行政命令类型难以对生态环境损害进行有效救济，因而有必要创设"责令消除环境风险""责令修复生态环境""责令异地替代修复"和"责令赔偿生态损失"四种专门用于救济生态环境损害的行政命令类型；（2）对于尚未实际发生的生态环境损害风险，可以通过"责令消除环境风险"的行政命令进行预防性救济；（3）对于已经实际发生且具备修复可能性的生态环境损害，可以通过"责令修复生态环境"的行政命令进行恢复性救济；（4）对于已经实际发生但无法修复或因环境自净能力而无须修复的生态环境损害，可以根据生态环境损害救济工作的实际需要，分别通过"责令异地替代修复"或"责令赔偿生态损失"的行政命令进行填补性救济。

3. 我国应当如何保障生态环境损害的行政命令救济体系有效运行的问题

这一问题则是为了完善前文所述的生态环境损害的行政命令救济体系而提出的。本书认为，我国应当从以下四个方面保障生态环境损害的行政命令救济体系有效运行：（1）在行政机关怠于作出专门用于救济生态环境损害的行政命令，也即行政机关存在行政不作为时，应当通过检察建议制度、行政公益诉讼制度以及公众检举制度予以应对；（2）在行政机关恣意作出专门用于救济生态环境损害的行政命令，也即行政机关存在行政乱作为时，应当通过行政复议制度、行政诉讼制度以及信访申诉制度予以应对；（3）在责任人员确无能力履行专门用于救济生态环境损害的行政命令时，应当通过社会化救济制度、政府救济制度以及公益劳动代偿制度予以应对；（4）在责任人员拒不履行专门用于救济生态环境损害的行政命令时，应当通过行政代履行制度、加处罚款与划拨存款制度以及信用惩戒制度予以应对。

五、理论增量与创新点

（一）推动学界对生态环境损害救济多重模式展开反思

目前我国已经初步确立了通过环境民事公益诉讼制度与生态环境损害赔偿制度双渠道救济生态环境损害的制度体系，同时，我国学者也提出了诸如通过侵权责任途径、行政处罚途径或社会化途径对生态环境损害进行救济的多重理论设想。然而，无论是在当下我国生态环境损害救济实践中占据主流地位的环境民事公益诉讼制度与生态环境损害赔偿制度，抑或是我国学者所提出关于生态环境损害救济模式的其他理论设想，实际都在必要性、可行性或适当性等方面存在若干欠缺，因而难以实现对生态环境损害的有效救济。因此，有必要从寻错的角度对我国既有的以及设想中的多重生态环境损害救济模式进行重新审视。在本书中，笔者针对环境民事公益诉讼制度、生态环境损害赔偿制度以及我国学者所提出的关于生态环境损害救济模式的其他理论设想中所存在的问题分别进行了剖析，以期能够推动学界对于我国既有的以及设想中的生态环境损害救济多重模式的合理性与必要性展开系统化的反思。

（二）完善通过行政命令救济生态环境损害的观点

在我国学者所提出的生态环境损害救济的多重模式之中，大多忽视了具有补救性功能的行政命令的价值和作用，而即使是提出应当通过行政命令途径救济生态环境损害这一观点的学者，也大多为生态环境损害的行政命令救济途径设置了一定的适用范围限制，而未有将行政命令作为一种可以独立承担全部生态环境损害救济功能的救济途径。在本书中，笔者对我国学者所提出的生态环境损害的行政命令救济途径进行了一定程度的发展和完善：本书认为，通过创设责令消除环境风险、责令修复生态环境、责令异地替代修复和责令赔偿生态损失四种专门用于救济生态环境损害的行政命令类型，并为之配给相应的行政命令作出程序，即可以在一定程度上化解通过我国环境法律体系中既有的行政命令类型难以对生态环境损害进行完整救济之困境，从而使实践中不同类型和不同程度的生态环境损害均能够通过行政命令途径得以充分救济。

（三）构建较为完整的生态环境损害行政命令救济体系

在充分借鉴欧美等国家和地区通过行政命令救济生态环境损害的实践经验的基础上，本书对我国通过行政命令救济生态环境损害的必要性与可行性进行了系统性论证，从而为生态环境损害的行政命令救济体系提供了相应的理论基础。而基于目前我国尚未针对行政命令进行专门立法并由此导致实践中对于行政命令的作出程序缺少明确法律规制的客观现状，尝试从内部控制制度、信息公开制度、公众参与制度和权利保障制度四个维度对行政命令的作出程序进行规范化构造，从而为生态环境损害的行政命令救济体系设置了相应的程序性规则。同时，针对生态环境损害的行政命令救济体系中行政机关可能出现的怠于履职或行为失范现象，以及行政相对人可能存在的无力履责或拒不履责情形，从如何保障行政命令有效实施的角度提出了相应的对策建议。最后，笔者尝试草拟了《生态环境损害救济法》建议稿及立法说明，以期能够使生态环境损害的行政命令救济体系之雏形得以初步呈现。

第一章

我国生态环境损害救济的历史、现状与反思

一、我国生态环境损害救济的历史嬗变

我国生态环境损害救济的相关制度体系是在我国生态环境治理工作不断推进的过程中逐步发展起来的。从总体上来看，我国的生态环境损害救济工作主要经历了"未对生态环境损害进行救济阶段""仅救济人身权和财产权损害阶段""逐步兼顾救济生态环境损害阶段""公益诉讼救济生态环境损害阶段"以及"生态环境损害赔偿制度确立阶段"五个主要阶段。

（一）未对生态环境损害进行救济阶段

在中华人民共和国成立的早期，由于意识形态等因素，一些人将环境污染完全归咎于资本主义制度的腐朽，认为只有在资本主义国家才会存在环境问题，而在社会主义中国不存在环境问题。❶ 正因如

---

❶ 闵绪国："周恩来的环境保护思想——纪念周恩来诞辰 110 周年"，载《环境保护》2008 年第 5 期，第 59 页。

此，在 20 世纪 70 年代之前，我国几乎没有开展环境治理工作的相关意识，而在长期重点发展工业生产的过程中，我国的环境污染问题不断积累。1971 年冬天，位于北京西北郊的官厅水库中漂起大量泡沫，水色浑黄并散发异味，北京市民食用从官厅水库中打捞出的鱼之后，普遍出现不同程度的头痛、恶心、呕吐等中毒症状。北京市卫生防疫站、官厅水库管理处、中国科学院地理研究所等单位对这一事件进行了初步调查，认为水库受到了上游来水的污染。❶ 随后，卫生部门就官厅水库污染问题向国务院作了专项报告，并上呈时任国务院总理周恩来。在周恩来总理的指导下，1972 年 6 月官厅水系水源保护领导小组迅速成立，国家和有关部委投入专款近 3 000 万元展开治污攻关行动，分三批对官厅水库上游 39 个重点污染企业的 77 个项目进行治理，按其规模和性质分别确定相应治理方案。经过三年多的治理，官厅水库的水质得到明显改善。❷ 官厅水库污染治理是中华人民共和国历史上最早的污染治理工程，也是国家层面上开展的第一次实质性的环境治理综合行动，至此我国的生态环境治理工作正式拉开序幕。

与此同时，1972 年 6 月联合国在瑞典首都斯德哥尔摩举行了第一次人类环境会议，来自全世界百余个国家的数千名政府代表出席了这次会议。作为我国恢复在联合国的合法席位后第一次在国际会议舞台的展现，我国派出了高规格的代表团参加了此次会议。会后，周恩来总理认真听取了参会代表团的汇报，深感中国环境问题的严重性，指示要尽快召开全国性的环境工作会议。❸ 经

---

❶ 徐轶杰："新中国环境保护区域协作初探——以官厅水库水源保护工作为例"，载《当代中国史研究》2015 年第 6 期，第 70 页。

❷ 段蕾："新中国环保事业的起步：1970 年代初官厅水库污染治理的历史考察"，载《河北学刊》2015 年第 5 期，第 63 页。

❸ 于勇、李焱："周总理'逼'出了新中国第一代环保人"，载《经济日报》2015 年 1 月 12 日，第 16 版。

过一年的筹备，1973 年 8 月我国在北京召开了中华人民共和国成立以来的第一次全国环境保护会议，会上审议通过了我国第一个专门规定环境保护相关事项的规范性文件——《关于保护和改善环境的若干规定（试行草案）》，并确定了环境保护工作的相关方针政策。此次会议首次承认了中国同样存在环境问题且需要予以治理。自此开始，以污染防治为核心的环境保护工作在全国范围内逐步得到重视。

在 20 世纪 70 年代初期，虽然我国的决策者已经初步认识到我国同样存在较为严重的环境危机，并逐步开始了环境行政监管与环境污染治理工作，但在当时单一社会主义公有制的经济制度背景下，所有的污染企业实际上都是由国家或集体所直接管理或控制的国有制企业或集体所有制企业，对于这些国有制企业或集体所有制企业所造成的环境污染问题，其解决思路仍然停留在由国家统一进行环境污染治理之上。同时，正因为这些污染企业实际上都是纯国家所有或集体所有，故也不存在要求这些国有制企业或集体所有制企业专门向国家赔偿因环境污染而导致的经济损失或生态环境损失的必要。因而在这一时期，我国实际上并无专门用于救济生态环境损害的相关制度设计。

（二）仅救济人身权和财产权损害阶段

1978 年 12 月，我国召开了具有历史性转折意义的党的十一届三中全会，正式开启了改革开放的伟大征程。也正是由此开始，我国的经济制度逐渐由单一的社会主义公有制向多种所有制共存的方向转变。然而，私有制经济的迅速发展使我国境内各类企业事业单位的数量急剧增加，规模迅速扩大，同时各类企业在生产经营的过程中所产生的环境污染和生态破坏问题也日趋严重，这就使得长期作为单一环境污染治理主体的国家在环境污染治理方面的压力逐渐增加。并且在市场经济的背景下，大量造成环境污染或生态破坏问题的企业已经不再是纯国有制企业或集体所有制企业，而国家并无为这些造成环境污染的私有制企业承担污染治理兜底性责任的义务。因此，在环境污染问题上引入新的责任承担方式，改变国家作为环境污染单一治理主体的状态，成了当时立法者亟须解决的重要问题之一。

1986 年 4 月，第六届全国人大第四次会议审议通过了《中华人民共和国民法通则》（以下简称《民法通则》），作为我国第一部调整民事法律关系的基本法律，该法第 124 条❶明确规定污染者应当承担民事侵权责任，这意味着环境污染民事侵权责任制度在我国得到正式确立。1989 年 12 月，第七届全国人大常委会第十一次会议审议通过了《环境保护法》（1989），作为我国制定的第一部正式的环境保护基本法，该法第 41 条第 1 款❷明确规定污染者应当赔偿遭受环境污染损害的单位或者个人的损失，从而进一步明确了我国通过民事侵权责任制度救济环境污染行为所导致的人身权或财产权损害的制度规则。

然而，无论是《民法通则》还是《环境保护法》（1989），其中所确立的均为环境污染行为所导致的民事侵权责任，所救济的也均为环境污染或生态破坏行为所导致的人身权或财产权损害。换言之，无论是《民法通则》还是《环境保护法》（1989），所救济的均为环境污染或生态破坏事件中自然资源或环境要素经济价值所遭受的损害，而未有涉及救济自然资源或环境要素生态价值的损害。因此，在这一时期我国实际上仍不存在真正意义上的指向自然资源或环境要素生态价值的生态环境损害救济制度。

---

❶ 《民法通则》第 124 条规定："违反国家保护环境防止污染的规定，污染环境造成他人损害的，应当依法承担民事责任。"

❷ 《环境保护法》（1989）第 41 条第 1 款规定："造成环境污染危害的，有责任排除危害，并对直接受到损害的单位或者个人赔偿损失。"

（三）逐步兼顾救济生态环境损害阶段

20 世纪末期，随着我国环境法学学科的正式建立以及环境法学相关理论研究的不断深入，我国学者逐步认识到自然资源与环境要素兼具经济价值与生态价值双重属性，[1] 并在此基础上提出在环境污染或生态破坏事件中，除了应当对属于人身权或财产权损失的经济价值损害进行救济之外，还应当对自然资源或环境要素生态价值所遭受的损害进行救济。我国环境法学者的这一观点也在这一时期的部分立法中得到了体现，如在 1999 年 12 月修订的《中华人民共和国海洋环境保护法》（以下简称《海洋环境保护法》）中，第 90 条第 2 款[2]明确规定了行使海洋环境监督管理权的部门可以代表国家对损害海洋环境的责任者提出损害赔偿要求。

依照立法者对《海洋环境保护法》（1999）第 90 条的解释，海洋生态环境损害赔偿的对象包括三个方面：一是财产损失，包括单位的财产损失和公民个人的财产损失；二是人身损害，包括致伤或致死；三是各种海洋资源的损害，包括对生态资源、水产资源和旅游资源所造成的损害等。其中第三种损害是指某一区域内某一类自然资源所受到的损害，其损害对象不是单位或个人，而是指对国家造成的损害。[3] 不难发现，立法者所述的生态资源所受的损害已并非是传统意义上的人身权或财产权损害，而是海洋自然资源的生态价值所受的损害。因此，在当时我国海洋生态环

---

[1] 这一时期关于自然资源或环境要素兼具经济价值和生态价值双重属性的学术研究成果，可以参见汪劲："论现代西方环境权益理论中的若干新理念"，载《中外法学》1999 年第 4 期，第 29 页；吕忠梅："关于物权法的'绿色'思考"，载《中国法学》2000 年第 5 期，第 4 页。

[2] 《海洋环境保护法》（1999）第 90 条第 2 款规定："对破坏海洋生态、海洋水产资源、海洋保护区，给国家造成重大损失的，由依照本法规定行使海洋环境监督管理权的部门代表国家对责任者提出损害赔偿要求。"

[3] 张皓若、卞耀武主编：《中华人民共和国海洋环境保护法释义》，法律出版社2000 年版，第 136 页。

境损害救济领域内，所救济的客体不仅指向了海洋自然资源的经济价值损害，亦指向了海洋自然资源的生态价值损害。据此，我国在海洋环境保护领域内形成了通过民事侵权责任途径兼顾救济生态环境损害的制度格局。

（四）公益诉讼救济生态环境损害阶段

进入21世纪以来，生态环境保护问题更加得到我国社会各界的广泛重视。我国各地也陆续出现了多种形式的环境民事公益诉讼的实践尝试：如2003年4月，山东省乐陵市人民检察院针对金鑫化工厂非法经营国家明令禁止的小炼油项目并严重污染环境的行为提起环境民事公益诉讼，乐陵市人民法院判令金鑫化工厂自行拆除污染设施，停止侵害并消除危险；2007年12月，贵阳市"两湖一库"管理局针对贵州天峰化工公司磷石膏废渣渗滤液污染羊昌河的行为提起环境民事公益诉讼，贵阳市清镇市人民法院环保法庭判令贵州天峰化工公司立即停止使用磷石膏尾矿废渣场，并采取必要的防水防渗以及废水处理措施，消除对环境的不良影响；2010年11月，中华环保联合会与贵阳公众环境教育中心针对贵阳市乌当区定扒造纸厂向南明河排放生产废水的行为提起环境民事公益诉讼，贵阳市清镇市人民法院环境保护法庭判令贵阳市乌当区定扒造纸厂立即停止排放污水，并消除对南明河造成的污染。

不难发现，这一时期我国环境民事公益诉讼的实践呈现出原告类型多样化的特点，如在上述三个环境民事公益诉讼的相关案例中，起诉主体分别为检察机关、行政机关和社会组织。然而值得注意的是，由于在这一时期我国法律体系中尚未确立环境民事公益诉讼制度，故此类诉讼虽被冠以环境民事公益诉讼之名，但其本质上仍应归属于依照传统民事侵权诉讼的诉讼规则进行审理的环境民事侵权诉讼。但是，在上述环境民事公益诉讼的相关案例中，原告所提出的诉讼请求并非是要求被告赔偿人身权或财产权损失，而是要求被告停止污染环境、消除环境污染状态以及恢复生态服务功能等。由此可见，这一时期我国已经开始对生态环境本身所受损害进行救济。

2012 年 8 月，第十一届全国人大常委会第二十八次会议对我国《民事诉讼法》进行了修改，增加了第 55 条❶公益诉讼条款，由此在我国正式确立了环境民事公益诉讼制度。2015 年 1 月，最高人民法院发布了《关于审理环境民事公益诉讼案件适用法律若干问题的解释》，其中第 21 条❷明确环境民事公益诉讼的原告可以要求被告赔偿因环境污染或生态破坏行为所造成的生态服务功能损失，而生态服务功能损失即是因自然资源或环境要素生态价值遭受损害而导致的损失。至此，我国正式进入了通过环境民事公益诉讼对生态环境损害进行救济的新阶段。

（五）生态环境损害赔偿制度确立阶段

2015 年 12 月，中共中央办公厅、国务院办公厅联合印发了《生态环境损害赔偿制度改革试点方案》，决定在山东、江苏、重庆等 7 个省（市）先行开展生态环境损害赔偿制度改革试点工作。经过两年的试点，在总结相关省市试点工作经验的基础上，2017 年 12 月中共中央办公厅、国务院办公厅联合印发了《生态环境损害赔偿制度改革方案》，决定在全国范围内试行生态环境损害赔偿制度。在这两份构建我国生态环境损害赔偿制度的纲领性文件中，立法者对生态环境损害赔偿的赔偿范围进行了相同的规定：生态

---

❶ 《民事诉讼法》（2012）第 55 条规定："对污染环境、侵害众多消费者合法权益等损害社会公共利益的行为，法律规定的机关和有关组织可以向人民法院提起诉讼。"

❷ 最高人民法院《关于审理环境民事公益诉讼案件适用法律若干问题的解释》（2015）第 21 条规定："原告请求被告赔偿生态环境受到损害至恢复原状期间服务功能损失的，人民法院可以依法予以支持。"

环境损害赔偿的赔偿范围包括清除污染费用、生态环境修复费用、生态环境修复期间服务功能的损失、生态环境功能永久性损害造成的损失以及生态环境损害赔偿调查、鉴定评估等合理费用。

不难发现，赔偿义务人所应当缴纳的生态环境损害赔偿费用可以分为三种类型：一是因对生态环境本身造成损害而产生的损害赔偿费用，如生态环境修复期间服务功能的损失和生态环境功能永久性损害造成的损失，这两项费用显然是对自然资源或环境要素生态价值损害的救济；二是因生态环境损害行为而产生的修复费用，如清除污染的费用和生态环境修复的费用，这两项费用是使受损自然资源或环境要素的生态功能得以恢复所必须支出的费用，因而这两项费用同样属于对自然资源或环境要素生态价值损害的救济；三是为了追索生态环境损失而需要支出的辅助费用，如对生态环境损害进行调查和鉴定评估等合理费用，追索这些费用的目的在于保障生态环境损害救济工作能够顺利进行，因而这些费用也可以被理解为是对自然资源或环境要素生态价值损害的救济。

不仅如此，在上述两份构建生态环境损害赔偿制度的纲领性文件中，均明确规定了生态环境损害赔偿制度不适用于人身权或财产权损害，❶从而进一步印证了我国生态环境损害赔偿制度的救济范围是自然资源或环境要素生态价值的损害。由此可见，在确立了生态环境损害赔偿制度之后，我国形成了通过环境民事公益诉讼制度与生态环境损害赔偿制度双渠道救济生态环境损害的制度格局。

---

❶ 《生态环境损害赔偿制度改革方案》（2017）中对于生态环境损害赔偿制度适用范围的规定："以下情形不适用本方案：

1. 涉及人身伤害、个人和集体财产损失要求赔偿的，适用侵权责任法等法律规定；

2. 涉及海洋生态环境损害赔偿的，适用海洋环境保护法等法律及相关规定。"

二、我国生态环境损害救济的实践选择及其反思

（一）我国生态环境损害救济的实践选择：二诉并行模式

如前文所述，随着环境民事公益诉讼制度和生态环境损害赔偿制度在我国全面确立，我国初步形成了通过环境民事公益诉讼制度与生态环境损害赔偿制度双渠道救济生态环境损害的制度格局，笔者称为生态环境损害救济的二诉并行模式。近年来，环境民事公益诉讼制度与生态环境损害赔偿制度在我国生态环境损害救济领域内得到了较为广泛的适用。据最高人民法院统计，2019年全国法院共受理社会组织提起的环境民事公益诉讼案件179件；受理检察机关提起的环境民事公益诉讼案件312件，检察机关提起的刑事附带民事公益诉讼案件1 642件；受理生态环境损害赔偿司法确认案件28件，生态环境损害赔偿诉讼案件21件。上述所有数据均呈现出同比上升的趋势。❶

事实上，生态环境损害救济的二诉并行模式正是我国立法者所期待的我国生态环境损害救济制度体系的发展方向。早在2015年12月生态环境损害赔偿制度改革试点伊始，原环保部有关负责人在解读《生态环境损害赔偿制度改革试点方案》时即指出"由社会组织提起的环境民事公益诉讼和由政府提起的生态环境损害赔偿诉讼都是救济生态环境损害的重要途径，两者之间并不冲突"。❷ 而相关学者在解读2019年6月最高人民法院出台的《关于审理生态环境损害赔偿案件的若干规定（试行）》时，亦得出了"目前我国在生态环境损害救济问题上已经形成了两诉并存的制度

❶　孟亚旭："去年审结3.6万件环境资源刑事案"，载《北京青年报》2020年5月9日，第A3版。

❷　张蕾："让损害生态环境者承担赔偿责任——环保部有关负责人解读《生态环境损害赔偿制度改革试点方案》"，载《光明日报》2015年12月4日，第3版。

格局"的结论。❶ 总而言之，我国立法者希望通过环境民事公益诉讼制度与生态环境损害赔偿制度二者在实践中的并行适用，实现对生态环境损害的有效救济。

基于构建和完善生态环境损害救济的二诉并行模式之目的，我国先后通过修改《民事诉讼法》和《环境保护法》而确立了环境民事公益诉讼制度，并通过制定《关于审理环境民事公益诉讼案件适用法律若干问题的解释》《关于检察公益诉讼案件适用法律若干问题的解释》等司法解释对环境民事公益诉讼制度进行完善。与此同时，我国通过《生态环境损害赔偿制度改革试点方案》和《生态环境损害赔偿制度改革方案》两份纲领性文件正式确立了生态环境损害赔偿制度，并通过《关于审理生态环境损害赔偿案件的若干规定（试行）》对生态环境损害赔偿制度中的若干问题进行了细化规定。而在实践中，全国各地方亦通过积极践行环境民事公益诉讼制度与生态环境损害赔偿制度的方式，充分展现其贯彻绿色发展理念以及推进生态文明建设的决心和成果，形成了一大批具有代表性的环境民事公益诉讼和生态环境损害赔偿磋商与诉讼的典型案例。

除此之外，我国环境法学界的诸多学者也围绕环境民事公益诉讼制度和生态环境损害赔偿制度两者的基本属性、权利基础、适用范围、起诉顺位等问题展开了一系列的研究探讨，产出了一大批具有较高学术价值的科研成果，进一步筑牢了环境民事公益诉讼制度和生态环境损害赔偿制度的理论根基。如关于环境民事公益诉讼制度的权利基础问题，学界提出了包括环境权❷、公众环

---

❶ 孙航："首个生态环境损害赔偿司法解释出台"，载《人民法院报》2019 年 6 月 6 日，第 4 版。

❷ 杨朝霞："论环境公益诉讼的权利基础和起诉顺位——兼谈自然资源物权和环境权的理论要点"，载《法学论坛》2013 年第 3 期，第 102 页。

境权利❶、环境公共利益❷等解释路径;而关于生态环境损害赔偿制度的理论基础,学界则提出了私法性质的自然资源国家所有权❸、公法意义上的自然资源国家所有权❹、宪法层面的国家环境保护义务❺等多种理解;而在环境民事公益诉讼制度与生态环境损害赔偿制度二者的顺位问题上,学界则存在生态环境损害赔偿制度优先❻、环境民事公益诉讼制度优先❼、不设置顺位❽等多重观点。

总而言之,我国立法者所力推的环境民事公益诉讼制度与生态环境损害赔偿制度两者已然成为我国生态文明建设领域内最具关注度的议题之一。通过环境民事公益诉讼制度与生态环境损害赔偿制度双渠道救济生态环境损害的制度设计,得到了我国学界诸多学者的支持和肯定。而通过环境民事公益诉讼制度与生态环境损害赔偿制度两者共同对生态环境损害进行救济的二诉并行模式,也因其能够给公众带来一种"双重保险"的安全感而为社会公众所普遍接受。正是在此背景下,二诉并行模式逐渐在我国

❶ 王小钢:"论环境公益诉讼的利益和权利基础",载《浙江大学学报》(人文社会科学版)2011年第3期,第54页。

❷ 段厚省:"环境民事公益诉讼基本理论思考",载《中外法学》2016年第4期,第891页。

❸ 黄萍:"生态环境损害索赔主体适格性及其实现——以自然资源国家所有权为理论基础",载《社会科学辑刊》2018年第3期,第124页。

❹ 张梓太、李晨光:"关于我国生态环境损害赔偿立法的几个问题",载《南京社会科学》2018年第3期,第94页。

❺ 彭中遥:"生态环境损害赔偿诉讼的性质认定与制度完善",载《内蒙古社会科学(汉文版)》2019年第1期,第105页。

❻ 汪劲:"论生态环境损害赔偿诉讼与关联诉讼衔接规则的建立",载《环境保护》2018年第5期,第40页。

❼ 张春莉:"生态环境损害赔偿诉讼的检视与完善",载《南京社会科学》2019年第12期,第101页。

❽ 程多威、王灿发:"论生态环境损害赔偿制度与环境公益诉讼的衔接",载《环境保护》2016年第2期,第39页。

生态环境损害救济的相关实践中占据了主流地位。

（二）环境民事公益诉讼制度的反思

依照我国《民事诉讼法》《行政诉讼法》以及《环境保护法》等法律法规中的规定，我国的环境公益诉讼可以分为环境民事公益诉讼和环境行政公益诉讼两大类型。其中，环境民事公益诉讼依据原告身份的不同，又可以进一步分为由社会组织提起的环境民事公益诉讼和由检察机关提起的环境民事公益诉讼两种类型；而环境行政公益诉讼则仅能由检察机关作为原告。我国环境公益诉讼制度的概况如图2所示：

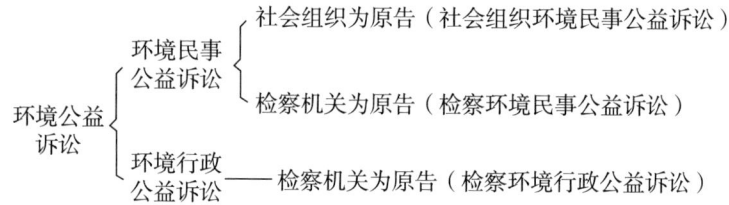

图2　我国环境公益诉讼制度总览

本书认为，通过环境民事公益诉讼制度救济生态环境损害的制度设计，主要存在以下四个方面的问题：（1）基于我国大部分社会组织的诉讼能力较为有限的客观情况，我国大部分社会组织实际并无能力提起环境民事公益诉讼，从而导致由社会组织作为原告提起环境民事公益诉讼的制度安排在实践中难以得到有效落实；（2）检察环境民事公益诉讼制度并不符合检察机关作为法律监督机关的职能定位，且检察环境民事公益诉讼的主要功能可以通过检察建议以及检察环境行政公益诉讼制度予以实现，故检察环境民事公益诉讼在生态环境损害救济中的优先性地位存疑；（3）无论是社会组织环境民事公益诉讼还是检察环境民事公益诉讼，实际都是通过诉讼途径对生态环境损害进行救济，而诉讼程序因其以法院为中心的制度结构，必然会存在救济程序相对冗长、加重法院工作负担等一系列问题；（4）基于社会组织较为有限的诉讼能力以及检察机关在起诉时的趋易避难，社会组织环境民事公益诉讼与检察环境民事公益诉讼均存在一定程度的选择性救济问题。

1. 我国社会组织大多无意提起环境民事公益诉讼

自 2015 年 1 月起，我国新修订并加入了环境民事公益诉讼条款的《环境保护法》正式开始施行，最高人民法院也于同期出台了对环境民事公益诉讼进行细化规定的《关于审理环境民事公益诉讼案件适用法律若干问题的解释》，这一系列事件标志着我国的环境民事公益诉讼制度正式具备了切实的法律依据和有效的操作方案，以往社会组织提起环境民事公益诉讼屡遭法院拒绝立案的局面有望得到彻底改观。因此，许多专家学者乐观地认为"社会组织提起环境民事公益诉讼的春天来了"。❶ 然而，客观现实却与专家学者们的预想大相径庭，经过几年时间的沉淀与发展，实践中由社会组织提起的环境民事公益诉讼案件的数量始终不多。据统计，2015 年全国范围内由社会组织提起的环境民事公益诉讼案件仅 37 件，❷ 2016 年的数字略有增加，全国范围内由社会组织提起的环境民事公益诉讼案件共计 63 件，❸ 而在 2017 年和 2018 年，这一数字则基本未变，全国范围内由社会组织提起的环境民事公益诉讼案件分别为 58 件和 65 件。❹ 显然，平均每年仅 60 余起案件

---

❶　靳昊："呼唤环境公益诉讼的'春天'"，载《光明日报》2016 年 5 月 23 日，第 11 版。

❷　张明敏："公益诉讼的破冰困局"，载《公益时报》2016 年 3 月 29 日，第 8 版。

❸　郑学林："中国环境资源审判的新发展"，载《人民法院报》2017 年 6 月 7 日，第 8 版。

❹　王玮："我国环境司法专门化体系基本形成"，载《中国环境报》2019 年 3 月 5 日，第 8 版；路建英："培养公益组织法律素养 提高公益组织诉讼能力"，载《中国社会报》2019 年 3 月 16 日，第 2 版。

的诉讼规模，与我国近年来环境污染与生态破坏事件频发、可诉案源充足的客观现实之间形成了强烈反差。由此可见，我国的社会组织并非像立法者以及诸多专家学者所认为的那样热衷于提起环境民事公益诉讼，甚至可以说是普遍缺乏提起环境民事公益诉讼之意愿。本书认为，实践中社会组织环境民事公益诉讼制度"遇冷"的原因主要包括以下几个方面。

一是我国立法者出于防止滥诉之考虑，对社会组织的起诉资格设置了较为严格的限制条件。事实上，在我国修改《民事诉讼法》的过程中，即对社会组织的原告资格进行了多次限缩。2011年10月，在提交全国人大常委会审议的《民事诉讼法修正案（草案)》一审稿中，对于民事公益诉讼原告的设定是"有关社会团体"。❶ 而在2012年4月提交全国人大常委会审议的《民事诉讼法修正案（草案)》二审稿中，则将"有关社会团体"修改为了"法律规定的有关社会团体"，意在便于今后通过法律对可以提起民事公益诉讼的社会团体进行规制，从而使公益诉讼可以适度开展和有序进行。❷ 而在2012年8月提交全国人大常委会审议的《关于修改〈民事诉讼法〉的决定（草案)》中，又将"法律规定的有关社会团体"修改为了"法律规定的有关组织"，其原因在于社会各界对于"有关社会团体"的范围和含义存在不同的认识，将其修改为"有关组织"有利于今后在专门立法中对民事公益诉

---

❶ 王胜明："关于《中华人民共和国民事诉讼法修正案（草案)》的说明——2011年10月24日在第十一届全国人民代表大会常务委员会第二十三次会议上"，载《中华人民共和国全国人民代表大会常务委员会公报》2012年第5期，第63页。

❷ 李适时："全国人民代表大会法律委员会关于《中华人民共和国民事诉讼法修正案（草案)》修改情况的汇报——2012年4月24日在第十一届全国人民代表大会常务委员会第二十六次会议上"，载《中华人民共和国全国人民代表大会常务委员会公报》2012年第5期，第565页。

讼的主体资格进行细化规定。❶ 基于此，在 2014 年修订的《环境保护法》中，立法者对于社会组织的原告主体资格进行了较大程度的限缩：作为环境民事公益诉讼原告的社会组织须符合"在设区的市级以上民政部门登记"和"成立五年以上"两个限制条件。❷ 之后，在最高人民法院于 2015 年 1 月发布的《关于审理环境民事公益诉讼案件适用法律若干问题的解释》第 4 条第 2 款❸ 中，立法者再次从业务范围的角度对社会组织的原告资格进行了限制。

二是对环境民事公益诉讼原告举证责任的不断加重，使得社会组织在环境民事公益诉讼中的举证压力陡增。通常来说，基于环境侵权行为的复杂性，环境污染的受害人要举证证明自己受到的损害与环境污染行为之间具有直接因果关系非常困难。❹ 而与此相反，排污者则处于绝对的优势地位，其更容易获得污染物排放状况、危害性等关键信息。❺ 因此，从保护环境污染受害人、维护社会公平正义的角度出发，我国《侵权责任法》对于环境污染责任设置了举证责任倒置的证明责任分配规则。同时如前文所述，

---

❶ 全国人民代表大会法律委员会："全国人民代表大会法律委员会关于《全国人民代表大会常务委员会关于修改〈中华人民共和国民事诉讼法〉的决定（草案）》修改意见的报告"，载《中华人民共和国全国人民代表大会常务委员会公报》2012 年第 5 期，第 569 页。

❷ 《环境保护法》(2014) 第 58 条第 1 款规定："对污染环境、破坏生态，损害社会公共利益的行为，符合下列条件的社会组织可以向人民法院提起诉讼：
（一）依法在设区的市级以上人民政府民政部门登记；
（二）专门从事环境保护公益活动连续五年以上且无违法记录。"

❸ 最高人民法院《关于审理环境民事公益诉讼案件适用法律若干问题的解释》(2015) 第 4 条第 2 款规定："社会组织提起的诉讼所涉及的社会公共利益，应与其宗旨和业务范围具有关联性。"

❹ 郑显芳："再论环境侵权行为的举证责任"，载《河北法学》2009 年第 5 期，第 114 页。

❺ 王社坤："环境侵权因果关系举证责任分配研究——兼论《侵权责任法》第 66 条的理解与适用"，载《河北法学》2011 年第 2 期，第 4 页。

由于我国的环境民事公益诉讼是依照传统环境民事侵权诉讼的诉讼规则进行审理的，因而在环境民事公益诉讼中同样适用举证责任倒置规则。然而，最高人民法院于 2015 年 1 月发布的《关于审理环境民事公益诉讼案件适用法律若干问题的解释》第 8 条第（2）项❶却对环境民事公益诉讼中的举证责任分配规则进行了一定程度的改变，该条要求作为原告的社会组织在提起环境民事公益诉讼时应当提交"损害社会公共利益的初步证明材料"。而在最高人民法院于 2015 年 6 月发布的《关于审理环境侵权责任纠纷案件适用法律若干问题的解释》中，第 6 条第（3）项❷则进一步要求原告提供证明"污染物与损害之间具有关联性"的证据材料。虽然最高人民法院出台的两个司法解释并非意在对环境民事公益诉讼举证责任倒置规则进行根本性变革，而是旨在排除在明显不存在因果关系的案件中适用举证责任倒置规则，❸但社会组织在环境民事公益诉讼中所需承担的举证责任仍然增加了不少。

三是我国大部分社会组织的诉讼能力不足，尚不具备开展环境民事公益诉讼活动的专业能力。环境民事公益诉讼是一项严谨而专业的法律活动，存在较高的调查取证难度以及较高的鉴定评

---

❶ 最高人民法院《关于审理环境民事公益诉讼案件适用法律若干问题的解释》（2015）第 8 条规定："提起环境民事公益诉讼应当提交下列材料：

......

（二）被告的行为已经损害社会公共利益或者具有损害社会公共利益重大风险的初步证明材料；

......"

❷ 最高人民法院《关于审理环境侵权责任纠纷案件适用法律若干问题的解释》（2015）第 6 条规定："被侵权人根据侵权责任法第六十五条规定请求赔偿的，应当提供证明以下事实的证据材料：

......

（三）污染者排放的污染物或者其次生污染物与损害之间具有关联性。"

❸ 刘长兴："环境侵权规则设计之偏差及矫正——基于环境侵权鉴定的分析"，载《法商研究》2018 年第 3 期，第 66 页。

估成本，通常需要耗费大量的人力、物力和财力。❶ 如据环保组织的工作人员介绍，在提起环境民事公益诉讼之前，环保组织即需要先行垫付高额的诉讼费、鉴定费、律师费等费用，其中仅鉴定费一项通常就需要数十万元，而在一些大案中鉴定费则多达上百万元，这对于环保组织来说是一项巨大的经济压力。❷ 亦有调查显示，我国超过半数的环保组织没有固定的经费来源，大多数环保组织所筹集的经费在5万元以下，这就导致这些环保组织既无力组建高水平的公益诉讼团队，也无力承担环境污染调查及鉴定的高额开支。❸ 事实上，实践中我国环保组织的日常活动主要以开展与生态环境保护相关的宣传教育活动、志愿服务活动、学术交流活动、建言献策活动等为主，在我国大多数环保组织中并无专门的法律业务部门，也普遍缺少专门从事法律工作的全职工作人员，因而我国大多数环保组织并不具备开展环境民事公益诉讼活动的专业能力。❹

　　基于上述分析，不难发现我国社会组织较少提起环境民事公益诉讼的原因可以分为立法者因素和社会组织自身因素两个方面。其中从立法者因素来说：一是立法者对社会组织的原告主体资格进行了一定的限制；二是立法者在环境民事公益诉讼中设置了不利于社会组织的证明责任分配规则。针对立法者在社会组织环境民事公益诉讼中施加的诸多不利限制，我国学者也提出了相应的对策建议，如降低社会组织起诉门槛、减轻社会组织的证明责任

❶ 靳昊："呼唤环境公益诉讼的'春天'"，载《光明日报》2016年5月23日，第11版。

❷ 陈媛媛、张倩："维护公共利益，这个'抓手'不可或缺"，载《中国环境报》2019年3月12日，第8版。

❸ 王琳琳："鼓励社会组织发起公益诉讼"，载《中国环境报》2018年3月6日，第8版。

❹ 王社坤："环保组织会不会力不从心？"，载《中国环境报》2014年9月9日，第2版。

等。然而，这些对策建议与立法者意图严格监管环境民事公益诉讼以避免滥诉的思路是不甚契合的，因而恐难以为立法者所接受。同时，基于维护法律稳定性之目的，在短时间内通过修改相关立法以及司法解释的方式对环境民事公益诉讼的诉讼规则作出较大程度的改变亦存在相当的难度。因此，我国社会组织环境民事公益诉讼制度的门槛较高、难度较大的问题在短时间内难以得到根本改变。

而从社会组织自身因素来看，普遍缺乏开展环境民事公益诉讼活动的业务能力以及缺少对社会组织的激励机制，可谓是我国大部分社会组织无意提起环境民事公益诉讼的根本原因。其中，社会组织诉讼能力不足问题历来为我国学界所重点关注，自 2012 年 8 月我国通过修改《民事诉讼法》正式赋予社会组织以环境民事公益诉讼的原告主体资格以来，即不断有专家学者提出各种提升社会组织诉讼能力的意见建议：如在资金支持方面，有学者建议设立环境公益诉讼基金，用于垫付社会组织在公益诉讼中需要承担的司法鉴定等相关费用，同时尝试将社会组织环境民事公益诉讼纳入免费法律援助范畴，减少社会组织的律师费压力。❶ 在技术支持方面，学者则建议由相关部门开展提升社会组织公益诉讼能力的培训，❷ 鼓励律师以个人身份加入社会组织，对于参与环境

---

❶ 值得注意的是，有学者提出可以通过"政府购买服务"的方式加大对社会组织的扶持力度。但笔者认为这一建议值得商榷：倘若由政府向社会组织购买"提起环境民事公益诉讼"这一"服务"，则社会组织的起诉对象必然会受到政府的控制（如对于不希望社会组织起诉的案件，政府可以不购买服务），由此会造成社会组织在一定程度上成为依赖政府财政的"下属部门"，从而逐渐丧失其独立性。

❷ 王灿发、程多威："新《环境保护法》下环境公益诉讼面临的困境及其破解"，载《法律适用》2014 年第 8 期，第 51 页。

民事公益诉讼的律师给予各方面的优惠待遇等。❶ 而对于如何构建社会组织环境民事公益诉讼制度的激励机制方面，有学者建议可以对积极提起环境民事公益诉讼的社会组织进行一定的表彰和奖励，亦有学者提出可以借鉴"告发人奖励制度"而从环境民事公益诉讼所获得的惩罚性赔偿中给予作为原告的社会组织一定的分成。❷

　　不难发现，我国学者的上述建议大多提及由政府向社会组织提供资金或技术支持，也即寄希望于政府扶持社会组织提起环境民事公益诉讼。但事实上，对于政府来说，其扶持社会组织提起环境民事公益诉讼不仅不能给自身带来过多收益，反而会增加额外的财政开支。不仅如此，过多的环境民事公益诉讼还有可能招致上级政府以及社会公众对于该地区政府环境监管能力的质疑。因此，理性的政府并不会向学界所期盼的那样大力扶持社会组织提起环境民事公益诉讼，因而我国学者所提出的诸多依赖政府助力而提升社会组织诉讼意愿的对策建议虽然看似较为中肯，但实则是脱离了环境民事公益诉讼制度实施的相关社会政治背景的"纸上谈兵"。不仅如此，自 2015 年 12 月我国正式启动生态环境损害赔偿制度改革以来，生态环境损害赔偿制度已经取代环境民事公益诉讼制度而成为政府在救济生态环境损害时更为优先的选择。虽然生态环境损害赔偿制度与环境民事公益诉讼制度两者的功能与目标基本重合，但对于政府来说，选择生态环境损害赔偿制度的优势是显而易见的：在生态环境损害赔偿制度下，政府作为索赔人可以自由选择需要进行索赔的案件，亦可以通过磋商程序直接与赔偿义务人达成磋商协议，因而享有极高的自由度。相

---

❶　陈媛媛、张倩："维护公共利益，这个'抓手'不可或缺"，载《中国环境报》2019 年 3 月 12 日，第 8 版。

❷　张颖："环境公益诉讼费用规则的思考"，载《法学》2013 年第 7 期，第 141 页。

比之下，在社会组织提起的环境民事公益诉讼中，政府则基本不存在任何主动权或掌控力。因此，政府将更多的精力置于生态环境损害赔偿制度之上，而对环境民事公益诉讼缺乏重视也就不难解释了。

除此之外，缺乏激励机制亦是导致我国社会组织无意提起环境民事公益诉讼的重要原因，这是因为虽然环境民事公益诉讼本质上具有"利他主义"的特点，但在市场经济的环境下，即便是出于公益目的而成立的社会组织也要面临"理性经济人"的考验。❶ 基于此，有学者提出可以由政府出资奖励成功提起环境民事公益诉讼的社会组织，或是基于我国《民法典》第 1232 条❷关于惩罚性赔偿的规定，将惩罚性赔偿中所获得的款项用于对成功提起环境民事公益诉讼的社会组织进行奖励。然而，依赖政府对社会组织进行奖励的建议同样会面临前述政府并无扶持社会组织提起环境民事公益诉讼之意愿的困境，因而难以在实践中得到落实。而从环境民事公益诉讼所获得的惩罚性赔偿中提取一部分给予原告社会组织作为分成，实际上是赋予作为原告的社会组织通过环境民事公益诉讼获利的可能，因而违反了《环境保护法》第 58 条第 3 款❸关于环境民事公益诉讼应当保持公益属性的基本原则，有违构建环境民事公益诉讼制度的初衷。并且，这一"赔偿分成"机制也极易引发部分不法社会组织以提起环境民事公益诉讼为威胁，要求生态环境损害责任人向其支付一定费用以避免被提起环境民事公益诉讼从而损害环境公共利益的道德风险。

---

❶ 王丽萍："突破环境公益诉讼启动的瓶颈：适格原告扩张与激励机制构建"，载《法学论坛》2017 年第 3 期，第 94 页。

❷ 《民法典》（2020）第 1232 条规定："侵权人故意违反国家规定污染环境、破坏生态造成严重后果的，被侵权人有权请求相应的惩罚性赔偿。"

❸ 《环境保护法》（2014）第 58 条第 3 款规定："提起诉讼的社会组织不得通过诉讼牟取经济利益。"

　　综上所述，我国大部分社会组织难以在完全脱离政府扶持的情况下独自负担提起环境民事公益诉讼所需的各项诉讼成本，但政府通常又不会扶持社会组织提起环境民事公益诉讼，这就导致在目前我国的社会政治背景下，我国社会组织普遍存在的无意提起环境民事公益诉讼的问题几近无解。不仅如此，基于上述依照"理性经济人"理论所作出的合理推测，当下我国诸多学者所呼吁的进一步放开环境民事公益诉讼的原告主体资格，以使公民个人可以提起环境民事公益诉讼的设想同样缺乏可行性。这是因为相较于社会组织而言，公民个人的诉讼能力更加不足，因而从"理性经济人"的角度来看，公民个人在自身没有受到生态环境损害的直接影响时，耗费大量个人财产用于提起与自身没有直接利害关系的环境民事公益诉讼的可能性不会太高，其更倾向于在环境公共利益维护的过程中"搭便车"；而公民个人在自身受到生态环境损害的直接影响时，显然提起环境私益诉讼而将所获得的赔偿全部归于自己更符合个人理性。因此，公民个人大多并不具备提起环境民事公益诉讼的强烈意愿。

　　事实上，对于仅损害环境公共利益而不直接损害个人利益的环境污染或生态破坏行为，公民个人选择向政府生态环境主管部门举报，再由公权力机关出面解决该环境污染或生态破坏问题，显然比直接提起环境民事公益诉讼更为简便而经济，且不会使公民自身陷入复杂而冗长的诉讼"泥潭"之中。基于上述分析，不难推导得出即便允许公民个人提起环境民事公益诉讼，所面临的仍然将会是"遇冷"的结局。由此可见，无论是已存在的由社会组织提起的环境民事公益诉讼，抑或是学界所期待的由公民个人提起的环境民事公益诉讼，实际上都难以在生态环境损害救济实践中得到广泛应用。因此，通过环境民事公益诉讼途径救济生态环境损害的制度安排并不适当。

2. 检察环境民事公益诉讼制度不符合检察机关的职能定位

与社会组织仅能作为环境民事公益诉讼的原告不同，在目前我国公益诉讼制度的总体框架下，我国检察机关既可以提起环境民事公益诉讼，也可以提起环境行政公益诉讼。2015 年 7 月，最高人民检察院发布了《检察机关提起公益诉讼试点方案》，正式开始在北京、内蒙古、吉林等 13 个省（自治区、直辖市）开展由检察机关提起民事公益诉讼和行政公益诉讼的试点工作。在两年试点期即将结束时，2017 年 6 月，第十二届全国人大常委会第二十八次会议决定对《民事诉讼法》和《行政诉讼法》进行修改，正式将检察民事公益诉讼制度和检察行政公益诉讼制度写入我国两部诉讼法。目前，基于《民事诉讼法》第 55 条第 2 款❶和《行政诉讼法》第 25 条第 4 款❷之规定，我国检察机关在救济生态环境损害时有两条途径可供选择：一是在没有相应的机关和组织或者相应的机关和组织不提起诉讼的情况下，可以作为原告提起检察环境民事公益诉讼；二是向负有监督管理职责的行政机关提出检察建议直至提起检察环境行政公益诉讼，督促行政机关履行生态环境损害救济职责。不难发现，这两条途径实质代表了两种不同的救济思路，前者以求偿为重点，后者则以督政为核心。

依照我国立法者的设想，检察民事公益诉讼制度与检察行政

---

❶ 《民事诉讼法》（2017）第 55 条第 2 款规定："人民检察院在履行职责中发现破坏生态环境和资源保护、食品药品安全领域侵害众多消费者合法权益等损害社会公共利益的行为，在没有前款规定的机关和组织或者前款规定的机关和组织不提起诉讼的情况下，可以向人民法院提起诉讼。前款规定的机关或者组织提起诉讼的，人民检察院可以支持起诉。"

❷ 《行政诉讼法》（2017）第 25 条第 4 款规定："人民检察院在履行职责中发现生态环境和资源保护、食品药品安全、国有财产保护、国有土地使用权出让等领域负有监督管理职责的行政机关违法行使职权或者不作为，致使国家利益或者社会公共利益受到侵害的，应当向行政机关提出检察建议，督促其依法履行职责。行政机关不依法履行职责的，人民检察院依法向人民法院提起诉讼。"

公益诉讼制度两者之间应当是相辅相成、不可偏废的关系，❶ 这可以从 2015 年《检察机关提起公益诉讼改革试点方案》、2016 年《人民检察院提起公益诉讼试点工作实施办法》、2018 年《关于检察公益诉讼案件适用法律若干问题的解释》等相关政策文件与司法解释中检察民事公益诉讼与检察行政公益诉讼始终并立的体例安排得到印证。事实上，我国立法者也并未对检察民事公益诉讼与检察行政公益诉讼两者之间是否相互排除适用作出任何明确规定，因而可以理解为立法者意图使检察民事公益诉讼与检察行政公益诉讼两者在实践中并行适用。然而，由于检察环境民事公益诉讼与检察环境行政公益诉讼两者都旨在维护环境公共利益，两种诉讼在内容与功能上存在大量重叠，因而两诉并立有可能造成司法资源的浪费，甚至可能产生适用冲突问题。❷ 故本书认为，有必要明确检察民事公益诉讼制度与检察行政公益诉讼制度两者在生态环境损害救济中的适用顺位关系问题。事实上，以督政为核心的检察环境行政公益诉讼制度更符合人民检察院作为法律监督机关的职能定位，同时也更节约司法资源与检察资源，因而应当将检察环境行政公益诉讼作为检察机关在救济生态环境损害时的优先选择，具体理由如下。

其一，检察环境行政公益诉讼可以覆盖检察环境民事公益诉讼的大部分功能。如前文所述，检察环境民事公益诉讼与检察环境行政公益诉讼两者都旨在救济生态环境损害，其中检察环境民事公益诉讼制度的运行逻辑为：在行政机关不履行生态环境损害救济职责且社会组织不提起环境民事公益诉讼时，由检察机关代位提起检察环境民事公益诉讼以直接救济生态环境损害。而检察

---

❶　徐日丹、贾阳："依法履职稳步推进公益诉讼改革试点工作——最高人民检察院相关负责人解读《检察机关提起公益诉讼改革试点方案》"，载《检察日报》2015 年 7 月 3 日，第 2 版。

❷　巩固："检察公益'两诉'衔接机制探析——以'检察公益诉讼解释'的完善为切入"，载《浙江工商大学学报》2018 年第 5 期，第 28 页。

环境行政公益诉讼制度的运行逻辑为：在行政机关不履行生态环境损害救济职责且社会组织不提起环境民事公益诉讼时，由检察机关向怠于履职的行政机关提出检察建议直至提起检察环境行政公益诉讼，以督促行政机关救济生态环境损害。由此可见，检察环境民事公益诉讼制度最为核心的生态环境损害救济功能，是可以通过检察行政公益诉讼制度予以实现的。

其二，检察环境行政公益诉讼更符合人民检察院作为法律监督机关的职能定位。在《宪法》《中华人民共和国人民检察院组织法》（以下简称《人民检察院组织法》）等多部法律之中，均明确规定了人民检察院是我国的法律监督机关。因此，作为监督者而督促其他公权力机关正确行使职权方才是检察机关的基本职责，"检察机关在参与救济环境公共利益损害时，应当以起到监督作用为主。"[1] 正如最高人民检察院相关负责人在解读《检察机关提起公益诉讼改革试点方案》时所言，"人民检察院是我国的法律监督机关，在公共利益维护方面，检察机关所行使的应当是监督权，而不是处置权。"[2] 然而，检察机关作为原告提起检察环境民事公益诉讼之行为，无疑是突破了人民检察院作为法律监督机关的职能定位，而将检察机关推向了开展生态环境损害救济工作的第一线，这就使得检察机关的身份实际上已经从法律监督者转变成环境行政事务的具体执行者，这无疑是检察机关的一种职能错位。事实上，在检察机关完全可以通过行政公益诉讼途径实现生态环境损害救济目的的情况下，突破检察机关监督职能的做法既不合理也无必要，因而难逃越俎代庖的嫌疑。

---

❶　李挚萍：《环境法的新发展——管制与民主互动》，人民法院出版社 2006 年版，第 389 页。

❷　徐日丹、贾阳："依法履职稳步推进公益诉讼改革试点工作——最高人民检察院相关负责人解读《检察机关提起公益诉讼改革试点方案》"，载《检察日报》2015 年 7 月 3 日，第 2 版。

　　其三，通过检察环境行政公益诉讼制度可以实现对生态环境损害责任人的惩戒功能，因而能够在一定程度上对潜在的生态环境损害责任人形成威慑，从而降低生态环境损害事件发生的风险。通常来说，在检察环境民事公益诉讼中，检察机关只能基于生态环境损害结果而要求生态环境损害责任人承担填补性的生态环境损害修复或赔偿责任，也即"损害了多少赔多少"。然而，在检察环境行政公益诉讼途径中，检察机关除了可以督促行政机关追究生态环境损害责任人的填补性的生态环境损害修复或赔偿责任，亦可以督促行政机关另行对生态环境损害责任人作出制裁性的行政处罚，也即"除了赔偿、还可再罚"。由此可见，通过检察环境行政公益诉讼制度可以使生态环境损害责任人承担生态环境损害赔偿责任与行政处罚责任的双重责任，实现填补性功能与制裁性功能的有机结合，从而既能够使造成生态环境损害的责任人受到相应的惩罚，亦能够对潜在的生态环境损害责任人形成更强的威慑，使其在一定程度上不敢为生态环境损害行为。

　　其四，检察环境行政公益诉讼制度可以在很大程度上节约司法资源，缓解人民法院的审判压力。依照《关于检察公益诉讼案件适用法律若干问题的解释》第 13 条❶与第 21 条❷之规定，检察

---

❶　最高人民法院 最高人民检察院《关于检察公益诉讼案件适用法律若干问题的解释》（2018）第 13 条规定："人民检察院在履行职责中发现……拟提起公益诉讼的，应当依法公告，公告期间为三十日。
　　公告期满，法律规定的机关和有关组织不提起诉讼的，人民检察院可以向人民法院提起诉讼。"

❷　最高人民法院 最高人民检察院《关于检察公益诉讼案件适用法律若干问题的解释》（2018）第 21 条规定："人民检察院在履行职责中发现……致使国家利益或者社会公共利益受到侵害的，应当向行政机关提出检察建议，督促其依法履行职责。
　　行政机关应当在收到检察建议书之日起两个月内依法履行职责，并书面回复人民检察院。出现国家利益或者社会公共利益损害继续扩大等紧急情形的，行政机关应当在十五日内书面回复。
　　行政机关不依法履行职责的，人民检察院依法向人民法院提起诉讼。"

机关在提起环境民事公益诉讼与环境行政公益诉讼之前，均应当履行相应的前置程序，其中检察环境民事诉讼的前置程序为"依法进行三十日的公告"，而检察环境行政公益诉讼的前置程序为"向行政机关提出检察建议"。事实上，这两种诉前程序在功能与效果上存在较为明显的区别：实践中，检察机关通常是在其官方网站或"正义网"检察公益诉讼诉前公告专栏发布检察环境民事公益诉讼的诉前公告，这一网上公告方式虽然避免了定向告知社会组织所需要耗费的大量时间和资源，但也会因为缺乏针对性而难以取得较好的公告效果，大部分社会组织可能根本无从得知检察机关提起环境民事公益诉讼的意图。❶ 因此，检察环境民事公益诉讼的诉前公告程序大多流于形式，绝大部分由检察机关提起的环境民事公益诉讼最终都会进入法院审判阶段，这就使得法院的审判压力陡然增加。然而与此相反的是，检察环境行政公益诉讼的前置程序也即检察建议程序则有极大的司法分流功能：检察建议是直接针对被建议的行政机关作出的，具有很强的指向性，虽然检察建议并不具备法律强制力，但只要是稍具理性的行政机关，为了避免在后续的行政公益诉讼中承担败诉后果并招致相应的追责，都会认真对待检察建议。❷ 据最高人民检察院统计，实践中行政机关在诉前检察建议程序中的整改率超过了95%，实现了良好的监督效果。❸ 由此可见，在检察环境行政公益诉讼中，检察机关通常仅需要向行政机关提出检察建议即能实现生态环境损害救济之目的，而无须进入下一步的诉讼程序，从而可以节约大量的司

---

❶ 陆军、杨学飞："检察机关民事公益诉讼诉前程序实践检视"，载《国家检察官学院学报》2017 年第 6 期，第 75 页。

❷ 薛志远、王敬波："行政公益诉讼制度的新发展"，载《法律适用》2019 年第 6 期，第 101 页。

❸ 胡卫列："因应人民生活新需 推进检察公益诉讼"，载《检察日报》2019 年 12 月 19 日，第 3 版。

法资源。

其五，检察环境行政公益诉讼制度可以节约检察资源，有利于检察机关集中力量发现并纠正更多的行政违法或行政不作为。如前文所述，基于生态环境损害案件的复杂性特征，环境民事公益诉讼向来是一项成本高、难度大、专业性强的诉讼活动。虽然相较于社会组织而言，作为公权力机关的检察机关在经费保障方面基本不存在困难，但在检察环境民事公益诉讼中所必然涉及的与生态环境修复相关的诸多技术性问题同样不是检察机关的专长，因而对于人民检察院特别是人员编制有限的基层人民检察院来说，开展检察环境民事公益诉讼仍然是一项具有相当难度的工作，需要检察机关的工作人员付出较多的时间和精力。但相对而言，检察机关提起检察环境行政公益诉讼的难度则低了许多。在检察环境行政公益诉讼中，作为监督者的检察机关只需寻找行政机关没有及时开展生态环境损害救济工作的案件线索，据此通过检察建议或检察环境行政公益诉讼程序督促行政机关及时履行生态环境损害救济职责即可，而调查生态环境损害的程度、计算生态环境损害行为所导致的损失等技术性问题，以及具体开展生态环境修复工程等实践性问题，则由具备专业技术能力的行政机关去具体执行。由此可见，通过检察环境行政公益诉讼制度可以使检察机关和行政机关形成监督者和执行者的合理分工，从而能够有效发挥行政机关的专业技术优势及社会管理效能。[1] 通过"让专业的人去做专业的事"，使生态环境损害救济工作取得更高的效率和更优的效果，也可以大量节约检察机关的办案资源，从而有精力去发现和纠正更多的行政违法或行政不作为。

事实上，在任意一个生态环境损害事件的背后，都存在一个

---

[1] 朱全宝："论检察机关提起行政公益诉讼：特征、模式与程序"，载《法学杂志》2015 年第 4 期，第 114 页。

相应的行政不作为行为。因此，任意一个需要提起检察环境民事公益诉讼的生态环境损害案件，实际上都可以通过提起检察环境行政公益诉讼来加以解决，因而在生态环境损害救济中优先适用检察环境行政公益诉讼制度是完全可行的。而实践中的情形也正是如此，据最高人民检察院统计，在开展检察机关提起公益诉讼试点工作的两年间，全国检察机关提起行政公益诉讼和民事公益诉讼共计 1 150 件，其中行政公益诉讼 1 029 件，占比超过了 89%。❶ 而在自 2017 年起的三年时间里，全国检察机关每年办理的公益诉讼案件已达 10 万件以上，其中超过 90% 的案件为行政公益诉讼案件。❷ 由此可见，检察环境行政公益诉讼确实已经成为检察机关在维护环境公共利益时的优先选择。因此，在通过检察环境行政公益诉讼途径（也即督政途径）即能够实现生态环境损害救济之目的，且在救济效率和救济效果等各方面均优于检察环境民事公益诉讼的情况下，检察机关应当将环境行政公益诉讼作为检察环境公益诉讼制度的重点和发展方向，❸ 在面对生态环境损害问题时优先提起检察环境行政公益诉讼。

3. 以诉讼途径救济生态环境损害存在救济程序冗长且加重法院负担等问题

不难发现，无论是社会组织环境民事公益诉讼制度还是检察环境民事公益诉讼制度，实际都是通过诉讼途径对生态环境损害进行救济。然而，诉讼程序因其以法院为中心的制度结构，必然会存在救济程序相对冗长、加重法院工作负担等一系列问题，从

---

❶ 徐日丹、闫晶晶、史兆琨："试点两年检察机关办理公益诉讼案件 9053 件"，载《检察日报》2017 年 7 月 1 日，第 2 版。

❷ 高斌、赵晓明："履行公益诉讼检察职责促进国家治理现代化——专访最高人民检察院第八检察厅厅长胡卫列"，载《检察日报》2021 年 2 月 22 日，第 2 版。

❸ 王明远："论我国环境公益诉讼的发展方向：基于行政权与司法权关系理论的分析"，载《中国法学》2016 年第 1 期，第 49 页。

而导致生态环境损害难以得到及时且有效的救济。具体如下文所述。

首先，相对冗长的诉讼程序无法契合生态环境损害救济的紧迫性和时效性要求。由于目前我国尚未对民事公益诉讼的诉讼规则进行专门立法，因而实践中无论是社会组织环境民事公益诉讼还是检察环境民事公益诉讼，实际上人民法院都是依照一般民事诉讼的诉讼规则进行审理。然而，由于民事诉讼存在较为严谨的诉讼程序，这就使环境民事公益诉讼具有相对较长的诉讼流程，如从立案到送达起诉状和提交答辩状、从召开庭前会议到组织庭前证据交换、从开庭审理到择日宣判等，每一个程序都需要耗费大量的时间。而除了前述各项必备的诉讼流程之外，基于生态环境损害救济的专业性和复杂性特征，在环境民事公益诉讼中往往需要进行多轮质证，以及需要专家辅助人多次出庭，有时甚至需要对生态环境损害进行重新鉴定等，这些环节也都会使环境民事公益诉讼的流程变得更为冗长。事实上，直到所有的诉讼流程完成之后，生态环境修复工作才有可能开始进行，因而通过环境民事公益诉讼途径救济生态环境损害，往往会造成生态环境修复工作迟迟无法开展。然而，随着生态环境受损状态持续时间的不断增加，生态环境损害的修复难度和修复成本也会成倍地增加，甚至有可能因"久污不治"而最终导致生态环境无法修复。❶ 与此同时，在受损的生态环境得到彻底修复之前，受损的生态环境无法提供生态服务功能而导致的损失也会不断增加，这必然会对污染区域内公众的生活质量造成较为严重的负面影响，故受损生态环

---

❶ 如在土壤环境污染中，污染物会因雨水渗透或地质沉降等因素而在土壤层中不断扩散，随着土壤污染状态的持续，土壤污染的程度会不断加深，污染的范围会不断扩大，进而导致土壤修复工作的难度和成本都不断攀升，甚至有可能因污染程度过于严重而使得在目前的技术能力下无法实现彻底修复。

境的修复工程应当尽早开展。因此，通过相对冗长的诉讼程序救济生态环境损害的制度选择并不适当。

其次，以诉讼途径救济生态环境损害，将会使法院这一审判机关逐渐成为生态环境治理与修复工作的中心，一方面会使法院作为审判机关的基本职能发生错位；另一方面更会在实践中给法院带来巨大的工作压力。以社会组织环境民事公益诉讼制度为例，依照《关于审理环境民事公益诉讼案件适用法律若干问题的解释》第 8 条第 2 项❶之规定，社会组织在向人民法院提起环境民事公益诉讼时，只需要向法院提交被告损害生态环境或存在损害生态环境重大风险的初步证明材料即可。而在环境民事公益诉讼得到立案后，社会组织可以通过请求法院依职权调取相关证据材料的方式，将全部涉诉证据材料的收集工作均交由法院承担，从而使得鉴定评估生态环境损害程度、计算生态环境损害赔偿费用、制订生态环境修复方案等技术性工作都将由法院主导完成，而社会组织只需按照审判流程参加诉讼，再静候法院作出裁判即可，这就在一定程度上使法院逐渐成为生态环境治理的中心，从而极大地增加了法院的工作压力。事实上，实践中确已出现了类似的情况，一些环保组织在提起环境民事公益诉讼时，即依照前述司法解释中社会组织提起环境民事公益诉讼时只需要提供初步证明材料之规定，而仅以新闻报道甚至是网页截图等作为初步证明材料提交给法院，其余所有证据均要求法院自行收集或依职权调取，这种

---

❶ 《最高人民法院关于审理环境民事公益诉讼案件适用法律若干问题的解释》（2015）第 8 条规定："提起环境民事公益诉讼应当提交下列材料：
……
（二）被告的行为已经损害社会公共利益或者具有损害社会公共利益重大风险的初步证明材料；
……"

"不负责任"的行为极大加重了法院的负担。❶

最后，我国法院大多尚不具备审理较为复杂的环境民事公益诉讼案件的专业能力。事实上，无论是社会组织环境民事公益诉讼抑或是检察环境民事公益诉讼，其诉讼目的都在于使受损的生态环境得到修复，因而在诉讼中都会大量涉及与环境修复相关的技术性和专业性问题，这就对审理环境民事公益诉讼案件的法官的专业知识能力提出了较高的要求。虽然我国各级人民法院大多已经设立了环境资源审判庭，但环境资源审判庭日常审理的案件多为环境刑事案件或一般的环境民事侵权案件，这与涉及生态环境修复问题的环境民事公益诉讼案件存在很大的不同，涉及生态环境修复问题的环境民事公益诉讼案件的复杂程度显然更高。而我国的法官多为法学科班出身，往往并不具备与生态环境修复相关的知识背景，这就导致法院在审理环境民事公益诉讼案件时，往往只能大量听取鉴定人或专家辅助人的意见，甚至有部分法院在涉及生态环境修复问题的案件中对专家意见"照单全收"，❷ 直接依照鉴定人或专家辅助人的意见作出判决。然而，一旦鉴定人或专家辅助人为利益相关方所俘获，提供了与生态环境损害事实不符的鉴定意见或专家意见，就会造成法院作出不公正的判决，从而导致生态环境损害无法得到完整救济。而即使是完全中立的专家，囿于专业领域和知识能力所限，在某些特定情形下也难以保证其提供的专家意见具备充分的科学性和可行性。❸

事实上，从比较法的视野来看，虽然在英美和大陆两大法系中均有通过诉讼途径救济生态环境损害的制度安排，但在通过诉

❶ 吴惟予："生态环境损害赔偿中的利益代表机制研究——以社会公共利益与国家利益为分析工具"，载《河北法学》2019 年第 3 期，第 143 页。

❷ 吕忠梅、窦海阳："修复生态环境责任的实证解析"，载《法学研究》2017 年第 3 期，第 139 页。

❸ 李挚萍："环境修复目标的法律分析"，载《法学杂志》2016 年第 3 期，第 6 页。

讼途径救济生态环境损害之前须先穷尽行政救济手段是世界各国的通行做法。如为了避免公民诉讼对行政机关执法优先的事项形成干扰，美国联邦法律规定符合起诉条件的公民在提起公民诉讼之前应当履行相应的告知义务，也即在起诉之前应当提前 60 日告知其欲起诉的联邦政府或州政府，而如果政府在 60 日内采取了相应的执法措施，那么公民诉讼就不得再提起。❶ 美国在公民诉讼中设置诉前告知程序的目的在于保护政府作为首要执法者的优先地位，其背后的理论依据在于私人执法并不像行政权那样可以受到广泛的行政监督，因而无法保证公民诉讼的原告完全忠于其声称自己所代表的公共利益。❷ 再比如德国法律规定环境团体在提起公益诉讼之前应当首先向行政机关提出履行职责的请求，行政机关在 3 个月内未采取措施的，环境团体方可起诉。❸ 而荷兰法律则规定环保组织在诉诸法庭之前应当穷尽行政救济，即通过向行政机关提出履职申请的方式，要求行政机关通过行政执法纠正违法行为。❹

总而言之，行政机关基于其所具备的专业性优势而比审判机关更适合作出环境决策以及主导生态环境治理和修复工作，因而在生态环境损害救济中，首要的救济途径不应是求助于司法机关的个案裁量，而是应当通过加强行政执法实现规则之治。❺ 在行政

---

❶ 陈冬：《美国环境公民诉讼研究》，中国人民大学出版社 2014 年版，第 33 页。

❷ Mark Seidenfeld, Janna Satz Nugent, The Friendship of the People: Citizen Participation in Environmental Enforcement, *George Washington Law Review*, 2005, Vol. 73, Issue 2, pp. 269 –316.

❸ 陶建国："德国环境行政公益诉讼制度及其对我国的启示"，载《德国研究》2013 年第 2 期，第 74 页。

❹ Tolsma Hanna, de Graaf Kars, Jans Jan, The Rise and Fall of Access to Justice in the Netherlands, *Journal of Environmental Law*, 2009, Vol. 21, Issue 2, pp. 309 –322.

❺ 王明远："论我国环境公益诉讼的发展方向：基于行政权与司法权关系理论的分析"，载《中国法学》2016 年第 1 期，第 65 页。

执法足以遏制环境污染或生态破坏行为且能够使生态环境服务功能得以恢复的情况下，就不存在通过诉讼途径维护环境公共利益之必要。● 而由于我国并未规定在通过诉讼途径救济生态环境损害之前须当穷尽行政救济手段，这就导致我国实际上是将一个具有多种强力监管手段的"强势机关"的政府所解决不了的纠纷转交给了作为"弱势机关"的法院，● 这种完全以诉讼途径救济生态环境损害的救济模式不仅存在加重法院负担、拖慢修复进程等多重弊端，更有违在管理公共事务时行政权应当优先于司法权的基本逻辑，● 因而其适当性存疑。

4. 环境民事公益诉讼中的选择性救济问题

依照最高人民法院于 2020 年 5 月发布的《中国环境资源审判（2019）》中公布的数据，2019 年全国各级人民法院共受理由社会组织提起的环境民事公益诉讼案件 179 件，由检察机关提起的的环境民事公益诉讼案件 312 件，由检察机关提起的环境刑事附带民事公益诉讼案件 1 642 件，由行政机关提起的生态环境损害赔偿案件 49 件。基于上述数据不难发现，2019 年我国旨在救济生态环境损害的环境民事公益诉讼案件和生态环境损害赔偿案件总数约 2 200 件，而这与 2019 年我国多达 39 957 件环境刑事一审案件形成了强烈对比。事实上，在环境刑事案件中基本都存在环境污染或生态破坏等损害生态环境的情节，因而从理论上来说，这些环境刑事案件的被告均应当承担生态环境损害修复或赔偿责任。然而，2019 年我国环境民事公益诉讼案件与生态环境损害赔偿案件数量之和远远小于环境刑事案件的总数，这说明大量造成生态环境损害的责任人实际并未被

● 肖建国："利益交错中的环境公益诉讼原理"，载《中国人民大学学报》2016 年第 2 期，第 17 页。

● 韩波："公益诉讼制度的力量组合"，载《当代法学》2013 年第 1 期，第 35 页。

● 张辉："环境行政权与司法权的协调与衔接——基于责任承担方式的视角"，载《法学论坛》2019 年第 4 期，第 143 页。

追究生态环境损害修复或赔偿责任。不仅如此，2019 年全国各级人民法院还受理了环境民事一审案件 202 671 件，在这些环境民事案件中，显然也会有为数不少的案件涉及生态环境损害问题，但在这些案件中受损的生态环境得到救济的可能性就更小了。

由此可见，我国大多数的生态环境损害实际未能通过环境民事公益诉讼制度或生态环境损害赔偿制度得到救济，而这即折射出我国的环境民事公益诉讼制度与生态环境损害赔偿制度实际存在一定程度的选择性救济问题。其中，环境民事公益诉讼制度存在选择性救济问题的原因主要包括以下两个方面。

首先，从社会组织环境民事公益诉讼的角度来说，实践中社会组织仅会对重大生态环境损害事件提起环境民事公益诉讼的原因在于生态环境损害问题的普遍性与社会组织的有限诉讼能力之间存在矛盾。如前文所述，我国大部分社会组织的诉讼能力不足，并不具备开展环境民事公益诉讼活动的专业能力，而即使是有能力提起环境民事公益诉讼的大型社会组织，囿于人力和经费所限，其在一定时期内能够提起的环境民事公益诉讼的数量也是极为有限的。❶ 因此，客观上我国社会组织只能选择社会影响较大、不予以救济可能会造成较为严重后果的重大生态环境损害事件提起环境民事公益诉讼。此外，虽然我国并未限定在某一地区注册登记的社会组织仅能在该地区提起环境民事公益诉讼，也即社会组织跨行政区域提起环境民事公益诉讼是我国法律所允许的。但实际上，同样囿于人力和经费所限，大部分地方性社会组织并不具备跨行政区域提起环境民事公益诉讼的能力，而往往只能对本地区的生态环境损害事件提起环境民事公益诉讼，这就导致在一些社会组织发展尚不充分的地区，可能存在没有社会组织提起环境民

---

❶ 常纪文：“社会组织参与环境公益诉讼瓶颈亟待突破”，载《中国青年报》2016年1月6日，第8版。

事公益诉讼的情况。总而言之，由于诉讼能力不足，我国社会组织客观上只能对生态环境损害进行选择性救济。

其次，从检察机关环境民事公益诉讼的角度来说，出于降低诉讼难度以及避免出现败诉结果等方面的考虑，检察机关也会对生态环境损害案件进行选择性救济。虽然与社会组织相比，检察机关在提起环境民事公益诉讼时通常不会存在人力或经费受限的问题，并且检察机关是依照行政区划而设置的，因而理应可以做到对生态环境损害的全面救济。但实践中检察机关在提起检察环境民事公益诉讼之前也会进行诸多的考虑和选择，如检察机关首先会选择基于其办理的环境刑事案件而提起环境刑事附带民事公益诉讼，如此即可以充分利用其在办理环境刑事案件时已经收集的各项证据材料，从而能够在很大程度上减少提起附带环境民事公益诉讼时的工作量。除此之外，检察机关为了提升检察环境民事公益诉讼的胜诉概率，避免出现败诉结果而影响各项考核指标，其通常会选择案情较为简单的生态环境损害事件提起检察环境民事公益诉讼。基于目前我国的政治体制结构，检察机关自身并不具备足够的地位和能力而能够在任何事项上都顶住更为强势的政府及其工作部门的影响力，因而检察机关往往只会选择本地区的地方政府不反对的案件来提起检察民事公益诉讼，❶ 这也进一步加剧了检察民事公益诉讼中的选择性救济现象。

（三）生态环境损害赔偿制度的反思

我国的生态环境损害赔偿制度肇始于 2015 年 12 月中共中央办公厅、国务院办公厅联合印发的《生态环境损害赔偿制度改革试点方案》。随后，在 2017 年 12 月和 2019 年 6 月，中共中央办公厅、国务院办公厅和最高人民法院先后发布了《生态环境损害赔

---

❶　沈岿："检察机关在行政公益诉讼中的请求权和政治责任"，载《中国法律评论》2017 年第 5 期，第 81 页。

偿制度改革方案》和《关于审理生态环境损害赔偿案件的若干规定（试行)》，从而使生态环境损害赔偿制度在我国得以基本确立。

本书认为，我国的生态环境损害赔偿制度主要存在以下五个方面的问题：（1）我国的生态环境损害赔偿制度以纯私权化的自然资源国家所有权作为权利基础，然而这一将国有自然资源视为国家的私有财产并由政府代表国家行使各项私人所有权权能之行为，使得政府实际获得了处分国有自然资源的权利，从而难以实现对生态环境损害的完整救济；（2）生态环境损害赔偿制度中的磋商程序以其完全民事性质的制度架构，使得政府极易陷入民事主体平等协商的思维范式，从而自然地在磋商程序中作出各种妥协与让步，因而同样难以实现对生态环境损害的完整救济；（3）生态环境损害赔偿制度是一个纯粹的事后填补式的救济方式，天然缺少对于生态环境损害风险的预防功能，因而有违环境法中的风险预防原则；（4）生态环境损害赔偿制度在整体上缺少公众参与的途径和渠道，呈现出一种"政府—污染者"两方参与的封闭式协商的面相，因而有违环境法中的公众参与原则；（5）与环境民事公益诉讼制度存在选择性救济问题相类似，在生态环境损害赔偿制度中同样存在选择性救济问题。

1. 生态环境损害赔偿制度缺乏合理的权利基础

依照我国立法者构建生态环境损害赔偿制度时的最初设想，我国各级地方政府作为赔偿权利人提起生态环境损害赔偿磋商及诉讼的依据在于：《宪法》《中华人民共和国物权法》（以下简称《物权法》）等相关法律规定，国家所有的财产即国有财产，由国务院代表国家行使所有权，而国务院可以进一步委托各级地方政府代为行使其享有的自然资源国家所有权。❶ 因此，各级地方政府

---

❶ 张蕾："让损害生态环境者承担赔偿责任——环保部有关负责人解读《生态环境损害赔偿制度改革试点方案》"，载《光明日报》2015 年 12 月 4 日，第 3 版。

可以依据国务院的授权，而对本辖域内的生态环境损害行为进行索赔。不难发现，立法者认为"国家"可以作为民法体系中的一般民事主体，对国有自然资源享有民法意义上的私人所有权，因而在生态环境损害赔偿磋商或生态环境损害赔偿诉讼中，作为赔偿权利人的政府与赔偿义务人之间的地位始终是平等的，"生态环境损害赔偿磋商程序的性质并非是行政法律关系，而是民事性质的关系。"❶ 而在生态环境损害赔偿磋商未达成一致时，作为赔偿权利人的政府所提起的生态环境损害赔偿诉讼的性质也为民事诉讼，❷ 应当以民事实体法和民事诉讼法的相关规定作为生态环境损害赔偿诉讼的首要遵循。❸

　　总而言之，立法者当时试图通过对我国《宪法》第9条第1款❹以及《物权法》第45条❺所规定的自然资源国家所有权进行纯私权化解读的方式，将"国家"视为是国有自然资源民法意义上的所有权人，而在生态环境损害赔偿磋商及诉讼中将行政机关视为"脱下制服、换上便装"的一般民事主体，并将赔偿权利人

---

❶ 王金南："实施生态环境损害赔偿制度 落实生态环境损害修复责任——关于《生态环境损害赔偿制度改革试点方案》的解读"，载《中国环境报》2015年12月4日，第2版。

❷ 《生态环境损害赔偿制度改革试点方案》（2015）、《最高人民法院关于充分发挥审判职能作用为推进生态文明建设与绿色发展提供司法服务和保障的意见》（2016）、《生态环境损害赔偿制度改革方案》（2017）均明确将生态环境损害赔偿诉讼的性质界定为民事诉讼。

❸ 王旭光："论生态环境损害赔偿诉讼的若干基本关系"，载《法律适用》2019年第21期，第12页。

❹ 《宪法》（2018）第9条第1款规定："矿藏、水流、森林、山岭、草原、荒地、滩涂等自然资源，都属于国家所有，即全民所有；由法律规定属于集体所有的森林和山岭、草原、荒地、滩涂除外。"

❺ 《物权法》（2007）第45条规定："法律规定属于国家所有的财产，属于国家所有即全民所有。国有财产由国务院代表国家行使所有权；法律另有规定的，依照其规定。"

与赔偿义务人之间的法律关系视为平等的民事法律关系。❶ 然而笔者认为，我国立法者将国有自然资源视为"国家"的私有财产，并试图以纯粹民事求偿的方式救济生态环境损害的设想并不合乎法理：事实上，国有自然资源并非是"国家"可以自由占有、使用、收益和处分的私有物品，我国《宪法》以及《物权法》中所规定的自然资源国家所有权更多的是一种价值宣示，❷ 而并非是指"物权化"的自然资源属于"国家"所有。❸ 正如学者所言，宪法上的自然资源国家所有权实质是一项国家权力而非国家权利，是国家所享有的通过管理行为实现公共福利的一种管理权，而非自由财产权。❹ 宪法上的自然资源"国家所有"，应当理解为国家通过规制手段确保社会成员持续性地共享自然资源。❺ "国家"与国有自然资源之间并无直接的物权关系，因而生态环境损害赔偿制度将"物权化"的自然资源国家所有权作为其理论渊源，在法理基础上存在明显不足。❻ 总而言之，我国《宪法》以及《物权法》中所规定的自然资源国家所有权实质是在赋予"国家"管理自然资源的权力，在此基础上，再由政府作为执行者来代表"国家"行使这一管理权。

事实上，之所以立法者会将自然资源国家所有权理解为民法

❶ 黄锡生、韩英夫："生态损害赔偿磋商制度的解释论分析"，载《政法论丛》2017年第1期，第15页。
❷ 张震："中国宪法的环境观及其规范表达"，载《中国法学》2018年第4期，第12页。
❸ 潘牧天："生态环境损害赔偿诉讼与环境民事公益诉讼的诉权冲突与有效衔接"，载《法学论坛》2020年第6期，第134页。
❹ 徐祥民："自然资源国家所有权之国家所有制说"，载《法学研究》2013年第4期，第35页。
❺ 王旭："论自然资源国家所有权的宪法规制功能"，载《中国法学》2013年第6期，第5页。
❻ 陈海嵩："生态环境损害赔偿制度的反思与重构——宪法解释的视角"，载《东方法学》2018年第6期，第20页。

意义上的私人所有权，很大程度上是因为立法者忽视了自然资源国家所有权所具有的公权和私权的二重性（或称自然资源国家所有权的双阶构造、自然资源国家所有权的双重权能结构）。事实上，自然资源国家所有权应当受公法和私法的共同调整，是一种特殊的混合法律关系。❶ 国有自然资源可以分为国家公产和国家私产（或称国有公物和国有私物），前者指每一个社会成员都有权按公共用途进行非排他性使用的自然资源，如河流、湖泊、湿地等；后者指可以通过交易实现国库收入的自然资源，如能够用于商品住宅开发的土地等。❷ 对于国家公产而言，政府只能且必须行使管理权，以使这些自然资源处于可供使用的良好状态，保障公众能够在合理范围内对这些自然资源进行非排他性使用（如公众出于生活目的从干净的河流中少量取水、呼吸洁净的空气等），但政府不得对国家公产进行自我利用，更不得任意处分国家公产；❸ 而对于国家私产而言，政府可以附条件地对其加以利用，如依法出让国有建设用地使用权、依法出让采矿权等，但政府对国家私产性质的自然资源的开发利用必须遵循可持续发展的理念，注重自然资源的生态功能和生态价值，尤其不得将自然资源有偿转让给与公共利益无关的经营主体。❹

---

❶ 马俊驹："国家所有权的基本理论和立法结构探讨"，载《中国法学》2011 年第 4 期，第 89 页。

❷ 税兵："自然资源国家所有权双阶构造说"，载《法学研究》2013 年第 4 期，第 7 页。

❸ 巩固："自然资源国家所有权公权说再论"，载《法学研究》2015 年第 2 期，第 134 页。

❹ 值得注意的是，在中国，包括国有公产和国有私产在内的所有自然资源实际均属于全民所有，因而政府对于国有私产仍然不能享有民法意义上的私人所有权。虽然政府可以依法出让国有建设用地使用权、国有海域使用权等，但政府通过经营国有私产所获得的全部收入，包括土地出让金、海域使用金等，应当全部归属于全民所有。并且，政府对国有私产的经营利用行为，必须受到权力机关以及社会公众的监督，而不是由政府或政府负责人的自由意志决定。

事实上，早在罗马法时期，古罗马人就已经开始对国之所有物进行分类调整。罗马法将国之所有物分为私有物和公用物，前者如用国税所购置的用于租赁的财产、国家对承揽人享有之债权等，对国之私有物人民不得直接使用；后者如河川、公路、公共体育场等，国之公用物可供人民共同使用。❶ 罗马法对国之所有物进行分类调整的原因在于许多自然资源具有很强的公共性，如果这类自然资源属于私人所有，将会带来严重的社会问题。为了避免私人所有权与公共使用权之间的矛盾，罗马法将这类自然资源排斥在私人所有之外，归属于国家所有。❷ 而《法国民法典》则继承了罗马法对国之所有物进行分类调整思想，同样规定了国家负责管理的公路、街道，可航运的江河、海岸、港口，要塞与堡垒等不宜设为私有财产性质的法国领土，均视为公有财产。❸ 意大利则将国有财产分为可处分的国有财产和不可处分的国有财产两大类，可处分的国有财产的法律调整方法与私人财产类似，国家作为所有权人与私人所有权人具有平等的法律地位；不可处分的国有财产包括江河、海岸、公路等，通常情况下不可处分的国有财产不得转让，也不得为第三人的利益在不可处分的国有财产上设定负担。❹ 日本则将国有财产分为行政财产和普通财产，其中行政财产是指直接用于公共目的的财产，包括河川、湖泊、海港等供公众所使用的财产，在行政财产上不得设立私权。❺

不难发现，根据自然资源的性质不同而对其进行分类管理和

❶ 陈朝璧：《罗马法原理》，法律出版社 2006 年版，第 79 页。

❷ 庄敬华："气候资源国家所有权非我国独创"，载《中国政法大学学报》2012 年第 6 期，第 35 页。

❸ 罗结珍译：《法国民法典》，中国法制出版社 1999 年版，第 171 页。

❹ 费安玲、丁玫、张宓译：《意大利民法典》，中国政法大学出版社 2004 年版，第 207 页。

❺ ［日］大塚芳司：《日本国有财产之法律、制度与现状》，黄仲阳编译，经济科学出版社 1991 年版，第 23 页。

利用，是多数国家自然资源法律制度中的重要内容，❶ 这些分类立法模式的设计者们敏锐地捕捉到了不同类型的国有自然资源在目的和功能上的差异性，从而意识到对国有自然资源不能适用同一法律规则，而应当予以区别调整。❷ 分类行使自然资源国家所有权，既可以实现自然资源的公平配置，也可以提高自然资源的利用效率，从而能够兼顾自然资源配置中的公平与效率问题。事实上，对于可以由市场进行调整的自然资源，就应当充分发挥市场机制和价值规律的作用，通过公平竞争机制实现资源配置和利用效率的最大化；对于具有基本生态功能且为公众的日常生活所必需的自然资源，则应当向全民平等开放，保障每个人都能在不影响他人权利以及社会公共利益的前提下自由地公平享用。❸ 而倘若将自然资源全部归于公法调整，则会因为自然资源种类繁多且分布广泛而导致政府难以做到合理分配，亦难以满足资源使用者的多样化需求，从而不利于对自然资源进行合理利用；而倘若将自然资源全部归于私法调整，出于自然资源的稀缺性和不可复制性以及自然资源作为生存必需品的基本属性，则有极大可能出现以攫取暴利为目的的自然资源私人垄断，从而引发严重的民生问题。❹ 总而言之，在市场经济条件下，自然资源国家所有权的私法权能可以确保自然资源能够被有效利用，而公法权能则可以确保

---

❶ 邱秋：《中国自然资源国家所有权制度研究》，社会科学出版社 2010 年版，第 101 页。

❷ 侯水平：《物权法争点详析》，法律出版社 2007 年版，第 231 页。

❸ 叶榅平："论自然资源国家所有权行使的基本原则"，载《法治研究》2019 年第 4 期，第 44 页。

❹ 如有学者对近 20 年来多个国家的水务民营化改革进行实证研究后指出，一些国家的私人供水企业为了实现利润最大化而大幅上涨水价，不仅引发了大规模抗议，甚至导致某些贫困地区的公众因支付不起高昂水费，而不得不取用河流湖泊中的污染水，造成霍乱流行；而私人供水企业疏于设备维护还引发了大量供水污染事故和水管破裂事故。参见娜拉："世界水务民营化改革的教训与启示"，载《科技管理研究》2015 年第 14 期，第 232 页。

自然资源的利用行为符合全体人民的意志和利益。[1] 因而将国有自然资源分为国有公产与国有私产，从而能够在满足人民群众日益增长的物质文化需要的同时充分保护生态环境，从而有利于实现经济与环境两者的共同可持续发展。

依照我国《生态环境损害赔偿制度改革方案》中对于生态环境损害赔偿制度适用范围的描述，生态环境损害赔偿制度所指向的是大气、地表水、地下水、土壤、森林等环境要素和植物、动物、微生物等生物要素所受的损害，以及上述要素构成的生态系统所受的损害。显然，我国生态环境损害赔偿制度的救济对象是每个公民生存和发展所必需的具有普惠性质的自然资源，符合国有公产的定义，故我国生态环境损害赔偿制度的救济对象应当属于国有公产而非国有私产。在国有公产之上，"国家"以及代表"国家"行使权利的政府所享有的"国家所有权"本质上应当属于一种管理权，意在强调国家对于自然资源的管理、规划和保护责任，[2] 其目的是通过建立"国家所有权"制度来防止私人垄断性占有自然资源。[3] 政府所享有的"国家所有权"是一项公法权利，这与民法上的私人所有权是不同的，国家的公法权利只能为了公共利益而被行使。[4] 由此可见，政府仅可代表"国家"对国有公产行使管理权，[5] 但政府对于国有公产不享有民法意义上的私人所

---

[1] 叶榅平："自然资源国家所有权的双重权能结构"，载《法学研究》2016 年第 3 期，第 58 页。

[2] Paul R. Lachapelle, Stephen F. McCool, Exploring the Concept of "Ownership" in Natural Resource Planning, *Society & Natural Resources*, 2005, Vol 18, Issue 3, pp. 279 – 285.

[3] 王旭："论自然资源国家所有权的宪法规制功能"，载《中国法学》2013 年第 6 期，第 5 页。

[4] ［德］耶利内克：《主观公法权利体系》，曾韬、赵天书译，中国政法大学出版社 2012 年版，第 178 页。

[5] 王克稳："自然资源国家所有权的性质反思与制度重构"，载《中外法学》2019 年第 3 期，第 626 页。

有权。

显然，管理权与民法意义上的私人所有权是性质完全不同的两种权利，两者之间最主要的区别在于：在管理权的权能之中不具备处分功能，而在民法意义上的私人所有权的权能之中则具备处分功能。换言之，倘若"国家"以及代表"国家"行使权利的政府对于国有自然资源享有的是民法意义上的私人所有权，那么就意味着政府享有"处分"国有自然资源的权利，如政府可以对多个损害国有自然资源的行为进行选择性索赔，以及在生态环境损害赔偿磋商及诉讼中作出各种妥协与让步，甚至是在责任人造成国有自然资源损害时放弃索赔，而这些行为均未超出民法意义上的私人所有权中的自由处分权能的行权范围。但实际上，上述选择性索赔以及妥协与让步等行为，无疑是与生态环境损害赔偿制度应当做到"应赔尽赔"的原则性要求相悖，政府一旦在生态环境损害救济中出现了选择性索赔或妥协与让步行为，就意味着生态环境损害将无法得到完整救济。然而遗憾的是，依照我国立法者的设想，我国的生态环境损害赔偿制度恰是依据"国家"对于国有自然资源享有民法意义上的私人所有权而创设的，这一将自然资源国家所有权进行纯私权化解读的解释方式，显然会导致我国的生态环境损害赔偿制度无法实现对生态环境损害的完整救济。

2. 生态环境损害赔偿磋商程序存在妥协性问题

在我国的生态环境损害赔偿制度体系中，一项重要的索赔途径是生态环境损害赔偿磋商程序。依照《生态环境损害赔偿制度改革方案》中的定义，赔偿磋商是指赔偿权利人和赔偿义务人可以就生态环境损害的程度、赔偿责任的承担方式、生态环境修复工作的时间期限等问题进行协商，并在统筹考虑赔偿义务人赔偿能力、成本收益最大化等因素的情况下达成赔偿协议。在《生态环境损害赔偿制度改革方案》中，赔偿磋商被设定为政府提起生态环境损害赔偿诉讼的前置程序，在磋商未达成一致的情况下，赔偿权利人方可提起生态环境损害赔偿诉讼。❶ 事实上，由于我国行政机关通常更愿意在相对自主的磋商程序中完成对生态环境损害的追偿工作，因而其往往会在生态环境损害赔偿磋商程序中投入更多的精力。据生态环境部统计，截至 2019 年 12 月，在全国各地已经办结的 200 余个生态环境损害赔偿案件中，磋商方式结案占比约 90%。❷ 由此可见，磋商程序已然成为当下我国行政机关开展生态环境损害救济工作的主要途径，从某种程度上来说，我国的生态环境损害赔偿制度实际是以磋商程序为核心的。

然而，尽管磋商程序已经在我国生态环境损害赔偿制度体系中占据了极为重要的地位，但一个无法回避的问题是：磋商这一带有浓厚民事平等协商色彩的可妥协程序，究竟能否与"应赔尽赔"原则的刚性逻辑相符？针对这一问题，近年发生在江苏省南通市的一起生态环境损害赔偿案件值得思考：2018 年 1 月至 4 月，江苏某环保科技有限公司通过南通一家环境服务公司靠近河岸边的场地，分批将 1 700 余吨废乳化液非法倾倒至新江海河内，造成了严重的环境污染。在追究相关人员刑事责任的同时，南通市生态环境主管部门对责任方启动了生态环境损害索赔程序，依照鉴定机构出具的评估报告，该环保科技有限公司应与直接倾倒者连带承担生态环境损害赔偿费用 1 000 余万元。然而，由于该环保科技有限公司与直接倾倒者的赔付能力有限，在历经四轮磋商并"综合考虑当事人赔偿能力"后，2019 年 4 月南通市通州生态环境

---

❶ 最高人民法院《关于审理生态环境损害赔偿案件的若干规定（试行）》（2019）第 1 条增加了"赔偿权利人与赔偿义务人无法进行磋商时，赔偿权利人可以直接提起生态环境损害赔偿诉讼"的规定，但该条款仅是对"磋商前置"规则进行补充与完善，并未实际改变"磋商前置"规则。

❷ 於方、齐霁、田超："'环境有价 损害担责 应赔尽赔'理念初步建立"，载《中国环境报》2019 年 12 月 13 日，第 6 版。

局与该环保科技有限公司签订了生态环境损害赔偿协议，约定由该公司一次性缴纳 500 万元生态环境损害赔偿金。❶

在该案中，该环保科技有限公司与直接倾倒者的行为属于共同犯罪，❷ 两者应当对生态环境损害承担连带赔偿责任，故政府作为赔偿权利人，有权要求任意一方承担全部的生态环境损害赔偿责任。然而南通市生态环境局认为该环保科技有限公司的赔付能力有限，"如果坚持要求其承担全部的生态环境损害赔偿责任，磋商工作就无法进行，并且即使起诉到法院也会面临执行难的问题"，❸ 故最终通过磋商与该公司达成总额仅 500 万元的赔偿协议。显然，在作为个人的直接倾倒者几乎不具备赔偿能力的情况下，政府部门在磋商程序中放弃要求该环保科技有限公司承担全部生态环境损害赔偿费用的行为，极有可能导致共计 1 000 余万元的生态环境损失最终无法得到足额清偿。因此，政府部门的这一妥协行为，在一定程度上是有悖于"应赔尽赔"原则的。

事实上，除了上述案例之外，实践中部分行政机关在与赔偿义务人进行生态环境损害赔偿磋商时，为了展现其在生态环境损害索赔工作中的"高效率"，往往更倾向于尽快与赔偿义务人达成赔偿协议，以尽可能提升生态环境损害赔偿案件的结案数量，从而彰显其对生态环境损害赔偿工作的重视程度。而基于这一目的，行政机关在与赔偿义务人就修复方案、赔偿金额、支付方式等问题进行协商时，有可能作出不利于维护环境公共利益的各种妥协

---

❶ 李苑、刘华军："历时 10 个月，500 万赔偿款终到位"，载《中国环境报》2019 年 11 月 21 日，第 8 版。

❷ 最高人民法院 最高人民检察院《关于办理环境污染刑事案件适用法律若干问题的解释》（2016）第 7 条规定："明知他人无危险废物经营许可证，向其提供或者委托其收集、贮存、利用、处置危险废物，严重污染环境的，以共同犯罪论处。"

❸ 李苑、刘华军："历时 10 个月，500 万赔偿款终到位"，载《中国环境报》2019 年 11 月 21 日，第 8 版。

与让步。虽然从某种程度上来说，尽快达成赔偿协议有利于行政机关尽早取得生态环境损害赔偿金，从而能够使生态环境修复工程尽快开展。然而在未能做到"应赔尽赔"的情况下，即使生态环境修复工程能够较早开展，最终也难以实现对生态环境损害的完整救济。

当然，除了行政机关主观上意图与赔偿义务人尽快达成赔偿协议，从而导致行政机关易于在生态环境损害赔偿磋商中作出妥协与让步之外，从客观方面来看，基于磋商程序完全民事性质的制度架构等因素之引导，行政机关在生态环境损害赔偿磋商中亦难以避免作出妥协与让步行为，具体如下文所述。

首先，政府代表"国家"对国有自然资源享有民法意义上的私人所有权的规则设定，使得政府在生态环境损害赔偿磋商程序中的妥协与让步行为具有一定的"正当性"。如前文所述，由于我国立法者对于自然资源国家所有权采取了私权化的解读方式，导致国有自然资源在一定程度上成了政府的"私产"，而政府对于作为其"私产"的国有自然资源，作出任何"处分"行为显然都是"合理合法"的。循此继进，既然政府可以"处分"国有自然资源，那么在生态环境损害赔偿磋商程序中，政府当然也可以"处分"体现为自然资源对价的生态环境服务功能损失、生态环境修复费用等各项损失和费用，如政府可以基于自由意志而减免赔偿义务人应当缴纳的生态环境损害赔偿金的数额，甚至可以直接免除某些赔偿义务人的生态环境损害赔偿责任等。总而言之，自然资源国家所有权纯私权化的解释路径，使得行政机关在生态环境损害赔偿磋商程序中所作出的妥协与让步行为变得"合理合法"，这就导致行政机关的妥协性在一定程度上难以避免。

其次，磋商程序完全民事性质的制度架构，使得行政机关极易陷入民事主体平等协商的思维范式，从而自然地在磋商程序中作出各种妥协与让步。关于磋商程序的民事属性，原环保部有关负责人在解读《生态环境损害赔偿制度改革试点方案》时指出：
"在生态环境损害赔偿磋商程序中虽有政府一方的参与，但政府与
赔偿义务人之间是平等的民事关系。"❶ 而最高人民法院环境资源
审判庭有关法官亦指出："生态环境损害赔偿磋商程序采取的是平
等协商的模式，因而使磋商程序具有了私法属性。"❷ 此外，在
《生态环境损害赔偿制度改革方案》中，立法者进一步将通常适用
于民事法律关系、意在使私文书转化为具有执行力的公文书的司
法确认程序引入生态环境损害赔偿磋商中，更印证了立法者对于
磋商程序民事性质的肯定。虽然我国学界亦有多位学者提出将磋
商程序纳入民事范畴存在诸多不妥，但随着生态环境损害赔偿制
度被整体写入我国《民法典》侵权责任编，包含磋商程序在内的
生态环境损害赔偿制度的民事属性基本得到官方确认。事实上，
正是基于我国立法者对于磋商程序民事属性的制度定位，导致行
政机关往往难以避免在磋商程序中依照传统民事协商理念而进行
一定程度的意思自治，从而作出不利于维护环境公共利益的妥协
与让步。

最后，目前我国关涉生态环境损害赔偿磋商程序的一系列制
度安排，客观上使行政机关产生了尽可能通过磋商程序完成索赔
工作的心理预设，进而导致行政机关更倾向于通过妥协与让步的
方式积极推动磋商程序的顺利进行。依照我国立法者对于磋商程
序的制度构想，磋商是行政机关向赔偿义务人追索生态环境修复
费用的高效途径，"生态环境损害赔偿磋商作为生态损害赔偿诉讼
的替代程序与简化机制，极大地提高了纠纷解决效率，同时降低

---

❶　王金南："实施生态环境损害赔偿制度 落实生态环境损害修复责任——关于《生
态环境损害赔偿制度改革试点方案》的解读"，载《中国环境报》2015 年 12 月 4
日，第 2 版。

❷　武建华："从五个方面完善生态环境损害赔偿磋商机制"，载《人民法院报》
2018 年 9 月 12 日，第 8 版。

了行政和司法成本，可以实现更经济地解决生态环境损害纠纷之目的"。❶ 而立法者对于磋商程序的功能期待，一定程度上促使行政机关在实践中不断挖掘磋商程序的制度潜力，甚至为了达成赔偿协议而不惜进行多轮磋商。而此间，为了防止因"久磋不决"而引起社会舆论的质疑，行政机关便极有可能在磋商程序中作出一定的妥协与让步，以使磋商程序得以顺利推进。不仅如此，生态环境损害赔偿制度体系中磋商前置的规则设定，在一定程度上可视为对行政机关优先适用磋商程序的一种价值引导，加上当下我国对于非诉讼纠纷解决机制的着力推动，客观上亦会使行政机关将生态环境损害赔偿的工作重心置于磋商程序之上。总而言之，基于行政机关普遍具有的将生态环境损害赔偿纠纷在诉前磋商环节即予以解决的索赔思路，妥协与让步自然成了行政机关在磋商程序中不可或缺的"磋商手段"，这就导致行政机关在磋商程序中的妥协性几乎难以避免。

事实上，依照《生态环境损害赔偿制度改革方案》中的规定，在生态环境损害赔偿磋商程序中，行政机关可以在统筹考虑"赔偿义务人的赔偿能力""成本效益最优化"等事项的基础上与赔偿义务人达成赔偿协议，而这就意味着行政机关在磋商程序中的妥协与让步行为在一定程度上得到了立法者的"认可"，甚至在一定程度上成了一项"合理"的行为。如在前文所述的发生于江苏省南通市的生态环境损害赔偿磋商案件中，虽然行政机关将鉴定机构测算得出的 1 000 余万元修复费用减少至 500 万元并以此数额与赔偿义务人完成签约，但这一明显的妥协行为却并未受到任何质疑。不仅如此，当地政府部门还将磋商程序中的此类妥协行为进一步总结为"原则性与灵活性相结合"，并作为一项"可复制和可

---

❶ 王腾："我国生态环境损害赔偿磋商制度的功能、问题与对策"，载《环境保护》2018 年第 13 期，第 59 页。

借鉴的试点经验"予以推广。❶ 由此可见，行政机关在生态环境损害赔偿磋商程序中的妥协与让步行为，并未被认为是违反"应赔尽赔"原则的。而在目前我国尚未对行政机关在磋商程序中应当如何"依序有规"的让步以及行政机关可以让步至何种程度等问题予以明确的背景下，前述行政机关的妥协行为有可能造成生态环境损害无法得到完整救济的不利结果。

3. 生态环境损害赔偿制度难以契合环境法中的风险预防原则

由于生态环境损害赔偿制度实质是在生态环境损害事件发生之后要求生态环境损害责任人对其生态环境损害行为承担赔偿责任的一种制度设计，因而生态环境损害赔偿制度实质属于一个纯粹的事后填补式的救济方式，这就导致生态环境损害赔偿制度天然欠缺预防生态环境损害事件发生的风险预防功能，因而难以契合环境法律体系中的风险预防原则。

所谓风险预防原则，是指国家在环境保护工作中应当采取各种预防措施，防止环境问题的发生，或把环境问题控制在不影响社会可持续发展的限度之内。❷ 在 1992 年联合国环境与发展大会上通过的《里约环境与发展宣言》第 15 条通常被认为是风险预防原则在世界范围内正式得到确立的标志，该条规定："为了保护环境，各国应当根据国力尽可能采取防备措施，对于可能造成严重后果或不可逆损害的威胁，不得以缺乏确定的科学依据为理由，延迟采取或不充分采取防治措施。"风险预防原则在我国环境法律体系中也多有体现，如我国《环境保护法》第 5 条❸明确规定我国

---

❶ 韩东良："生态环境损害赔偿'南通模式'有看点"，载《中国环境报》2019 年 10 月 29 日，第 4 版。

❷ 周珂主编：《环境与资源保护法》，中国人民大学出版社 2015 年版，第 29 页。

❸ 《环境保护法》（2014）第 5 条规定："环境保护坚持保护优先、预防为主、综合治理、公众参与、损害担责的原则。"

环境保护工作应当坚持预防为主的原则，而在《中华人民共和国水污染防治法》（以下简称《水污染防治法》）、《中华人民共和国土壤污染防治法》（以下简称《土壤污染防治法》）等污染防治单行法中也有类似的规定。正是依据风险预防原则的要求，我国在环境法律体系中方才规定了环境影响评价制度、"三同时"制度等旨在事前预防环境问题发生的多项制度规则。总而言之，风险预防原则是环境法律体系中最为重要的基本原则之一，可以被认为是环境法中的"帝王条款"。❶

事实上，任何在环境污染或生态破坏事件发生之后方才进行的修复工程，都难以使生态环境完全恢复至未受损时的状态，或者虽可在一定程度上实现生态环境修复，但却需要耗费数十倍乃至数百倍于所获利益的修复费用以及相当漫长的修复时间，代价极其昂贵，而这即是一些西方国家在其工业化过程中所走的"先污染、后治理"的老路。实践证明，这一模式既不经济也不科学，应当予以摒弃。不仅如此，某些较为严重的环境污染或生态破坏事件还会造成濒危动植物物种灭绝、自然资源彻底损毁、生态服务功能完全丧失等使生态环境受到永久性损害的无可挽回的严重后果，因而生态环境保护的最佳选择应当是"防患于未然"。然而，由于生态环境损害赔偿制度只能在生态环境损害事件发生后加以适用，这就使得生态环境损害赔偿制度基本不具备在事前预防生态环境损害事件发生的风险预防功能。

虽然从某种程度上来说，通过生态环境损害赔偿制度可以使生态环境损害责任人承担填补性的生态环境损害赔偿责任，提高了生态环境损害责任人的违法成本，从而能够在一定程度上形成倒逼机制，让潜在的生态环境损害责任人认识到生态环境"有价"而降低其损害生态环境的可能性。但是，这种以事后追偿为核心

❶ 吕忠梅主编：《环境法原理》，复旦大学出版社 2017 年版，第 85 页。

的威慑机制仍然与环境法律体系中直接制止生态环境损害风险演变为生态环境损害事实的风险预防存在一定的区别。事实上，对于一些资金充足的潜在生态环境损害责任人来说，在其造成生态环境损害结果之后再向其追偿生态环境损害赔偿金的制度安排，不仅会因其具备雄厚经济实力而难以对其形成有效威慑，亦会使其产生可以"用钱购买污染特权"的错误认知。因此，从严格意义上来说，生态环境损害赔偿制度难以完全融入以风险预防为核心的现代环境法律体系之中，也有可能误导社会公众产生"轻事前预防、重事后填补"的本末倒置式的错误价值判断，从而不利于在全社会营造重视和保护生态环境的积极氛围。

4. 生态环境损害赔偿制度难以契合环境法中的公众参与原则

事实上，生态环境损害赔偿制度除了难以契合环境法律体系中的风险预防原则之外，亦与环境法律体系中的公众参与原则存在一定程度的抵牾。所谓公众参与原则，又称环境民主原则，是指公众有权通过一定的程序或途径参与到一切与环境保护相关的决策过程中来，❶ 包括有权对政府的环境监管行为进行监督、有权知悉相关的环境信息、有权表达自身的环境诉求等，❷ 在环境法律体系中确立公众参与原则的目的在于督促政府能够公正而合理地行使其行政权力。❸ 公众参与原则在我国环境法律体系中同样多有体现，如我国《环境保护法》第五章专章规定了信息公开与公众参与制度的相关内容，具体包括公民、法人和其他组织享有获取环境信息和参与环境保护工作的权利，以及各级政府具有公布环境信息、接受公众监督的义务等。除此之外，原环境保护部于2015 年 7 月亦专门制定了《环境保护公众参与办法》，针对如何在

---

❶　汪劲：《环境法学》，北京大学出版社 2018 年版，第 61 页。
❷　金瑞林主编：《环境法学》，北京大学出版社 2016 年版，第 41 页。
❸　韩德培主编：《环境保护法教程》，法律出版社 2018 年版，第 61 页。

实践中落实公众参与原则进行了较为细致的规定。

然而，以纯私权化的自然资源国家所有权为理论基础的生态环境损害赔偿制度从创设伊始便与社会公众产生了一定程度的疏离，因而呈现出一种"政府－污染者"两方参与的封闭式协商的面相。特别是在生态环境损害赔偿磋商程序中，在浓厚的民事平等协商的私权色彩的包裹下，政府与污染者之间的两方协商始终存在将公众排斥在外的倾向。而在《生态环境损害赔偿制度改革方案》中虽然规定了"信息共享与公众监督"的基本原则，但在涉及公众参与制度构建的寥寥数笔中，仍以保障公众的知情权为主，仅强调"政府应当将生态环境损害赔偿工作中涉及公共利益的重大事项向社会公开"，但对于更为重要的公众如何具体参与到包括赔偿磋商与诉讼等在内的各项环节中来，在该方案中却并未给出任何具体的制度方案。

总而言之，依照我国关于生态环境损害赔偿磋商与诉讼的各项制度设计，社会公众只能根据政府所公开的相关信息而对生态环境损害赔偿工作的进程稍加了解，却无法对政府主导的生态环境损害赔偿磋商或诉讼产生实质性的影响，因而使整个生态环境损害赔偿制度都笼罩在"代理风险"与利益博弈"黑箱"的阴影之下。❶ 不仅如此，从另一个角度来说，也许是因为政府前期环境监管不力，未能及时发现和制止环境污染或生态破坏行为，才会导致生态环境遭受损害，那么此时再由可能存在环境监管失职行为的政府机关以赔偿权利人的身份与污染者展开生态环境损害赔偿磋商与诉讼，自然难以使社会公众所信服。显然，社会公众会对政府机关的环境监管责任心与环境监管能力产生怀疑，因而更倾向于认为政府机关无法在生态环境损害赔偿磋商与诉讼中真正

---

❶ 王腾："我国生态环境损害赔偿磋商制度的功能、问题与对策"，载《环境保护》2018 年第 13 期，第 60 页。

做到"应赔尽赔"。在对政府机关丧失信任的情况下，社会公众对于由政府机关主导的生态环境损害赔偿制度的认可度并不会太高，其参与生态环境损害赔偿磋商与诉讼的意愿亦不会强烈，如此往复，有可能导致生态环境损害赔偿制度与社会公众之间更加疏离。

综上所述，由于生态环境损害赔偿制度上缺少公众参与的渠道，其制度设计不利于社会公众行使监督权，因而导致在生态环境损害赔偿磋商与诉讼中缺乏必要的民主监督，这就使生态环境损害赔偿制度实际存在损害环境公共利益的潜在风险。

5. 生态环境损害赔偿制度的中的选择性救济问题

如前文所述，基于社会组织较为有限的诉讼能力以及检察机关在起诉时的趋易避难，社会组织环境民事公益诉讼制度与检察环境民事公益诉讼制度均存在一定程度的选择性救济问题。而事实上，在生态环境损害赔偿制度中选择性救济问题同样存在，其原因主要包括以下两个方面。

首先，从制度设计的层面来说，由于我国立法者仅要求行政机关针对重大生态环境损害事件开展生态环境损害赔偿工作，❶ 导致我国的生态环境损害赔偿制度存在选择性救济的空间。我国立法者将生态环境损害赔偿制度的救济对象限缩为重大生态环境损害事件的原因在于，实践中生态环境损害行为是较为普遍的，并且其中大多数生态环境损害行为并未造成特别严重的生态环境损害后果，因而要求行政机关对于每一个生态环境损害行为都开展

---

❶ 《生态环境损害赔偿制度改革方案》（2017）中对生态环境损害赔偿制度适用范围规定："有下列情形之一的，按本方案要求依法追究生态环境损害赔偿责任：

1. 发生较大及以上突发环境事件的；

2. 在国家和省级主体功能区规划中划定的重点生态功能区、禁止开发区发生环境污染、生态破坏事件的；

3. 发生其他严重影响生态环境后果的。各地区应根据实际情况，综合考虑造成的环境污染、生态破坏程度以及社会影响等因素，明确具体情形。"

生态环境损害赔偿磋商与诉讼的意义不大且成本过高。因此，我国立法者在综合考量各级人民政府在追究生态环境损害赔偿责任时所需支出的行政成本以及能够产生的社会效益等问题的基础上，仅要求行政机关针对重大生态环境损害事件开展生态环境损害赔偿工作。可见，对于非重大且未造成严重后果的生态环境损害事件，各级人民政府实际上并无必须开展生态环境损害救济工作之义务，由此便造成了行政机关在生态环境损害救济中的选择性救济现象。

其次，从行政机关自身来说，由于地方政府在选择追究生态环境损害赔偿责任的对象时存在诸多顾虑，因而难以避免在生态环境损害救济工作中出现选择性救济现象。通常来说，倘若某一地方政府经常开展生态环境损害赔偿工作，则意味着该地区的生态环境损害事件频发，而这会导致上级政府认为该地方政府在生态环境保护工作方面存在诸多问题，亦会引发地方民众对该地方政府环境监管能力的质疑，这对于地方政府来说显然是一种巨大的压力。同时，从另一个角度来说，某一地方政府经常开展生态环境损害赔偿工作，又意味着该地区存在较为严格的环境监管，这会在很大程度上影响存在较高环境风险项目的投资人在该地区投资的信心。而基于这些环境风险项目在拉动地方经济方面的重要作用，地方政府往往会减少开展生态环境损害赔偿工作，以提升潜在投资人的投资信心，促成项目在本地区落地。因此，正如地方政府基于地方保护主义而可能会对污染企业进行选择性执法一般，除了依照相关政策和法律的规定，地方政府对于辖区内发生的重大生态环境损害事件不得不开展生态环境损害赔偿工作之外，为了避免对本地区的 GDP 造成影响，地方政府对于辖区内发生的一些一般性的生态环境损害，往往会出于地方保护主义而"睁一只眼闭一只眼"，尽量不开展生态环境损害赔偿工作。

总而言之，基于制度设计因素以及地方政府保障地方经济发展之考虑，在生态环境损害赔偿制度之中同样存在较为普遍的选择性救济问题。而这种仅针对重大生态环境损害事件进行索赔的选择性救济倾向，会给生态环境损害责任人带来"轻微生态环境损害行为不会被要求赔偿"的侥幸心理，从而导致实践中轻微生态环境损害行为的增加。而当数个轻微生态环境损害行为相互叠加之后，或者是轻微生态环境损害行为不慎加剧之后，就有可能酿成重大生态环境损害事件，从而造成严重的生态环境损失。不仅如此，选择性救济即意味着行政机关仅对部分生态环境损害责任人进行了索赔，而这会使这些被要求承担生态环境损害赔偿责任的责任人产生明显的不公平感，不仅难以使其自愿承担生态环境损害修复或赔偿责任，还有可能引发一定的社会矛盾。

三、我国学界关于生态环境损害救济途径的理论设想及其反思

事实上，对于可以通过何种途径救济生态环境损害这一问题，除了目前我国实践中所采用的通过环境民事公益诉讼制度与生态环境损害赔偿制度双渠道救济生态环境损害之外，我国学者还提出了生态环境损害救济途径的其他理论设想，具体包括以下三种模式：一是将生态环境损害责任纳入民事侵权责任救济之范畴，从而利用民事侵权责任制度体系对生态环境损害进行救济；二是通过补强现有的行政处罚机制，使环境行政处罚能够在一定程度上承担生态环境损害救济之功能；三是通过环境责任保险、环境修复基金、环境财务保证等方式使生态环境损害救济责任社会化，从而由多重社会主体对生态环境损害修复或赔偿责任进行分担。

但本书认为，以侵权责任途径或以行政处罚途径救济生态环境损害的理论设想在可行性及适当性方面存在一定的欠缺，故上述两种途径并非是我国生态环境损害救济的理想途径；以社会化途径救济生态环境损害的理论设想虽然在分担环境风险、减轻政

府压力等方面具有一定的积极意义，但从维护社会公平正义的角度来说，仅应当将其作为生态环境损害责任人难以确认或确无能力承担生态环境损害修复或赔偿责任时的一种兜底性的保障措施，而不宜作为生态环境损害救济的优先选择。具体如下文所述。

（一）以侵权责任救济生态环境损害的反思

1. 以侵权责任救济生态环境损害的观点

所谓以侵权责任途径救济生态环境损害，是指以民事侵权责任制度体系为基础，通过提起一般民事侵权诉讼的方式要求生态环境损害责任人承担生态环境损害修复或赔偿责任。

事实上，以侵权责任途径救济生态环境损害这一观点的提出是有一定的历史渊源的。在 2012 年 8 月我国通过修改《民事诉讼法》确立环境民事公益诉讼制度之前，囿于我国环境法律体系中缺乏专门适用于生态环境损害救济的制度规则，导致对于实践中存在的一些生态环境损害，只能借用民法体系中的环境侵权责任制度予以救济。而当时全国各地的一些环境民事公益诉讼的实践尝试，虽然被冠以"环境民事公益诉讼"之名，但其实质仍然是依照传统民事侵权诉讼的相关诉讼规则而进行审理的一般环境民事侵权诉讼。在这些"环境民事公益诉讼"中，原告的诉讼请求也大多是请求判令被告承担停止侵害、消除危险、恢复原状、赔偿损失等一般民事侵权责任。而在我国通过《民事诉讼法》和《环境保护法》正式确立环境民事公益诉讼制度之后，我国各级人民法院依照传统民事侵权诉讼的相关诉讼规则审理环境民事公益诉讼案件的情形依然未得到根本改变。如在最高人民法院于 2015 年 1 月发布的《关于审理环境民事公益诉讼案件适用法律若干问题的解释》中，即明确规定我国民事侵权责任制度体系中所设置的各项传统民事侵权责任类型，同样可以在环境民事公益诉讼中加以适用。❶ 而在最高人民法院于 2015 年 12 月发布的十起环境侵权典型案例中，前三个案例即是环境民事公益诉讼案件，这也进一步印证了我国将环境民事公益诉讼纳入环境民事侵权诉讼范畴的基本逻辑。❷ 由此可见，我国的环境民事公益诉讼制度"在实体上依托民事侵权法律制度，在程序上依托民事诉讼程序制度"，❸因而并未脱离民事侵权责任制度体系之框架。

　　而在 2020 年 5 月出台的《民法典》中，立法者进一步将生态环境损害赔偿责任写入了侵权责任编，从而使通过民事侵权责任制度救济生态环境损害具有了一定的法律依据。对于这一制度安排，我国学界的诸多学者也表示赞同。如有学者提出，将生态环境损害纳入民事侵权责任体系的这一立法选择，实际上是传统侵权责任法中的损害概念不断发展变化的必然结果。❹ 虽然环境公共利益的民事补偿突破了侵权责任法的传统边界，但这正是侵权责任法在生态文明时代所要应对的问题，若侵权责任法仍固守于对传统人身和财产损害的救济，显然已不能满足环境污染和生态破坏所致损害的救济需求。❺ 因此，可以通过增加拟制条款的方式明确生态环境损害是侵权法上可以获得救济的损害类

---

❶ 最高人民法院《关于审理环境民事公益诉讼案件适用法律若干问题的解释》(2015) 第 18 条规定："对污染环境、破坏生态，已经损害社会公共利益或者具有损害社会公共利益重大风险的行为，原告可以请求被告承担停止侵害、排除妨碍、消除危险、恢复原状、赔偿损失、赔礼道歉等民事责任。"

❷ 最高人民法院："十起环境侵权典型案例"，载《人民法院报》2015 年 12 月 30 日，第 3 版。

❸ 段厚省："环境民事公益诉讼基本理论思考"，载《中外法学》2016 年第 4 期，第 890 页。

❹ 李琳："法国生态损害之民法构造及其启示——以损害概念之扩张为进路"，载《法治研究》2020 年第 2 期，第 87 页。

❺ 刘长兴："生态文明背景下侵权法一般规则的'绿色化'改造"，载《政法论丛》2020 年第 1 期，第 82 页。

型之一，❶ 并将政府因生态环境损害而遭受的不利负担视为侵权责任法中的损害，从而使私法肩负起对生态利益的保护重任。❷ 此外亦有学者提出，在某些特定情形下，由于环境污染或生态破坏行为会同时损害自然资源或环境要素的经济价值和生态价值，❸ 从而使得侵权责任制度的救济对象与环境民事公益诉讼的救济对象可能存在一定的交集，故可以利用传统自然资源损害与生态环境损害之间的重叠关系，在通过侵权责任制度救济传统自然资源损害时，兼顾救济生态环境损害。❹

总而言之，我国学界诸多学者认为通过侵权责任途径救济生态环境损害并无不妥，民法亦可以规制无具体受害人的生态环境损害，因而在《民法典》侵权责任编中规定生态环境损害救济问题是一项恰当的立法选择。❺

2. 以侵权责任救济生态环境损害的反思

本书认为，以侵权责任途径救济生态环境损害存在"通过私法途径救济公共利益损害"的制度扞格，因而既不符合民事侵权责任制度的功能定位，也无法实现对生态环境损害的完整救济，其理由如下。

首先，从民事侵权责任制度的功能定位来说，民法体系中的

---

❶ 李昊："损害概念的变迁及类型建构——以民法典侵权责任编的编纂为视角"，载《法学》2019 年第 2 期，第 72 页。

❷ 李昊："论生态损害的侵权责任构造——以损害拟制条款为进路"，载《南京大学学报》（哲学·人文科学·社会科学版）2019 年第 1 期，第 49 页。

❸ 王世进、曾祥生："侵权责任法与环境法的对话：环境侵权责任最新发展——兼评《中华人民共和国侵权责任法》第八章"，载《武汉大学学报》（哲学社会科学版）2010 年第 3 期，第 403 页。

❹ 李承亮："侵权责任法视野中的生态损害"，载《现代法学》2010 年第 1 期，第 63 页。

❺ 刘士国："民法典'环境污染和生态破坏责任'评析"，载《东方法学》2020 年第 4 期，第 198 页。

侵权责任制度主要用于救济人身损害、财产损害或精神损害,❶ 这三种损害均属于对私人利益所造成的损害。然而,生态环境损害的实质是对环境公共利益的损害,由于公共利益损害并不属于人身损害、财产损害或精神损害之范畴,因而生态环境损害无法纳入可由侵权责任制度救济的人身损害、财产损害或精神损害三者的任意一项之中,也即生态环境损害无法通过侵权责任制度予以救济。

其次,从公法与私法体系划分的角度来说,将一国的法律制度分为公法和私法是世界各国的通行做法。❷ 而民事侵权责任法作为一项私法,其内生属性与制度逻辑决定了其必然以私权或私益的保护与救济为宗旨,直接保护生态环境、维护环境公共利益是其难以承受之重。❸ 事实上,因环境污染或生态破坏行为而导致的对生态环境本身的损害,其侵害对象实质是环境公共利益,故应当通过属于公法体系的环境法律制度予以调整。倘若将生态环境损害交由民事侵权责任制度调整,将会导致公法与私法体系的混乱,❹ 这不仅会模糊民法作为私法的性质定位,更会冲击公法与私法分立的现代法治根基。❺ 概言之,维护公共利益主要是宪法与行政法等公法之任务,而民事法律制度的任务则是保护私法主体的私人利益,因而在民事侵权责任制度体系中不宜直接规定救济公

---

❶ 张新宝:"侵权责任一般条款的理解与适用",载《法律适用》2012 年第 10 期,第 30 页。

❷ [日] 美浓部达吉:《公法与私法》,黄冯明译,中国政法大学出版社 2003 年版,第 23 页。

❸ 刘超:"论'绿色原则'在民法典侵权责任编的制度展开",载《法律科学》(西北政法大学学报) 2018 年第 6 期,第 150 页。

❹ 孙佑海、王倩:"民法典侵权责任编的绿色规制限度研究——'公私划分'视野下对生态环境损害责任纳入民法典的异见",载《甘肃政法学院学报》2019 年第 5 期,第 62 页。

❺ 巩固:"环境民事公益诉讼性质定位省思",载《法学研究》2019 年第 3 期,第 144 页。

共利益损害的相关内容。❶

再次，传统的民事侵权责任制度体系往往体现出相当的意思自治性特征，即被侵权人可以基于自由意志而随时放弃要求侵权人承担侵权责任，而这种意思自治与生态环境损害救济的公共利益维护目的之间存在明显违和：在关涉维护环境公共利益的生态环境损害救济问题上，包括减少或放弃要求赔偿义务人承担生态环境损害赔偿责任在内的任何妥协与让步行为，都是有违"应赔尽赔"原则的，因而行政机关在生态环境损害救济中实际并不存在任何意思自治的空间。而倘若将旨在维护环境公共利益的生态环境损害救济问题纳入民事侵权责任制度体系调整，将有可能导致作为赔偿义务人的行政机关任意处分索赔权，从而造成环境公共利益无法得到有效和完整维护的不利结果。

再其次，通过侵权责任制度救济传统自然资源损害时兼顾救济生态环境损害的理论设想在某些情形下亦不具备相应的可行性。事实上，由于生态环境损害主要涉及的仍是公法问题，只不过在这些公法问题中存在一部分私法性质的内容，❷ 因而在通过属于私法范畴的侵权责任制度救济属于公法范畴的生态环境损害时，必然会存在部分无法覆盖的缺漏之处，而这其中最典型的莫过于大气污染。由于处于自然环境中的大气无法为人所直接控制和支配，因而大气并不属于传统民法领域内的"物"。❸ 从严格意义上来说，处于自然环境中的大气并不存在真正意义上的所有权人，因而也就难以通过民事侵权责任途径主张对大气资源损害所导致的损失进行填补。循此继进，不难发现通过侵权责任制度兼

---

❶ 尹志强："侵权法的地位及与民法典各编关系的协调"，载《华东政法大学学报》2019 年第 2 期，第 30 页。

❷ ［德］克雷斯蒂安·冯·巴尔：《欧洲比较侵权行为法（下卷）》，焦美华译，法律出版社 2001 年版，第 506 页。

❸ 魏振瀛主编：《民法》，北京大学出版社 2017 年版，第 133 页。

顾救济大气污染所导致的生态环境损害的设想实际是难以实现的。

最后，鉴于公共利益与个人利益之间既有可能相互一致，也有可能相互冲突的情况，❶ 在某些特定情形下通过侵权责任途径不仅无法兼顾救济生态环境损害，反而会有损环境公共利益。如在通过侵权责任途径对生态环境损害进行救济的过程中，选择何种生态环境修复方案属于当事人的意思自治范围。其中，修复义务人出于使个人利益最大化之目的，通常只会关心如何利用最低的修复成本完成其修复任务；而自然资源的所有权人或用益物权人往往也只会关心自然资源的经济价值能否得到恢复，至于选用的修复方案能否同时维护环境公共利益则往往不会予以过多关注。由此，即有可能造成修复义务人最终选择了低成本而高风险的修复方案，从而极易在生态环境修复的过程中引发新的生态环境损害事件，对周边生态环境造成"二次污染"并损害环境公共利益。❷

综上所述，本书认为不应将属于公法任务的生态环境损害救济纳入属于私法范畴的民事侵权责任制度体系之中，侵权责任制度体系并不具备维护环境公共利益之功能，也难以胜任救济生态环境损害之任务。因此，通过侵权责任途径救济生态环境损害的理论设想并不合适。

（二）以行政处罚救济生态环境损害的反思

1. 以行政处罚救济生态环境损害的观点

所谓以行政处罚救济生态环境损害，是指采用行政法律体系

---

❶　［德］哈特穆特·毛雷尔：《行政法学总论》，高佳伟译，法律出版社2000年版，第40页。

❷　张旭辉、徐卫星："别让场地修复成了排污"，载《中国环境报》2014年7月29日，第12版。

中的行政处罚手段对生态环境损害进行填补性救济。以行政处罚救济生态环境损害这一观点的核心在于发掘和扩展行政处罚制度的基本功能，即在传统意义上行政处罚制度仅具备惩罚性功能的基础上，进一步赋予行政处罚制度以填补性或补偿性功能，从而使行政处罚能够在生态环境损害救济中加以适用。

以行政处罚救济生态环境损害这一观点的基本内涵并不复杂，但欲论证行政处罚可以用于救济生态环境损害，则必须首先证成行政处罚具有填补生态环境损害的填补性或补偿性功能。对此有学者指出，补偿功能是每一种法律责任都应当具备的功能，补偿功能不应为私法体系所垄断，公法体系中也可以具有补偿功能。实践中，由于我国政府对于生态环境损害行为多处以罚款，罚款又是公共财政直接来源，而政府治理生态环境又依托公共财政支持，故可以得出我国的环境罚款实际上也在发挥着填补生态环境损害的功能。❶ 还有学者提出，由于在行政处罚程序中通常是依据违法行为的严重程度来确定罚款数额，这表明行政处罚中暗含了根据受到损失的程度进行补偿的倾向，❷ 因而行政处罚在一定程度上具有补偿性功能。亦有学者基于行政处罚制度的立法目的展开论证，提出既然我国《行政处罚法》第 1 条❸明确规定行政处罚制度具有维护公共利益之目的，那么通过行政处罚救济生态环境损害并维护环境公共利益应当是可行的，因而可以将生态环境恢复

---

❶ 陈太清："行政罚款与环境损害救济——基于环境法律保障乏力的反思"，载《行政法学研究》2012 年第 3 期，第 58 页。

❷ 刘长兴："论行政罚款的补偿性——基于环境违法事件的视角"，载《行政法学研究》2020 年第 2 期，第 106 页。

❸ 《行政处罚法》（2021）第 1 条规定："为了规范行政处罚的设定和实施，保障和监督行政机关有效实施行政管理，维护公共利益和社会秩序，保护公民、法人或者其他组织的合法权益，根据宪法，制定本法。"

责任作为一种行政处罚形式而纳入行政处罚制度体系之中。❶ 还有学者认为，行政处罚体系中的行政罚款除了可以惩罚行政相对人之外，还具有保护自然环境和维护社会整体利益的功能，❷ 因而可以利用行政罚款制度对生态环境损害进行救济。

2. 以行政处罚途径救济生态环境损害的反思

如前文所述，欲论证行政处罚可以用于救济生态环境损害，则必须首先对行政处罚具有填补生态环境损害的填补性或补偿性功能进行证成。但本书认为，行政处罚具有填补性功能或补偿性功能的观点有待商榷。

依照我国《行政处罚法》第 2 条❸对行政处罚的定义，行政处罚是指行政机关向违反行政管理秩序的行政相对人实施的惩戒行为，其基本属性为惩罚性或制裁性，而未有提及行政处罚具有填补性或补偿性功能。不仅如此，我国学界的通说观点也认为行政处罚仅具有惩罚性功能，如有学者指出，"行政处罚是指行政主体为达到对违法者的惩戒目的，而依法对行政相对人违反行政法律规范的行为给予人身、财产、名誉以及其他形式法律制裁的行政行为。"❹ 不难发现，学者在该定义中连续使用了"惩戒"和"制裁"二词，以凸显行政处罚所具有的惩罚性。除此之外，笔者进一步检索了我国 11 本主流行政法学教材中关于行政处罚的定义，

---

❶ 谭冰霖："环境行政处罚规制功能之补强"，载《法学研究》2018 年第 4 期，第166 页。

❷ Gary S. Becker, Crime and Punishment: An Economic Approach, *Journal of Political Economy*, 1968, Vol. 76, No. 2, pp. 169–217.

❸ 《行政处罚法》（2021）第 2 条规定："行政处罚是指行政机关依法对违反行政管理秩序的公民、法人或者其他组织，以减损权益或者增加义务的方式予以惩戒的行为。"

❹ 姜明安主编：《行政法与行政诉讼法》，北京大学出版社 2015 年版，第 265 页。

发现这些著述均将惩罚性❶（或称制裁性❷、惩戒性❸）作为行政处罚的基本特征，但均未提及行政处罚具有填补性或补偿性功能。由此可见，我国学界对于行政处罚具有惩罚性功能已经达成基本共识，我国学者大多认为行政处罚是对违反行政法义务的相对人的一种行政制裁。❹而诸多行政法学教材中无一提及行政处罚具有填补性或补偿性功能的客观情况，则可在一定程度上印证行政处罚具有填补性或补偿性功能的观点实际并未为我国学界所接受。

事实上，纵观我国环境法学界，认可通过行政处罚救济生态环境损害这一观点的学者并不算多，这同样是因为通过行政处罚救济生态环境损害的观点，突破了传统意义上行政处罚仅是一种惩罚责任而不具备填补性或补偿性功能的基本法理，❺因而难以为学界所普遍接受。而本书同样认为，突破行政处罚仅具有惩罚性功能的通说观点而将行政处罚用于对生态环境损害进行填补性救济并无特别之必要，并且贸然赋予行政处罚以填补性功能，极有

---

❶ 章剑生教授、杨解君教授等学者认为行政处罚具有"惩罚性"。参见章剑生：《现代行政法基本理论》，法律出版社 2014 年版，第 359 页；杨解君：《行政法与行政诉讼法（上）》，清华大学出版社 2009 年版，第 258 页。

❷ 湛中乐教授、胡建淼教授、叶必丰教授、胡锦光教授、莫于川教授、杨登峰教授等学者认为行政处罚具有"制裁性"。参见罗豪才、湛中乐主编：《行政法学》，北京大学出版社 2016 年版，第 229 页；胡建淼：《行政法学》，法律出版社 2015 年版，第 223 页；叶必丰主编：《行政法与行政诉讼法》，中国人民大学出版社 2015 年版，第 121 页；胡锦光：《行政法学概论》，中国人民大学出版社 2014 年版，第 99 页；莫于川主编：《行政法与行政诉讼法》，中国人民大学出版社 2015 年版，第 182 页；杨登峰主编：《行政法与行政诉讼法》，武汉大学出版社 2010 年版，第 168 页。

❸ 应松年教授、马怀德教授、周佑勇教授等学者认为行政处罚具有"惩戒性"。参见应松年主编：《行政法与行政诉讼法》，中国政法大学出版社 2017 年版，第 163 页；马怀德主编：《行政法与行政诉讼法》，中国法制出版社 2015 年版，第 216 页；周佑勇主编：《行政法学》，武汉大学出版社 2009 年版，第 127 页。

❹ 余凌云：《行政法讲义》，清华大学出版社 2014 年版，第 289 页。

❺ 徐以祥："论生态环境损害的行政命令救济"，载《政治与法律》2019 年第 9 期，第 89 页。

可能造成不同法律概念之间的相互混淆，不仅无益于行政法律体系的稳定，亦会给行政执法者带来不必要的困惑。因此，更为妥当的选择应当是秉持行政处罚仅具有惩罚性功能的学界通说观点，而不宜对行政处罚的概念内涵作出过多的扩张解释。实际上，在我国行政法律体系中已经存在具备填补性功能的具体行政行为类型，也即本书所重点探讨的行政命令。因而在生态环境损害救济中，宜于通过行政命令途径对生态环境损害进行填补，再通过行政处罚途径对生态环境损害责任人进行惩戒，如此既不会造成行政处罚功能的混乱，又能够实现对生态环境损害的有效救济。

（三）以社会化途径救济生态环境损害的反思

1. 以社会化途径救济生态环境损害的观点

所谓以社会化途径救济生态环境损害，通常又被称为生态环境损害的社会化填补或生态环境损害的公共补偿，一般是指在生态环境损害事件发生之后，由生态环境损害责任人以外的社会主体部分分担或完全承担对生态环境损害的填补责任。❶

生态环境损害的社会化救济概念的兴起，同样缘于我国环境法律体系中长期缺少要求污染者承担生态环境损害赔偿责任的相关规定，从而导致在我国生态环境损害救济的相关实践中，多年来均是由政府通过公共财政支出的方式承担巨额的生态环境修复费用。然而，随着近年来我国生态环境损害事件进入高发期，长期由政府独自负担的生态环境修复资金出现了较大缺口，由此使得实践中大量受损的生态环境无法得到修复。在此背景下，我国环境法学者在借鉴《美国综合环境反应、补偿和责任法》所创设的"超级基金"制度的基础上，提出以社会化的方式筹集生态环境修复资金，从而在生态环境损害责任人难以确认或确无能力承

---

❶ 竺效：《生态损害的社会化填补法理研究》，中国政法大学出版社 2017 年版，第 119 页。

担生态环境损害修复或赔偿责任的情况下，通过社会化救济途径分担政府在生态环境损害救济中的巨大财政支出压力，以使环境公共利益得到维护，并在一定程度上补偿环境污染受害人的合法权益。❶ 我国学者所提出的生态环境损害的社会化救济途径主要包括环境责任保险、环境修复基金、环境财务保证等形式。

环境责任保险是以被保险企业因环境污染行为而应负的赔偿责任为保险标的的一种责任保险。❷ 2007 年 12 月，原国家环保总局与原中国保监会联合印发了《关于环境污染责任保险工作的指导意见》，首次提出在我国试行环境责任保险制度。2013 年 1 月，原环境保护部与原中国保监会再次联合印发《关于开展环境污染强制责任保险试点工作的指导意见》，正式在全国范围内开展环境污染强制责任保险试点。然而，由于当时我国环境责任保险的承保范围仅包括人身伤亡和直接财产损失，并不包括对生态环境本身的损害所导致的损失，这就造成实践中大量造成高额生态环境损失的案件无法得到赔付，导致企业的投保意愿普遍较低。❸ 对此，原环境保护部与原中国保监会于 2017 年 6 月发布了《环境污染强制责任保险管理办法（征求意见稿）》，其中第 6 条明确将"生态环境损害"纳入了环境污染强制责任保险的保险责任范围，使得生态环境修复费用、生态环境服务功能损失等均可由环境污染强制责任保险赔付，从而极大提升了环境污染强制责任保险的可适用性。而在 2020 年 4 月最新修订的《中华人民共和国固体废物污染环境防治法》（以下简称《固体废物污染环境防治法》）

---

❶ 顾向一、陈诗一："环境污染责任保险制度演进及路径选择"，载《复旦学报》（社会科学版）2020 年第 3 期，第 154 页。

❷ 刘昕宇："构建环境侵权损害社会化救济制度的思考"，载《中州学刊》2016 年第 6 期，第 63 页。

❸ 李童、袁东辉、沈晓悦等："环境污染强制责任保险政策还有哪些不足待完善?"，载《中国环境报》2019 年 7 月 23 日，第 3 版。

（2020）中，则明确规定了收集、贮存、运输、利用、处置危险废物的单位应当投保环境污染责任保险，[1] 从而使环境污染责任保险制度在国家立法层面得到了确立。目前，我国环境责任保险的相关立法工作正在稳步推进，先前诸多学者提出的我国环境责任保险制度所存在的"立法技术粗糙、立法质量一般"[2] 以及"立法形式分散、倡导性条款过多"[3] 等问题正逐步得到改善。

　　环境修复基金是指为实施生态环境修复工程而专门筹集并设立的基金。[4] 环境修复基金通常由专门性的环保组织进行管理，在符合使用条件的情况下，由基金管理机构动用基金对受损的生态环境进行修复。[5] 我国环境修复基金的相关历史可以追溯至 20 世纪 80 年代：1985 年 5 月和 9 月，中国生物多样性保护与绿色发展基金会（以下简称中国绿发会）以及中国绿化基金会相继成立，成为我国最早的一批生态环境修复基金。经过数十年的发展，我国环境修复基金的规模不断扩大，据中国金融学会绿色基金研究小组统计，截至 2016 年年底，全国已经设立并在中国基金业协会备案的绿色基金达 265 只。[6] 虽然目前我国尚未对环境修复基金进行统一的专项立法，但生态环境修复工作的现实需要已经催生了从中央至地方多层级的环境修复基金的实践尝试。近年来，以中

---

[1] 《固体废物污染环境防治法》（2020）第 99 条规定："收集、贮存、运输、利用、处置危险废物的单位，应当按照国家有关规定，投保环境污染责任保险。"

[2] 马宁："环境责任保险与环境风险控制的法律体系建构"，载《法学研究》2018年第 1 期，第 111 页。

[3] 竺效："论我国环境污染责任保险单行法的构建"，载《现代法学》2015 年第 3期，第 116 页。

[4] 宁清同："生态修复责任之保障制度初探"，载《法治研究》2019 年第 2 期，第 148 页。

[5] 诸江："生态损害的社会化救济研究"，载《社会主义研究》2010 年第 3 期，第 128 页。

[6] 周琳："绿色基金为环保和发展增底气"，载《经济日报》2017 年 6 月 21 日，第 7 版。

国绿发会和中国绿化基金会为代表的多个环境公益基金相继涉足生态环境修复领域：2016 年上半年，中国绿发会设立了生态环境修复（贵州）专项基金，专门用于贵州部分地区的生态环境修复；2017 年 12 月，中国绿化基金会设立了专门用于推动"一带一路"沿线地区生态环境修复工作的生态环境修复专项基金，首批资金将重点用于甘肃、新疆地区的生态环境修复；2018 年 6 月，中国绿色碳汇基金会发起设立了候鸟保护专项基金，用于候鸟栖息地修复等公益项目。

环境财务保证是指由第三方机构作为担保人，在被担保人造成生态环境损害且无力赔偿时，由担保人承担生态环境修复责任的一种保证制度。❶ 通常来说，环境财务保证的具体形式主要包括环境污染担保和企业互助基金等。❷ 其中，环境污染担保是指排污企业作为被担保人，与金融机构或担保公司签订环境担保合同，约定如果被担保人确实造成了生态环境损害，那么在被担保人无力承担全部生态环境损害赔偿责任时，由担保人代为承担生态环境损害赔偿责任的制度安排。而企业互助基金又称行业风险分担协议制度，是指若干经营项目相同或相近且具有相当环境风险的排污企业之间共同签订一份协议，各排污企业按照协议约定分别缴纳一定的资金并统一交由管理人管理，在其中某一排污企业实际造成生态环境损害后，由管理人使用该资金履行生态环境损害修复或赔偿责任。❸ 不难发现，环境污染担保实质上是将通常意义上的担保制度运用于生态环境损害救济之中，而企业互助基金则可被理解为一种小额且限定了适用范围的生态修复基金。环境污

---

❶ 何艳梅："国外环境污染损害赔偿责任担保模式及对我国之借鉴"，载《法治论丛（上海政法学院学报）》2009 年第 6 期，第 101 页。

❷ 诸江："我国生态损害社会化救济的实现方式探索"，载《湖南科技大学学报》（哲学社会科学版）2010 年第 5 期，第 76 页。

❸ 王明远：《环境侵权救济法律制度》，中国法制出版社 2001 年版，第 145 页。

染担保与企业互助基金的主要区别在于担保人的身份不同，前者是由专门的担保公司或金融机构作为担保人，后者是若干企业之间互为担保人。财务保证制度在国外已有较长时间的应用，如美国即在核能源产业中建立了行业风险分担协议制度，规定核能源企业在造成超过 2 亿美元损害时，由全国的核能源企业分担损害赔偿责任。❶

2. 以社会化途径救济生态环境损害的反思

本书认为，在适用生态环境损害的社会化救济途径时，存在以下两个方面的问题值得重点关注：一是生态环境损害的社会化救济途径实质是由无责任的第三人为生态环境损害责任人分担其甚至是替代其承担生态环境损害修复或赔偿责任的制度安排，因而倘若在生态环境损害救济中优先适用社会化救济，将有违环境法律体系中的原因者负担原则以及公平正义的自然法价值观；二是前文所述的环境责任保险、环境修复基金和环境财务保证等社会化救济途径目前尚处于实践尝试阶段，因而仍存在诸多有待完善之处。具体如下文所述。

首先，由于生态环境损害的社会化救济实质是由无责任的第三人为生态环境损害责任人分担乃至替代其承担生态环境损害修复或赔偿责任，这就使得社会化救济途径有可能被某些不法企业用于逃避其应当承担的生态环境损害修复或赔偿责任，从而导致社会化救济在某些情形下难以契合环境法律体系中的原因者负担原则。所谓原因者负担原则，是指造成环境污染或生态破坏的责任人必须依法承担治理和恢复被其污染或破坏的环境资源的责任。❷ 事实上，无

---

❶ Michael Faure, Deterrence, Insurability, and Compensation inEnvironmental Liability: Future Developments in the European Union, Springer – Verlag, 2003, p. 232.

❷ 蔡守秋主编：《环境资源法教程》，高等教育出版社 2017 年版，第109 页。

论是基于公平正义的自然法价值观，❶ 还是基于我国《环境保护法》中关于损害担责的条文规定，❷ 在生态环境损害救济中都应当依照原因者负担原则，首先要求生态环境损害责任人自行承担生态环境损害修复或赔偿责任，即使外部不经济内部化。❸ 原因者负担原则是公平正义理念在环境法领域内的集中体现，倘若在生态环境损害救济实践中不能坚决贯彻原因者负担原则，而将社会化救济作为生态环境损害救济体系中的优先选择，那么就会造成由整个社会为生态环境损害责任人的环境污染或生态破坏行为"买单"非正义现象，而这极有可能引发不法企业竞相利用社会化救济途径逃避生态环境损害修复或赔偿责任的道德风险，长此以往只会使生态环境损害这一"公地悲剧"现象进一步加剧，甚至可能颠覆整个社会的公平正义价值观。

其次，虽然环境责任保险制度已经成为我国立法者在生态环境损害社会化救济中的力推项，《环境污染强制责任保险管理办法（草案）》也已于 2018 年 5 月在生态环境部部务会议上审议通过。然而，基于生态环境损害成因判断的复杂性以及认定环境污染行为是否存在主观恶意的困难性，环境责任保险制度不得不面临投保企业可能存在的为节约治污成本而故意污染环境，并将其故意污染行为伪装成过失污染行为并寻求环境责任保险赔偿的道德风

---

❶ 如古典自然法学派学者格劳修斯认为"自然法所体现出的公正和正义原则是普遍适用的"，新自然法学派学者罗尔斯认为"正义是社会制度的首要价值"。参见[荷]格劳修斯：《战争与和平法》，何勤华等译，上海人民出版社 2005 年版，第 32 页；[美]罗尔斯：《正义论》，何怀宏、何包钢、廖申白译，中国社会科学出版社 1988 年版，第 1 页。

❷ 《环境保护法》（2014）第 5 条规定："环境保护坚持保护优先、预防为主、综合治理、公众参与、损害担责的原则。"

❸ [日]交告尚史：《日本环境法概论》，田林、丁倩雯译，中国法制出版社 2014 年版，第 142 页。

险。❶ 而在环境责任保险制度正式落地之前，诸如险种设置、保险范围、保费费率等问题均有待进一步的研究。此外，在将生态环境本身损害纳入环境责任保险的理赔范围之后，面对一旦出险即需要支付巨额生态环境损害赔偿金所带来的巨大资金压力，保险公司的承保意愿以及承保能力问题亦有待解决。❷ 事实上，正是基于上述一系列原因，已于 2018 年 5 月在生态环境部部务会议上审议通过的《环境污染强制责任保险管理办法（草案）》迟迟未能正式出台。由此可见，距离环境责任保险制度在我国得到广泛适用仍有较长的路要走。

再次，对于环境修复基金制度而言，目前我国主要存在两种类型的生态环境修复基金：一是由政府主导并承担主要出资责任的生态环境修复基金；二是由社会组织自行筹资设立的生态环境修复基金。其中由政府主导的生态环境修复基金的资金来源主要包括财政拨款和生态环境损害赔偿金的收缴，然而在 2020 年 3 月财政部等九部门联合印发的《生态环境损害赔偿资金管理办法（试行）》中，明确将生态环境损害案件中赔偿义务人缴纳的生态环境损害赔偿金归为政府的非税收入，纳入一般公共预算管理，❸ 这就使得实践中诸多地方政府所设置的生态环境修复基金失去了一项最为重要的资金来源，这些由政府主导的生态环境修复基金未来能否存续还存在很大的疑问。而由社会组织自行筹资设立的生态环境修复基金的资金来源主要是社会捐助，这就导致

---

❶ Howard Latin, Good Science, Bad Regulation, and Toxic Risk Assessment, *Yale Journal on Regulation*, 1988, Vol. 5, Issue 1, pp. 89–148.

❷ Kenneth S. Abraham, Catastrophic Oil Spills and the Problem of Insurance, *Vanderbilt Law Review*, 2011, Vol. 64, Issue 6, pp. 1767–1792.

❸ 《生态环境损害赔偿资金管理办法（试行）》（2020）第 6 条第 2 款规定："生态环境损害赔偿资金作为政府非税收入，实行国库集中收缴，全额上缴赔偿权利人指定部门、机构的本级国库，纳入一般公共预算管理。"

这些修复基金的资金来源并不稳定，难免出现资金不足的情况，再加上生态环境修复工程所需要的资金量通常都较为庞大，因而造成社会组织自行筹资设立的生态环境修复基金的适用范围实际较为有限。除此之外，环境修复基金制度在我国尚处于初步探索阶段，为了使生态环境修复基金能够良性发展，基金的运行和管理模式以及基金的资金回报机制等问题亦有待进一步的研究探讨。

最后，包括环境污染担保和企业互助基金在内的环境财务保证制度的适用空间同样较为有限，其原因在于：对于一些环境合规企业来说，其造成生态环境损害的可能性本就较低，因而其主动寻求环境污染担保并缴纳担保费用的可能性也较低。同时，这些环境合规企业的环境合规状态决定了其基本不会使用企业互助基金，因而这些企业参与企业互助基金的可能性同样较低；而对于一些环境高风险企业来说，其环境高风险属性决定了其在寻求环境污染担保时将会面临高昂的担保费用，因而其斥巨资进行环境污染担保的可能性同样不高。同时，由于这些环境高风险企业实际造成生态环境损害的可能性较高，导致通常由环境高风险企业参加的企业互助基金大概率会被频繁使用，这就导致有限的企业互助基金能否足够被多次用于生态环境损害救济也存在一定的疑问。

综上所述，虽然从有利于使受损的生态环境得到有效修复以及有利于使环境公共利益得到充分维护的角度来看，生态环境损害的社会化救济途径有其存在的合理性与必要性。但是，出于贯彻原因者负担原则以及维护社会公平正义之目的，所有的社会化救济途径均应当作为生态环境损害责任人难以确认或确无能力承担生态环境损害修复或赔偿责任时的一种兜底性的保障措施，在生态环境损害救济中予以补充适用，而不应当成为生态环境损害救济的优先选择。

第二章

一种被忽视的救济途径：
生态环境损害的行政命令救济

　　如前文所述，目前我国已经形成了通过环境民事公益诉讼制度与生态环境损害赔偿制度双渠道救济生态环境损害的制度格局。然而，在环境民事公益诉讼制度中，存在诸如社会组织诉讼能力不足、检察机关职能错位、诉讼程序过于冗长、选择性救济现象凸显等一系列问题；而在生态环境损害赔偿制度中，亦存在缺乏合理的权利基础、难以实现"应赔尽赔"、有违风险预防原则、缺少公众参与渠道等一系列问题。由此可见，当下我国通过环境民事公益诉讼制度与生态环境损害赔偿制度双渠道救济生态环境损害的实践选择并非是当然适当的。除此之外，我国学者所提出的通过侵权责任途径、行政处罚途径或社会化途径救济生态环境损害的理论设想，也都在可行性或适当性方面存在一定的欠缺，因而也并非是我国生态环境损害救济的理想或优先选择。故本书认为，基于目前我国实践中生态环境损害事件仍然多发的客观现状，我国亟须确立一种能够使得生态环境损害得到有效和完整救济的救济途径。

事实上，虽然生态环境损害这一概念是伴随着近年来我国生态环境损害赔偿制度改革的全面开展，方才成为我国环境法学界以及司法实务界所重点关注的内容之一。但实际上，因环境污染或生态破坏行为所导致的生态环境损害是我国长期存在的一个普遍性问题。而在我国现有的相关环境立法中，也对生态环境损害作出了一定的制度回应：在对我国环境法律体系中的多部法律法规进行检视之后，即不难发现其中存在若干具有生态环境损害救济部分功能的行政命令类型。虽然从严格意义上来说，我国立法者在相关法律法规中设置这些行政命令的初衷并不在于救济对生态环境本身的损害，而我国环境法律体系中也尚不存在专门用于救济生态环境损害的行政命令类型。但在这些行政命令之中，确实已经蕴含了救济生态环境本身损害的部分功能。因此，通过行政命令途径救济生态环境损害的设想并非是无源之水或无本之木。

然而，当下我国生态环境损害救济实践中对于环境民事公益诉讼制度与生态环境损害赔偿制度的普遍推崇和广泛适用，一定程度上遮蔽了前述具有部分生态环境损害救济功能的行政命令在生态环境损害救济中的应有作用，并进一步导致生态环境损害的行政命令救济途径为我国立法者和执法者所忽视。

一、我国生态环境损害救济相关行政命令的检视

在我国的环境法律体系中，行政命令是各级生态环境主管部门要求造成环境污染或生态破坏事件的责任人承担污染治理或生态修复责任时常用的一项具体行政行为。事实上，我国环境法律体系中可供各级生态环境主管部门所选用的行政命令的类型是多样的。而从是否具备生态环境损害救济之功能的角度对这些行政命令进行检视，即可发现我国环境法律体系中的"责令消除污染"（包括与之功能相类似的"责令限期治理"和"责令限期补救"）、"责令恢复原状"（包括据之衍生出的"责令补种树木""责令恢

复植被"等行政命令）以及"责令赔偿损失"三类行政命令具备生态环境损害救济的部分功能。这三类行政命令在我国环境法律体系中的具体设置如下。

（一）责令消除污染

"责令消除污染"是生态环境主管部门向造成环境污染事件的责任人所作出的要求其通过一定方式消除环境污染状态的行政命令。所谓"消除污染"，是指"使受到污染的生态环境脱离受污染的状态"，而此处的"脱离受污染的状态"所描述即是受到污染的生态环境得到修复的过程，故"责令消除污染"的行政命令可以适用于救济因环境污染行为所导致的生态环境损害。在我国环境法律体系中，明确设置了"责令消除污染"这一行政命令的法律条文如表1所示。

表1　我国环境法律体系中的"责令消除污染"条款

法律名称	立法时间	具体条款	违法行为	责任类型
《固体废物污染环境防治法》	2020年4月	第117条	非法入境的固体废物造成环境污染的	责令消除污染
《海洋环境保护法》	2017年11月	第83条	违法使用放射性物质或有毒有害材料的	责令消除污染
《水污染防治法》	2017年6月	第85条	违反法律规定向水体排放污染物的	责令消除污染
		第90条	船舶污染水体的	
		第94条	造成水污染事故的	

　　而与"责令消除污染"的功能相类似且通常与"责令消除污染"同时适用的行政命令还包括"责令限期治理"（或表述为"责令限期采取治理措施"）和"责令限期补救"（或表述为"责令限期采取补救措施"）。与"责令消除污染"相比，"责令限期治理"和"责令限期补救"中增加了"限期"的条件限制，也即要求责任人在规定的期限内完成治理工作。此外，"责令限期治理"和"责令限期补救"的适用范围更为广泛，这两个行政命令不仅可以在环境污染事件中适用，也可以在生态破坏事件中适用，也即"责令限期治理"和"责令限期补救"可以用于救济因环境污染或生态破坏行为所导致的生态环境损害。在我国环境法律体系中，明确设置了"责令限期治理"和"责令限期补救"的法律条文如表 2 所示。

表 2　我国环境法律体系中的"责令限期治理"和"责令限期补救"

法律名称	立法时间	具体条款	违法行为	责任类型
《固体废物污染环境防治法》	2020 年 4 月	第 118 条	造成固体废物污染环境事故的	责令限期采取治理措施
《噪声污染防治法》	2018 年 12 月	第 17 条	在噪声敏感建筑物集中区域内造成严重环境噪声污染的	责令限期治理
《防沙治沙法》	2018 年 10 月	第 39 条	造成土地严重沙化的	责令限期治理
《海洋环境保护法》	2017 年 11 月	第 76 条	造成海洋生态系统及海洋水产资源、海洋保护区破坏的	责令限期采取补救措施

续表

法律名称	立法时间	具体条款	违法行为	责任类型
《自然保护区条例》	2017 年 10 月	第 35 条	在自然保护区进行砍伐、开垦、采石、挖沙等活动的	责令限期补救
《水污染防治法》	2017 年 6 月	第 85 条	违反法律规定向水体排放污染物的	责令限期采取治理措施
		第 90 条	船舶污染水体的	
		第 94 条	造成水污染事故的	
《草原法》	2013 年 6 月	第 46 条	造成草原沙化、盐碱化、石漠化的	责令限期治理
《水土保持法》	2010 年 12 月	第 56 条	从事生产建设活动造成水土流失，不进行治理的	责令限期治理
《土地管理法》	2004 年 8 月	第 74 条	违法占用耕地或因开发土地造成土地荒漠化、盐渍化的	责令限期治理

（二）责令恢复原状

"责令恢复原状"是生态环境主管部门或自然资源主管部门等负有环境保护或自然资源保护职责的行政机关，向造成环境污染或生态破坏的责任人所作出的要求其通过拆除、修复等方式使已建成的设施或项目恢复至开工建设之前的状态的行政命令。❶ 为了使"责令恢复原状"这一概括式的表述方式在实践中更具可操作性，立法者在不同的环境法律法规中为"责令恢复原状"这一行政命令设置了相应的变式：如将遭到损毁的森林生态系统恢复原状的最佳途径是补种树木，因而在《森林法》中立法者将"责令恢复原状"具体化为"责令补种树木"；而将遭到损毁的草原生态系统恢复原状的最佳途径是恢复植被，因而在《草原法》中立法者将"责令恢复原状"具体化为"责令恢复植被"。在我国环境法律体系中，明确设置了"责令恢复原状"及其衍生类型的法律条文如表3所示。

表3　我国环境法律体系中的"责令恢复原状"及其衍生的行政命令类型

法律名称	立法时间	具体条款	违法行为	责任类型
《森林法》	2019年12月	第74条	进行开垦、采石等活动造成林木毁坏的	责令补种树木
		第76条	盗伐、滥伐林木的	
《环境影响评价法》	2018年12月	第31条	未依法报批建设项目环境影响报告书、报告表，擅自开工建设的	责令恢复原状

---

❶ 崔书红、别涛、童卫东主编：《〈中华人民共和国环境影响评价法〉修改解读与释义》，中国民主法制出版社2016年版，第106页。

续表

法律名称	立法时间	具体条款	违法行为	责任类型
《自然保护区条例》	2017 年 10 月	第 35 条	在自然保护区进行砍伐、开垦、采石、挖沙等活动的	责令恢复原状
《风景名胜区条例》	2016 年 2 月	第 41 条	从事未经管理机构审核的建设活动的	责令限期拆除
		第 43 条	在风景名胜区内进行破坏景观、植被、地形地貌的活动的	责令恢复原状
		第 44 条	在景物、设施上刻划、涂污的	
		第 45 条	进行其他影响生态和景观的活动的	
《陆生野生动物保护实施条例》	2016 年 2 月	第 35 条	破坏非国家或者地方重点保护野生动物主要生息繁衍场所的	责令恢复原状

续表

法律名称	立法时间	具体条款	违法行为	责任类型
《草原法》	2013 年 6 月	第 66 条	非法开垦草原的	责令恢复植被
		第 68 条	未经批准在草原上进行采土、采砂等活动的	
		第 69 条	擅自在草原上开展经营性旅游活动的	
		第 70 条	机动车辆离开道路在草原上行驶的	

（三）责令赔偿损失

"责令赔偿损失"是生态环境主管部门或自然资源主管部门等负有环境保护或自然资源保护职责的行政机关，向造成环境污染或生态破坏的责任人所作出的要求其赔偿国家损失的行政命令。值得注意的是，在我国的环境法律法规中，存在属于行政命令的"责令赔偿损失"和属于一般民事责任的"赔偿损失"责任。其中前者是责任人向国家赔偿损失，责任人所承担的是行政责任，而后者是责任人向一般民事主体赔偿损失，责任人所承担的是民事责任。如《噪声污染防治法》第 61 条第 1 款❶、《大气污染防治

---

❶ 《环境噪声污染防治法》（2018）第 61 条第 1 款规定："受到环境噪声污染危害的单位和个人，有权要求加害人排除危害；造成损失的，依法赔偿损失。"

法》第 110 条第 2 款❶等条文中所规定的"赔偿损失"，即是作为一般民事责任的"赔偿损失"责任，其实质是对侵权责任法中相关环境侵权法律制度的复述，而并非是本节所述的属于行政命令的"责令赔偿损失"。

除此之外，我国《海洋环境保护法》第 89 条第 2 款❷亦规定了"海洋监督管理部门可以代表国家对生态环境损害责任人提出赔偿要求"，但依照原国家海洋局于 2014 年 10 月印发的《海洋生态损害国家损失索赔办法》第 10 条❸以及最高人民法院于 2017 年 12 月发布的《关于审理海洋自然资源与生态环境损害赔偿纠纷案件若干问题的规定》第 6 条❹之规定，《海洋环境保护法》第 89 条第 2 款所述的"提出赔偿要求"应当属于民事索赔而非行政命令。综上所述，在将民事责任类型排除之后，我国环境法律体系中明确设置了属于行政命令的"责令赔偿损失"的法律条文如表 4 所示。

---

❶ 《大气污染防治法》（2018）第 110 条第 2 款规定："违反本法规定，销售的机动车、非道路移动机械不符合污染物排放标准的，销售者应当负责修理、更换、退货；给购买者造成损失的，销售者应当赔偿损失。"

❷ 《海洋环境保护法》（2017）第 89 条第 2 款规定："对破坏海洋生态、海洋水产资源、海洋保护区，给国家造成重大损失的，由依照本法规定行使海洋环境监督管理权的部门代表国家对责任者提出损害赔偿要求。"

❸ 《海洋生态损害国家损失索赔办法》（2014）第 10 条规定："海洋生态损害责任者对索赔要求无异议的，承办部门应及时与其签订赔偿协议，责任者应当按照协议规定的方式、程序和期限履行赔偿责任。"

❹ 最高人民法院《关于审理海洋自然资源与生态环境损害赔偿纠纷案件若干问题的规定》（2017）第 6 条规定："依法行使海洋环境监督管理权的机关请求造成海洋自然资源与生态环境损害的责任者承担停止侵害、排除妨碍、消除危险、恢复原状、赔礼道歉、赔偿损失等民事责任的，人民法院应当根据诉讼请求以及具体案情，合理判定责任者承担民事责任。"

表 4 我国环境法律体系中的"责令赔偿损失"

法律名称	立法时间	具体条款	违法行为	责任类型
《自然保护区条例》	2017 年 10 月	第 38 条	给自然保护区造成损失的	责令赔偿损失
《渔业法》	2013 年 12 月	第 35 条	造成渔业资源损失的	责令赔偿损失
《矿产资源法》	2009 年 8 月	第 39 条	未取得采矿许可证擅自采矿的	责令赔偿损失
		第 40 条	超越批准的矿区范围采矿的	

二、我国生态环境损害救济相关行政命令的功能

(一)具备生态环境损害救济的部分功能

如前文所述,虽然我国立法者在我国环境法律体系中设置"责令消除污染"(包括与之功能相类似的"责令限期治理"和"责令限期补救")、"责令恢复原状"(包括据之衍生出的"责令补种树木""责令恢复植被"等行政命令)以及"责令赔偿损失"等行政命令的初衷并不在于救济对生态环境本身的损害,但实际上,在这些行政命令之中确实已经蕴含了部分生态环境损害救济之功能,其理由如下:

1. "责令消除污染"及相关行政命令中的生态环境损害救济功能

从设置了"责令消除污染""责令限期治理"和"责令限期补救"这三项行政命令的若干法律条文的具体内容来看,这三项行政命令可以用于应对实践中一些特定的环境污染事件(如违法向

水体中排放污染物而导致的水体污染事件、违法处置固体废物而导致的固体废物污染事件等），也可以用于应对一些特定的生态破坏事件（如未采取防沙治沙措施而导致的土地严重沙化事件、违法开展水产捕捞活动而导致的海洋生态环境破坏事件等）。由于这些环境污染或生态破坏事件的发生会同时造成生态环境损害的结果，因而在通过这三项行政命令处置这些特定的环境污染或生态破坏事件的同时，也在一定程度上实现了对生态环境损害的救济。

　　具体而言，如《水污染防治法》第 85 条第 1 款❶规定"责令消除污染"的适用情境包括"向水体中排放酸液、碱液以及其他污染物和废弃物"等行为，而"向水体中排放酸液、碱液以及其他污染物和废弃物"等行为显然会造成水体污染，也即会造成水生态环境的损害，那么此时通过"责令消除污染"的行政命令，就可以使水体污染的状态消除，因而也就对水体污染所引发的生

---

❶ 《水污染防治法》（2017）第 85 条第 1 款规定："有下列行为之一的，由县级以上地方人民政府环境保护主管部门责令停止违法行为，限期采取治理措施，消除污染，处以罚款；逾期不采取治理措施的，环境保护主管部门可以指定有治理能力的单位代为治理，所需费用由违法者承担：

（一）向水体排放油类、酸液、碱液的；

（二）向水体排放剧毒废液，或者将含有汞、镉、砷、铬、铅、氰化物、黄磷等的可溶性剧毒废渣向水体排放、倾倒或者直接埋入地下的；

（三）在水体清洗装贮过油类、有毒污物的车辆或者容器的；

（四）向水体排放、倾倒工业废渣、城镇垃圾或者其他废弃物，或者在江河、湖泊、运河、渠道、水库最高水位线以下的滩地、岸坡堆放、存贮固体废弃物或者其他污染物的；

（五）向水体排放、倾倒放射性固体废物或者含有高放射性、中放射性物质的废水的；

（六）违反国家有关规定或者标准，向水体排放含低放射性物质的废水、热废水或者含病原体的污水的；

……"

态环境损害进行了救济。再比如《海洋环境保护法》第 76 条❶规定"责令限期补救"的适用情境包括"海洋生态系统、海洋水产资源、海洋保护区的破坏",而"海洋生态系统、海洋水产资源、海洋保护区的破坏"都属于生态破坏现象,那么此时通过"责令限期补救"的行政命令,就可使上述海洋生态破坏的状态消除,因而也就对海洋生态环境损害进行了救济。

2. "责令恢复原状"及相关行政命令中的生态环境损害救济功能

"责令恢复原状"这一行政命令的核心在于"恢复",其与旨在使受损生态环境的生态服务功能得以恢复的生态环境损害救济具有类似的功能与目的,因而"责令恢复原状"具备一定的生态环境损害救济功能。从设置了"责令恢复原状"这一行政命令的具体条文来看,其适用情境主要是实践中一些特定的生态破坏事件,如《陆生野生动物保护实施条例》第 35 条第 2 款❷规定"破坏野生动物生息繁衍场所"的行为可以适用"责令恢复原状",而"破坏野生动物生息繁衍场所"的行为属于生态破坏行为,会同时造成生态环境损害,那么此时通过"责令恢复原状"的行政命令,可以使被破坏的动物栖息地得到恢复,因而也就对破坏动物栖息地行为所造成的生态环境损害进行了救济。

而从设置了"责令补种树木"和"责令恢复植被"等行政命令的具体条文来看,同样不难发现这些行政命令也具有一定的生

---

❶ 《海洋环境保护法》(2017) 第 76 条规定:"违反本法规定,造成珊瑚礁、红树林等海洋生态系统及海洋水产资源、海洋保护区破坏的,由依照本法规定行使海洋环境监督管理权的部门责令限期改正和采取补救措施……"

❷ 《陆生野生动物保护实施条例》(2016) 第 35 条第 2 款规定:"在自然保护区、禁猎区破坏非国家或者地方重点保护野生动物主要生息繁衍场所的,由野生动物行政主管部门责令停止破坏行为,限期恢复原状……"

态环境损害救济功能。如《森林法》第 76 条第 1 款❶规定县级以上林业主管部门可以责令盗伐林木的责任人补种盗伐株数一倍以上五倍以下的树木，而补种树木的行为即可在一定程度上填补因盗伐行为所造成的生态环境损害，故"责令补种树木"具有一定的生态环境损害救济功能。同理，依照《草原法》第 66 条❷之规定，县级以上人民政府草原行政主管部门可以责令非法开垦草原的责任人恢复植被，而恢复植被的行为即可在一定程度上填补因非法开垦所造成的生态环境损害，故"责令恢复植被"同样具有一定的生态环境损害救济功能。

3. "责令赔偿损失"中的生态环境损害救济功能

从设置了"责令赔偿损失"这一行政命令的若干法律条文的具体内容来看，亦可以得出"责令赔偿损失"具有生态环境损害救济的部分功能的结论。如我国《自然保护区条例》第 38 条❸规定地方人民政府的自然保护区行政主管部门应当责令"违反条例规定而对自然保护区造成损失"的责任人向国家赔偿损失。同时，依据《自然保护区条例》第 26 条❹、第 32 条第 1 款❺等条

❶ 《森林法》（2019）第 76 条第 1 款规定："盗伐林木的，由县级以上人民政府林业主管部门责令限期在原地或者异地补种盗伐株数一倍以上五倍以下的树木，并处盗伐林木价值五倍以上十倍以下的罚款。"

❷ 《草原法》（2013）第 66 条规定："非法开垦草原，构成犯罪的，依法追究刑事责任；尚不够刑事处罚的，由县级以上人民政府草原行政主管部门依据职权责令停止违法行为，限期恢复植被……"

❸ 《自然保护区条例》（2017）第 38 条规定："违反本条例规定，给自然保护区造成损失的，由县级以上人民政府有关自然保护区行政主管部门责令赔偿损失。"

❹ 《自然保护区条例》（2017）第 26 条规定："禁止在自然保护区内进行砍伐、放牧、狩猎、捕捞、采药、开垦、烧荒、开矿、采石、挖沙等活动；但是，法律、行政法规另有规定的除外。"

❺ 《自然保护区条例》（2017）第 32 条第 1 款规定："在自然保护区的核心区和缓冲区内，不得建设任何生产设施。在自然保护区的实验区内，不得建设污染环境、破坏资源或者景观的生产设施；建设其他项目，其污染物排放不得超过国家和地方规定的污染物排放标准。"

款之规定，上述"违反条例规定而对自然保护区造成损失"的行为具体包括在自然保护区内进行的砍伐、狩猎、捕捞、开垦以及违法建设生产设施、超标排放污染物等行为。显然，在自然保护区内进行砍伐、狩猎、捕捞、开垦以及违法建设生产设施、超标排放污染物等行为，会对自然保护区内的生态环境造成损害，并由此造成生态环境损失。那么此时通过"责令赔偿损失"的行政命令，就可以使生态环境损失得到填补，因而也就在一定程度上实现了对生态环境损害的救济。

除此之外，《渔业法》第 35 条❶规定了因进行水下爆破、勘探、施工作业造成渔业资源损失的，有关县级以上人民政府可以责令责任人赔偿损失。虽然该条款的立法目的在于要求责任人向国家赔偿渔业资源经济价值的损失，但作为渔业资源主要内容的鱼类同时也是水生生态系统的重要组成部分之一，因而在赔偿渔业资源经济价值损失的同时，也能够在一定程度上兼顾实现生态价值损失的填补，故该"责令赔偿损失"的条款同样具备部分生态环境损害救济功能。同理，《矿产资源法》第 39 条第 1 款❷规定了县级以上人民政府负责地质矿产管理工作的部门可以责令非法采矿的责任人向国家赔偿损失，此处所赔偿的损失主要是矿产资源经济价值的损失，但由于矿产资源本身也具有防止地质沉降等特定的生态功能，也即矿产资源本身也具有一定的生态价值，因而在赔偿矿产资源经济价值损失的同时，同样能够在一定程度上

---

❶ 《渔业法》（2013）第 35 条规定："进行水下爆破、勘探、施工作业，对渔业资源有严重影响的，作业单位应当事先同有关县级以上人民政府渔业行政主管部门协商，采取措施，防止或者减少对渔业资源的损害；造成渔业资源损失的，由有关县级以上人民政府责令赔偿。"

❷ 《矿产资源法》（2009）第 39 条第 1 款规定："违反本法规定，未取得采矿许可证擅自采矿的，擅自进入国家规划矿区、对国民经济具有重要价值的矿区范围采矿的，擅自开采国家规定实行保护性开采的特定矿种的，责令停止开采、赔偿损失……"

兼顾实现对矿产资源生态价值损失的填补。

（二）难以实现对生态环境损害的完整救济

如前文所述，我国环境法律体系中的"责令消除污染""责令恢复原状"和"责令赔偿损失"的行政命令确实可以在某些特定情形下用于救济生态环境损害。但同样不能忽视的是，由于立法者在我国环境法律体系中设置这些行政命令的初衷并不在于救济对生态环境本身的损害，因而这些行政命令实际上仅具备部分生态环境损害救济功能，而难以实现对生态环境损害的完整救济。具体而言，上述行政命令在救济生态环境损害时所存在的问题主要包括以下几个方面。

1. 条文数量与适用范围较为有限

从设置了"责令消除污染""责令恢复原状"和"责令赔偿损失"等具备生态环境损害救济部分功能的行政命令来看，其条文数量明显偏少。目前我国的环境法律法规主要可以分为污染防治法和自然资源法两大类，其中污染防治法涉及的内容主要包括大气污染防治、水污染防治、土壤污染防治、海洋污染防治、固体废物污染防治、噪声污染防治和放射性物质污染防治等；而自然资源法涉及的内容则主要包括水资源保护、土地资源保护、矿产资源保护、渔业资源保护、野生动植物保护、海洋资源保护、自然保护区保护、森林保护、草原保护、防沙治沙、水土保持等。由此可见，我国环境法律体系的内容较为丰富，而这就使得我国环境法律法规的数量较多。据不完全统计，目前我国已经出台了超百部涉及环境污染防治和自然资源保护等相关内容的法律和行政法规（尚不包括部门规章和规范性文件）。❶

然而，如前文表格中所统计的，我国环境法律体系中设置了

---

❶ 国务院法制办公室编：《中华人民共和国环境法典》，中国法制出版社 2018 年版，第 2 页。

"责令消除污染""责令恢复原状"和"责令赔偿损失"等具备部分生态环境损害救济功能的行政命令的法律法规仅十余个。由此可见，在我国大部分的环境法律法规中，实际并无生态环境损害救济相关的行政命令条款。换言之，上述具备部分生态环境损害救济功能的行政命令，实际是以碎片化的状态零星散布于《水污染防治法》《固体废物污染法》《森林法》《草原法》等为数不多的几部环境法律法规中，这就使得这些行政命令实际只能用于救济因水污染行为、固体废物污染行为、损毁森林或草原行为等少数类型的生态环境损害，而更多其他类型的生态环境损害，则因缺少法律依据而无法适用上述行政命令。因此，这些行政命令在实践中的适用空间是极为有限的。

2. 难以实现生态环境修复的目的

在对"责令消除污染"和"责令恢复原状"两项行政命令的概念内涵进行分析后即不难发现，通过此两项行政命令难以实现对生态环境损害的完整救济，其理由如下。

首先，行政机关作出"责令消除污染"这一行政命令的目的在于使受到污染的生态环境从受污染的状态中脱离出来，由于只有先行将存于生态环境中的各类污染物质予以清除，才能进行下一步的生态环境修复工作，故消除污染是开展生态环境损害救济的前提条件。然而，也正因如此，通过"责令消除污染"这一行政命令难以实现对生态环境损害的完整救济，这是因为污染物质的清除仅能说明生态环境受到污染的状态不再持续，但并不意味着受到污染的生态环境的生态服务功能也得到了恢复。事实上，清除环境中的污染物质仅仅是生态环境修复的第一步，而为了使受损的生态环境得到彻底修复，后续仍需要开展更繁重且更复杂的生态环境修复工程，而这是"责令消除污染"这一行政命令所无法覆盖的内容。由此可见，通过"责令消除污染"难以实现对受损生态环境的完整救济。

其次，"责令恢复原状"这一行政命令中所述的"恢复原状"，与生态学或环境科学领域内所述的"使生态环境恢复至未污染或未破坏前的状态"（"生态环境修复"）并不属于同一概念，"恢复原状"与"生态环境修复"两者之间存在很大的差异，前者通常指向有体物的物理状态的回复，而后者则包括各类环境要素质与量的恢复，以及各类环境要素之间共存共生、协同进化后所形成的生态系统或环境整体的生态功能的恢复。❶ 在"生态环境修复"的概念之中更多体现了环境法的整体主义思维、技术与法律的协同等理念和制度。❷ 事实上，民法中的"物"可以通过修补完全恢复到原来的状态，但生态系统处于不断的物质循环、能量流动、信息传递过程中，任何一个环境要素都不是民法意义上的"物"，因此对于生态系统无法"恢复原状"。❸ 由此可见，"生态环境修复"是对一个由多种环境要素协调运行而组成的动态系统的修复，这种修复既要对单个环境要素的物理、化学、生物特性的不利改变作出应对，更要注重对被破坏的整个生态系统稳定、平衡状态的恢复，因而是具有很大难度的。❹

事实上，这种针对生态环境本身的修复工作通常存在工程量巨大、耗费时间长、技术难度高、修复成效不易认定等一系列难点，因而"生态环境修复"显然比通常意义上的"恢复原状"复杂得多，对于修复者的修复能力的要求也高得多。而我国民法中"恢复原状"的意涵则较为狭窄且简单，只能意指"当所有权人的

---

❶ 吴一冉："生态环境损害赔偿诉讼中修复生态环境责任及其承担"，载《法律适用》2019 年第 21 期，第 35 页。

❷ 吕忠梅、窦海阳："以'生态恢复论'重构环境侵权救济体系"，载《中国社会科学》2020 年第 2 期，第 125 页。

❸ 吕忠梅："'生态环境损害赔偿'的法律辨析"，载《法学论坛》2017 年第 3 期，第 13 页。

❹ 吕忠梅、窦海阳："修复生态环境责任的实证解析"，载《法学研究》2017 年第 3 期，第 133 页。

财产被非法侵害而损坏时，能够修理的，所有权人有权要求加害人通过修理，恢复财产原有的状态"。❶ 因此，使用较为简单的"恢复原状"责任覆盖更为复杂的"生态环境修复"责任，其实质是通过降低标准的方式解读"生态环境修复"的内涵，因而已经改变了"生态环境修复"的真正含义。❷ 并且由于通常意义上的"恢复原状"只关注各项环境数据指标的恢复，因而只能使生态环境在表面上得到修复，并不能从根本上解决环境问题，生态系统的整体平衡往往也不能维持长久。❸ 由此可见，通过"责令恢复原状"的行政命令实际是无法实现对生态环境损害的完整救济的。

3. 内容过于简单而可操作性不强

除了通过"责令消除污染"和"责令恢复原状"难以实现对生态环境损害的完整救济之外，"责令赔偿损失"亦因其存在可操作性不强的问题而同样难以实现对生态环境损害的有效救济。如前文表格中所统计的，在目前我国的环境法律体系中，设置了"责令赔偿损失"这一行政命令的法律条文主要有三个。然而在对这三个条文进行检视后即不难发现，在这些法律条文中仅有"责令赔偿损失"的简单表述，而未有对"责令赔偿损失"的具体内涵作过多的解释。换言之，这些法律条文仅仅是原则性地规定了行政机关可以责令对国有自然资源造成损害的责任人向国家赔偿损失，但是对于赔偿的内容具体包括哪些方面、赔偿金的数额应当如何计算、所获得的赔偿金应当如何使用等多方面问题，这些条文中却并未作出明确规定。不仅如此，在相关法律法规的实施

---

❶ 王利明：《民法总则研究》，中国人民大学出版社 2012 年版，第 508 页。

❷ 石春雷："论环境民事公益诉讼中的生态环境修复——兼评最高人民法院司法解释相关规定的合理性"，载《郑州大学学报》（哲学社会科学版）2017 年第 2 期，第 24 页。

❸ 吴鹏："最高法院司法解释对生态修复制度的误解与矫正"，载《中国地质大学学报》（社会科学版）2015 年第 4 期，第 48 页。

细则或配套文件中，也未对"责令赔偿损失"的适用规则作出进一步的细化规定，这就使得"责令赔偿损失"这一行政命令的可操作性存在一定的欠缺，因而难以在实践中加以适用。

三、我国生态环境损害救济相关行政命令的适用状态

虽然在我国的环境法律体系中存在"责令消除污染""责令恢复原状""责令赔偿损失"等若干具有生态环境损害救济部分功能的行政命令，然而在实践中，这些行政命令条款大多并未为行政机关所重视，并且随着我国环境民事公益诉讼制度与生态环境损害赔偿制度的广泛适用，生态环境损害的行政命令救济途径逐渐为我国立法者所弃置。

（一）行政命令条款为立法者所弃置

事实上，在我国早期的环境立法中，通过行政命令途径救济生态环境损害的相关条款是较为常见的。如在 1979 年 5 月我国制定的第一部综合性的环境保护基本法——《环境保护法（试行）》中，就设置了"责令赔偿损失"的行政命令条款，该法第 32 条第 1 款❶明确规定"各级环境保护机构可以责令污染和破坏环境的单位赔偿损失"。而在 1982 年 8 月我国制定的第一部污染防治单行法——《海洋环境保护法》中，同样设置了"责令赔偿损失"的行政命令条款，该法第 41 条❷明确规定："污染者应当就其造成的环境损害向国家承担赔偿责任。"

---

❶ 《环境保护法（试行）》（1979）第 32 条第 1 款规定："对违反本法和其他环境保护的条例、规定，污染和破坏环境，危害人民健康的单位，各级环境保护机构要分别情况，报经同级人民政府批准，予以批评、警告、罚款，或者责令赔偿损失、停产治理。"

❷ 《海洋环境保护法》（1982）第 41 条规定："违反本法，造成或者可能造成海洋环境污染损害的，本法第五条规定的有关主管部门可以责令限期治理，缴纳排污费，支付消除污染费用，赔偿国家损失；并可以给予警告或者罚款。"

然而，在 1989 年 12 月我国制定的第一部正式施行的《环境保护法》中，"责令赔偿损失"的行政命令条款为立法者所删去。而在 1999 年 12 月我国对《海洋环境保护法》进行修订后，同样将"责令赔偿损失"的表述删除，并将该条款修改为"海洋监督管理部门可以代表国家对生态环境损害责任人提出赔偿要求"，❶ 也即将海洋生态环境损害的救济途径由原本的行政命令救济改为民事侵权责任救济，而这一修改也一直延续至我国现行的《海洋环境保护法》之中。❷

自 2012 年我国正式确立环境民事公益诉讼制度以及 2015 年我国正式启动生态环境损害赔偿制度改革以来，我国立法者在对环境法律法规进行修改时，相继加入了环境民事公益诉讼条款以及适用生态环境损害赔偿制度的相关条款，而不再通过行政命令途径对生态环境损害进行救济。如在 2018 年 8 月修订的《土壤污染防治法》中，第 97 条❸即规定了环境民事公益诉讼条款；在 2019 年 12 月修订的《森林法》中，第 68 条❹则规定了自然资源主管部门、林业主管部门可以向生态环境损害责任人提出生态环境损害赔偿要求；而在 2020 年 4 月修订的《固体废物污染环境防治法》

---

❶ 《海洋环境保护法》（1999）第 90 条规定："对破坏海洋生态、海洋水产资源、海洋保护区，给国家造成重大损失的，由依照本法规定行使海洋环境监督管理权的部门代表国家对责任者提出损害赔偿要求。"

❷ 《海洋环境保护法》（2017）第 89 条第 2 款规定："对破坏海洋生态、海洋水产资源、海洋保护区，给国家造成重大损失的，由依照本法规定行使海洋环境监督管理权的部门代表国家对责任者提出损害赔偿要求。"

❸ 《土壤污染防治法》（2018）第 97 条规定："污染土壤损害国家利益、社会公共利益的，有关机关和组织可以依照《中华人民共和国环境保护法》《中华人民共和国民事诉讼法》《中华人民共和国行政诉讼法》等法律的规定向人民法院提起诉讼。"

❹ 《森林法》（2019）第 68 条规定："破坏森林资源造成生态环境损害的，县级以上人民政府自然资源主管部门、林业主管部门可以依法向人民法院提起诉讼，对侵权人提出损害赔偿要求。"

中，第 122 条❶则规定了设区的市级以上的人民政府或其指定的部门有权通过磋商及诉讼程序要求生态环境损害责任人承担生态环境损害赔偿责任。

由此可见，环境民事公益诉讼制度与生态环境损害赔偿制度已然成为我国立法者最为青睐的生态环境损害救济途径。在此背景下，行政机关在生态环境损害救济方面的职权与地位被逐渐弱化，其只能以一般民事主体而非监管者的身份参与生态环境损害赔偿磋商与诉讼，而社会组织、检察机关以及人民法院则逐渐成了生态环境损害救济工作中的主要参与者。特别是因为环境民事公益诉讼制度与生态环境损害赔偿制度都是通过诉讼途径对生态环境损害进行救济，这就使得原本可以通过行政途径予以解决的生态环境损害救济问题被大量推入法院而寻求通过诉讼途径予以解决，从而导致人民法院逐渐成了我国生态环境损害救济工作的"中心地带"，人民法院实质承担了原本应当由行政机关承担的生态环境行政监管和生态环境损害救济职责，也即导致"行政职权民事化、审判职权行政化"。❷

而我国立法者选择通过环境民事公益诉讼制度与生态环境损害赔偿制度救济生态环境损害的原因，既包括了借鉴国外公民诉讼制度等以诉讼途径救济生态环境损害的实践经验之因素，也有生态文明建设的背景下鼓励司法机关在生态环境损害救济方面积极创新并"有所作为"之考虑，同时亦不能排除因生态环境损害事件不断发生而对我国目前以行政执法为核心的生态环境监管模

---

❶ 《固体废物污染环境防治法》（2020）第 122 条规定："固体废物污染环境、破坏生态给国家造成重大损失的，由设区的市级以上地方人民政府或者其指定的部门、机构组织与造成环境污染和生态破坏的单位和其他生产经营者进行磋商，要求其承担损害赔偿责任；磋商未达成一致的，可以向人民法院提起诉讼。"

❷ 张宝："生态环境损害政府索赔权与监管权的适用关系辨析"，载《法学论坛》2017 年第 3 期，第 19 页。

式的不信任之因素。但总而言之，生态环境损害的行政命令救济途径已为我国立法者所弃置，取而代之的则是以平等协商和民事求偿为核心的环境民事公益诉讼制度与生态环境损害赔偿制度。然而，基于本书第一章中对环境民事公益诉讼制度与生态环境损害赔偿制度的反思，不难发现环境民事公益诉讼制度与生态环境损害赔偿制度自身存在多重欠缺，因而并非是救济生态环境损害的适当途径，故我国立法者"扬生态环境损害之民事途径救济、抑生态环境损害之行政命令救济"的制度选择是有待商榷的。

（二）行政命令救济为执法者所忽视

不仅如前文所述，我国环境法律体系中具有生态环境损害救济部分功能的行政命令条款在历次修法后已经大为减少。实际上，即使是目前我国环境法律体系中尚存的若干具有生态环境损害救济部分功能的行政命令条款，作为执法者的行政机关在实践中往往也较少予以适用。而我国行政机关较少适用这些行政命令条款的原因主要包括以下几个方面。

首先，行政命令这一重要的行政行为形态在我国的行政立法中并没有得到应有的重视。❶ 在目前我国的行政法律体系中，已经就行政许可、行政处罚、行政强制、行政复议等具体行政行为进行了专门立法，对于上述各项具体行政行为的实施机关、作出程序等重要事项已经作出了较为明确的规定，从而使得行政机关在适用上述各项具体行政行为时已能做到"有法可依"。但反观行政命令时即不难发现，我国对于行政命令的相关程序性立法尚未进行，这就导致在我国尚未制定统一的行政程序法的背景下，实践中对于行政命令的程序性规制尚处于缺位状态，因而造成我国行政机关普遍存在"如何合法作出行政命令"的困惑。

---

❶ 徐以祥："论生态环境损害的行政命令救济"，载《政治与法律》2019 年第 9 期，第 83 页。

其次，我国行政机关在环境监管中通常偏好适用行政处罚程序，而普遍忽视了对行政命令程序的适用，❶ 其原因在于：一是我国部分地区尚存在设置罚款指标或由地方财政将部分罚款作为执法经费返还给行政机关的情况，从而导致行政机关在利益驱使下"以罚代管"；❷ 二是相较于责令改正而言，环境行政处罚程序相对简便易行，一般在收缴罚款后行政处罚程序即宣告完结，而倘若作出责令改正等行政命令，则行政机关后续还需要检查行政命令是否得到落实和执行，从而提高了行政机关所需付出的执法成本；三是行政机关仅作出行政处罚而不作出责令改正的行政命令，则不易引起行违法者的太大反对，从而降低了行政机关的工作难度和阻力；❸ 四是行政命令的公开制度并不完善，导致行政机关即使没有依法作出责令改正的行政命令，往往也不会被发现，也不会被认定为行政不作为，这就在客观上加剧了行政机关的"以罚代改"行为。

最后，行政机关较少适用上述具有生态环境损害救济部分功能的行政命令的原因还在于这些行政命令条款的内容过于简单，导致行政机关即使意图在实践中适用这些行政命令，也会面临因难以准确把握这些行政命令的具体含义而易于发生适用错误的困境。如对于"责令赔偿损失"这一行政命令，由于相关法律条文

---

❶　胡静："我国环境行政命令体系探究"，载《华中科技大学学报》（社会科学版）2017 年第 6 期，第 89 页。

❷　王伟、丁云龙："论行政执法中的'分级寻租'与解决策略——'钓鱼执法'及其一般性理论解释"，载《公共管理学报》2011 年第 4 期，第 67 页。

❸　如倘若行政机关通过行政处罚处罚违法者，那么违法者的违法成本虽然增加，但是违法者在缴纳罚款后仍然可以继续生产经营活动（甚至继续环境违法）并获得收益；相反，如果行政机关采用责令停止生产等行政命令途径执法，那么违法者将不能继续生产经营，也不能继续获得收益，故违法者的损失将会更大。因此，违法者往往更希望行政机关作出行政处罚而非行政命令。参见尹凤英："'以罚代管'行政执法方式形成机制研究"，载《哈尔滨师范大学社会科学学报》2016 年第 5 期，第 43 页。

未对"责令赔偿损失"所覆盖的赔偿范围进行厘定，从而导致行政机关往往难以确定应当责令行政相对人赔偿哪些类型的损失。而对于"责令恢复原状"这一行政命令，由于相关法律条文未对恢复方式的选择、恢复标准的认定等事项进行厘定，从而导致行政机关难以准确适用"责令恢复原状"的行政命令。❶

综上所述，基于缺乏可适用的行政命令作出程序、对于行政处罚途径的偏好以及难以把握相关行政命令的准确含义等多方面因素，行政机关在实践中较少适用前述具有生态环境损害救济部分功能的行政命令，这就使得我国环境法律体系中的这些具有生态环境损害救济部分功能的行政命令条款已多为行政机关所闲置。

---

❶ 王立新、黄剑、廖宏娟："责令恢复原状，咋就成了摆设？"，载《中国国土资源报》2015年10月27日，第7版。

第三章

生态环境损害行政命令救济的
逻辑证成与域外借鉴

　　如前文所述，在我国现行的环境法律体系中，已经存在诸如"责令消除污染""责令恢复原状""责令赔偿损失"等若干具有生态环境损害救济部分功能的行政命令类型。虽然我国立法者创设这些行政命令的初衷并非是救济生态环境损害，但不可否认的是，这些行政命令的客观存在以及其所体现出的部分生态环境损害救济功能，印证了通过行政命令救济生态环境损害是具备一定的理论适当性与实践可行性的。事实上，立足于我国以公权力为核心的环境事务管理体制以及以行政权为主导的生态环境监管体系，● 是完全能够对通过行政命令救济生态环境损害予以证成的，而其证成路径可以分为两个层次：首先，通过对"搭便车"理论、国家公权力理论、政府环境责任理论以及行政效能理论等理论模型的嵌入适用，得出我国应

● 王明远："论我国环境公益诉讼的发展方向：基于行政权与司法权关系理论的分析"，载《中国法学》2016 年第 1 期，第 64 页。

当通过行政途径而非司法途径或其他途径救济生态环境损害；其次，在前面论证的基础上，基于行政命令所具备的及时性、专业性和普适性特征以及行政命令救济在生态环境损害救济中所展现出的各项优势，进一步对我国应当选择行政救济途径中的行政命令救济生态环境损害进行证成。

一、初阶论证：以行政途径救济生态环境损害的理论依据

探讨以行政途径救济生态环境损害的理论依据，是在回答我国为什么应当通过行政途径而非司法途径（如环境民事公益诉讼或生态环境损害赔偿诉讼）或其他途径来救济生态环境损害的问题。本书认为，基于生态环境的公共物品属性、我国以公权力为核心的环境事务管理体制、行政机关维护良好生态环境的基本义务以及行政权行使时所应当遵循的行政效能原则，我国选择以行政途径救济生态环境损害是最为适当的方式。

（一）公共物品与"搭便车"理论

"搭便车"理论是美国学者曼瑟尔·奥尔森（Mancur Olson）在研究集体行动困境相关问题时提出的一个经典理论，其核心内容是：对于一个公共物品而言，每个社会成员不管是否对这一公共物品的产生做过贡献，都能享受这一公共物品所带来的好处。因此，当一群理性的人为了获得某一公共物品而聚集在一起时，其中的每个人都想让别人为达到该目标而努力，自己却坐享其成。❶ 简言之，有理性的、寻求自我利益的个体不会采取行动以实现他们共同的或集团的利益。❷ 集体中的每个理性人都希望由别人

---

❶ 赵鼎新："集体行动、搭便车理论与形式社会学方法"，载《社会学研究》2006年第1期，第2页。

❷ ［美］曼瑟尔·奥尔森：《集体行动的逻辑》，陈郁等译，生活·读书·新知三联书店、上海人民出版社1995年版，第2页。

付出全部的成本，而自己不采取任何行动，因为不管他们自己是否分担了成本，一般最终总能分得利益。❶

　　在适用"搭便车"理论时，一个基本的前提条件是通过集体行动所获得的物品应当是一个公共物品，因而对公共物品的认识和理解是"搭便车"理论中的一个重要问题。美国学者保罗·萨缪尔森（Paul A. Samuelson）认为，公共物品是指"任何一个人消费这种物品，都不会导致其他人对该物品消费的减少的物品"。❷公共物品具有消费的非竞争性和受益的非排他性特征，其中消费的非竞争性是指任何人消费公共物品都不会影响其他人对公共物品的消费，而受益的非排他性是指无法将任何人排除在公共物品的受益范围之外。❸ 公共物品一旦被提供，则每个集体成员都可以毫无例外地对公共物品进行同等享用，❹ 即使成员不做任何行动，他也不会被排除在对公共物品的消费之外。❺

　　基于上述对公共物品的定义，不难发现生态环境即是一个典型的公共物品。生态环境可以为不特定多数人提供包括空气、水等在内的多项生命活动所必需的生态产品，且这些生态产品是为不特定多数人所共享的，每个人都可以非排他性地使用这些生态产品，并且也不需要为这些生态产品付费。因此，在生态环境损害救济问题之上便会出现"搭便车"现象：当生态环境遭受损害

---

❶　［美］曼瑟尔·奥尔森：《集体行动的逻辑》，陈郁等译，生活·读书·新知三联书店、上海人民出版社 1995 年版，第 18 页。

❷　Paul A. Samuelson, The Pure Theory of Public Expenditure, *The Review of Economics and Statistics*, 1954, Vol. 36, No. 4, pp. 387 – 389.

❸　［美］约瑟夫·斯蒂格利茨：《公共部门经济学》，郭庆旺等译，中国人民大学出版社 2005 年版，第 110 页。

❹　［美］詹姆斯·布坎南：《公共物品的需求与供给》，马珺译，上海人民出版社 2009 年版，第 47 页。

❺　朱谦："环境公共利益的法律属性"，载《学习与探索》2016 年第 2 期，第 64 页。

时，处于生态环境中的每个理性经济人都会有"搭便车"的动机，即期待他人对受损的生态环境进行修复或进行其他的填补性救济，而自发进行生态环境治理的可能性则非常小。❶ 因此，倘若仅仅依赖一般社会个体对生态环境损害进行修复，那么环境公共利益能否获得保护或者保护到什么程度，具有很大的不确定性，❷ 更大的可能是生态环境损害将无法得到救济。

由此可见，对于生态环境损害的救济以及对于环境公共利益的维护是难以依靠社会个体自发进行的。事实上，由于公共物品的供应以及再生产的实现都需要依托公共权力的行使，❸ 因而在社会个体普遍缺乏主张和维护环境公共利益的意愿和动力，也即生态环境损害无法通过个体途径实现救济时，行使公共权力的行政机关应当及时介入，由行政机关作为社会公共利益的代表来主张和维护环境公共利益，❹ 并对已经无法继续提供生态产品的受损生态环境进行修复，从而使其能够继续向全社会提供良好生态环境的公共物品。综上所述，生态环境损害救济需要行使公共权力的行政机关的积极介入，并通过行政途径对生态环境损害进行救济。

（二）国家公权力理论

所谓公权力，是指国家、社团、国际组织等共同体，为了生产、分配和提供公共物品，而对共同体成员进行的组织、指挥和管理的权力，以及对共同体事务进行决策、立法和执行的权力。❺

---

❶ 马道明："民间环保集体行动产生逻辑及破局关键——基于太湖污染治理的考察"，载《华东理工大学学报》（社会科学版）2015年第6期，第106页。

❷ 胡静："土壤修复责任的公法属性——目的和工具面向的论证"，载《湖南师范大学社会科学学报》2020年第5期，第32页。

❸ 张晋武、齐守印："公共物品概念定义的缺陷及其重新建构"，载《财经研究》2016年第8期，第11页。

❹ 周林彬、何朝丹："公共利益的法律界定探析——一种法律经济学的分析进路"，载《甘肃社会科学》2006年第1期，第131页。

❺ 姜明安主编：《行政法与行政诉讼法》，北京大学出版社2015年版，第6页。

公权力是存在于公共领域内的权力，由于公共领域内有国家、社会与国际之界分，因而公权力也可以分为国家公权力、社会公权力和国际公权力，其中国家公权力是最基本也是最主要的公权力类型。国家公权力是国家机关所拥有的旨在调整各方主体的利益分配和维护公共利益的权力，❶ 国家公权力在国家组织构建的过程中发挥着支柱性功能，是国家实现基本职能的工具。❷ 通常来说，国家公权力的具体内容是由处于最高位阶的宪法所直接规定的，如我国《宪法》规定了国家对非公有制经济进行监督管理的权力以及国家对社会主义市场经济进行宏观调控的权力等。

在宪法赋予国家机构的各项国家公权力之中，国家环境公权力是极为重要的一项权力类型。通过公权力机制达到生态环境保护之目的，是现代环境法治的基本路径之一。❸ 国家环境公权力同样是由作为最高位阶的宪法所直接确立的一项权力，其权力依据为我国《宪法》第 26 条第 1 款❹，其权力内容是国家为保护环境公共利益而依法享有的进行环境立法、环境行政、环境司法等行为的权力。国家环境公权力更多地体现为一种干预权，也即国家采用各种手段和措施，积极主动地对各类主体影响环境公共利益的行为施加干预，以确保环境公共利益的实现与改善。❺ 国家环境公权力是我国生态环境保护权力体系中最为核心的一项权力，其

---

❶ 陈秀平、陈继雄："法治视角下公权力与私权利的平衡"，载《求索》2013 年第 10 期，第 191 页。

❷ 徐靖："论法律视域下社会公权力的内涵、构成及价值"，载《中国法学》2014 年第 1 期，第 82 页。

❸ 史玉成："环境法学核心范畴之重构：环境法的法权结构论"，载《中国法学》2016 年第 5 期，第 284 页。

❹ 《宪法》（2018）第 26 条第 1 款规定："国家保护和改善生活环境和生态环境，防治污染和其他公害。"

❺ 朱谦："环境公共利益的宪法确认及其保护路径选择"，载《中州学刊》2019 年第 8 期，第 50 页。

直接主导着包括生态环境损害风险预防、生态环境保护全过程监管、生态环境损害救济等在内的各项生态环境保护工作。国家环境公权力在我国生态环境保护工作中的主导地位，可以从诸如环境法律法规的制定、环境保护规划的确定、环境污染事件的处理等多重生态环境保护事项中都有国家公权力的直接介入而得到印证。❶

在国家环境公权力的主导下，我国包括生态环境损害救济在内的各项环境事务都应当在公权力运行的基本框架内进行。换言之，我国以公权力为核心的环境事务管理体制，决定了包括生态环境损害救济在内的各项环境事务都应当归属于公法事务。由此可见，生态环境损害救济问题也应当在公法范畴内寻求解决，而这恰与我国诸多环境法学者所提出的生态环境损害责任属于一项公法责任、应当通过公法途径予以救济的观点相吻合。

循此继进，在国家环境公权力的主导下解决生态环境损害救济问题时，即会进一步牵涉国家环境公权力的权力运行机制的问题。通常来说，"国家"更多地体现为一个政治概念而不能直接参与社会治理工作，故宪法中设定的各项国家公权力通常是由分工不同的各级行政机关来行使的。如国家对于非公有制经济进行监督管理的权力通常由各级市场监督管理部门、各级税务部门等行政机关来行使，而国家对于社会主义市场经济进行宏观调控的权力则通常由国家发展改革部门、财政部门等行政机关来行使。国家环境公权力也同样是如此，国家环境公权力主要由各级生态环境主管部门行使，但同时也可由各级自然资源主管部门、各级水行政主管部门等行政机关分权行使。但总的来说，国家环境公权力的行权方式没有超出由行政机关代表"国家"行使国家公权力

---

❶ 朱谦："环境民主权利构造之路径选择"，载《南京社会科学》2007年第5期，第114页。

的权力运行逻辑。由此可见，国家环境公权力的实现方式应当是行政途径，而在国家环境公权力主导下的生态环境损害救济问题，同样应当通过行政途径解决。

（三）政府环境责任理论

所谓政府环境责任，是指法律所规定的政府应当在生态环境保护方面所承担的各项义务以及违反该义务时应当承担的法律后果。❶ 政府环境责任是政府履行生态环境治理职责的行为表现，也是作为公共治理主体的政府对于社会公众良好环境需求的回应。❷ 通常来说，环境价值的多元性与环境供给能力的有限性决定了生态环境保护是一项整体行动，在这场整体行动中，需要承担环境责任的政府主导各项环境事务，有效控制环境容量和资源总量的使用，以及破解邻避效应和解决"搭便车"等环保难题。❸

在我国，包括宪法在内的多部法律法规中均明确规定了政府所应当承担的环境责任。通过这些环境责任条款，可以推导出生态环境损害救济是政府环境责任的内容之一。如我国《宪法》第 26 条第 1 款❹在确立国家环境公权力的同时，实际也为"国家"设置了其所应当承担的生态环境保护义务。《宪法》第 26 条第 1 款所述的"防治"一词实际上包含了对环境污染或生态破坏进行"预防"和"治理"的双重含义，"国家防治污染和其他公害"表明了国家既需要对可能造成环境污染或生态破坏的风险行为进行

---

❶　蔡守秋："论政府环境责任的缺陷与健全"，载《河北法学》2008 年第 3 期，第 19 页。

❷　朱艳丽："论环境治理中的政府责任"，载《西安交通大学学报》（社会科学版）2017 年第 3 期，第 52 页。

❸　张红杰、徐祥民、凌欣："政府环境责任论纲"，载《郑州大学学报》（哲学社会科学版）2017 年第 3 期，第 20 页。

❹　《宪法》（2018）第 26 条第 1 款规定："国家保护和改善生活环境和生态环境，防治污染和其他公害。"

预防，也需要对已经造成的环境污染或生态破坏结果进行治理。这其中，前者可被理解为生态环境损害风险预防，而后者可被理解为生态环境损害结果修复，两者共同构成生态环境损害救济的主要内容。因此，我国《宪法》第 26 条第 1 款实际已经确立了国家的生态环境损害救济责任。循此继进，由于"国家"更多地体现为一个政治概念而不能直接参与社会治理工作，故"国家"的生态环境损害救济责任需要由代表国家行使权力并承担义务的行政机关来具体履行，也即行政机关应当承担生态环境损害救济责任。

除此之外，在我国《环境保护法》以及其他若干生态环境保护单行法中，大多明确规定了各级地方人民政府应当对所辖区域内的环境质量负责，也即确立了地方政府的环境质量责任。❶ 如我国《环境保护法》第 6 条第 2 款❷明确规定地方各级人民政府应当对本行政区域的环境质量负责，我国《大气污染防治法》第 3 条第 2 款❸、《水污染防治法》第 4 条第 2 款❹等环境保护单行法的相关条款中，也都有地方各级人民政府应当对本行政区域的环境质量负责的相关规定。事实上，政府应当对环境质量负责的规定不仅是产生政府环境责任的依据，❺ 其同样可以推导出行政机关应当承担生态环境损害救济责任，其逻辑在于：由于地方各级人

---

❶ 徐祥民："地方政府环境质量责任的法理与制度完善"，载《现代法学》2019 年第 3 期，第 71 页。

❷ 《环境保护法》（2014）第 6 条第 2 款规定："地方各级人民政府应当对本行政区域的环境质量负责。"

❸ 《大气污染防治法》（2018）第 3 条第 2 款规定："地方各级人民政府应当对本行政区域的大气环境质量负责，制定规划，采取措施，控制或者逐步削减大气污染物的排放量，使大气环境质量达到规定标准并逐步改善。"

❹ 《水污染防治法》（2017）第 4 条第 2 款规定："地方各级人民政府对本行政区域的水环境质量负责，应当及时采取措施防治水污染。"

❺ 李挚萍："论政府环境法律责任——以政府对环境质量负责为基点"，载《中国地质大学学报》（社会科学版）2008 年第 2 期，第 38 页。

民政府应当对本行政区域的生态环境质量负责，那么当其所辖区域内出现生态环境损害风险或发生生态环境损害事件时，地方各级人民政府就应当立即进行生态环境损害风险预防或立即开展生态环境损害结果修复，以确保区域内生态环境质量不下降或使已经下降的生态环境质量恢复至未受损时的状态，而这一过程恰恰是在进行生态环境损害救济。前述逻辑推导过程如图 3 所示。

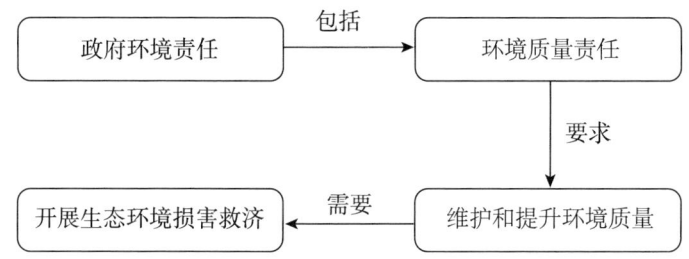

图 3　政府环境责任包括开展生态环境损害救济之论证

综上所述，在政府环境责任理论之中涵盖了行政机关应当对生态环境风险进行预防以及对生态环境损害结果进行修复的基本逻辑，也即行政机关有责任对生态环境损害进行救济。而可供行政机关选择的生态环境损害救济途径无外乎行政途径或民事途径，基于本书第一章所述的行政机关在通过民事途径对生态环境损害进行救济的过程中，可能存在妥协与让步行为并由此导致生态环境损害无法得到完整救济的情况，通过行政途径对生态环境损害进行救济自然成为行政机关更为恰当的选择。

（四）行政效能理论

所谓行政法上的行政效能原则，是指行政机关在实现其既定的行政目标的过程中，应当尽可能减少所需耗费的行政成本，也即行政机关应当以最小的行政支出而最大化地实现其行政目的。[1] 一般来说，行政效能原则主要涉及行政机关及其工作人员的行政效率与行政能力的问题，是行政效率与行政能力的统一，[2] 同时也是衡量行政机关及其工作人员工作能力与工作成果的尺度。[3] 行政机关的行政效能高，一方面意味着行政机关提供公共服务的速度快、效率高；另一方面则意味着行政机关提供公共服务的质量优、有效性强。[4] 在实践中，检验行政机关是否践行了行政效能原则的三个维度包括：行政机关的行政活动是否符合"成本－效益"分析；行政机关所使用的行政程序和行政手段是否与行政机关所要实现的行政目的相匹配；行政机关所作出的行政行为是否为行政相对人和社会公众所广泛接受。[5]

基于上述对行政效能原则的描述和定义，不难发现行政效能原则不仅对行政机关所为的行政行为提出了速度与效率的要求，更对行政机关所为的行政行为提出了质量与正确性的要求。因此，行政效能原则可被理解为行政法律体系中行政效率原则的升华或发展：通常来说，"效率"只是一种比值，其中不包含任何的价值判断，因而忽视了行政行为所应具有的正义性；[6] 而"效能"则包括了方向与手段上的正确性，涉及政策目标与政策手段的选定，

---

[1] 李洪雷：《行政法释义学：行政法学理的更新》，中国人民大学出版社 2014 年版，第 108 页。

[2] 施雪华、黄建洪："中国公共行政的理论探索与实践发展之关系——从行政效能、行政方法与技术视角所作的一项分析"，载《中国行政管理》2010 年第 7 期，第 52 页。

[3] 姚凤云："行政效能建设与政府职能转变"，载《行政论坛》2007 年第 6 期，第 17 页。

[4] 彭向刚："论构建社会主义和谐社会视角下的行政效能建设"，载《天津社会科学》2011 年第 5 期，第 75 页。

[5] 朱新力、唐明良：《行政法基础理论改革的基本图谱："合法性"与"最佳性"二维结构的展开路径》，法律出版社 2013 年版，第 55 页。

[6] 马春庆："为何用'行政效能'取代'行政效率'——兼论行政效能建设的内容和意义"，载《中国行政管理》2003 年第 4 期，第 28 页。

其规模或层级均高于"效率"。❶ 虽然行政效能原则应当属于行政法的基本原则之一的观点尚未在我国学界达成一致意见，但实际上，我国的制定法中已经多次将行政效能原则明确为行政机关应当遵循的规范要求，且在行政诉讼中也多次运用了这一原则审查行政行为的合法性。❷ 如我国《宪法》第 27 条第 1 款❸对行政机关所提出的业务要求可以概括为精简、责任、专业、效能四个层面，其中精简原则和效能原则拘束国家机关运行的全过程。❹ 而在中国共产党的十九届四中全会审议通过的《关于坚持和完善中国特色社会主义制度 推进国家治理体系和治理能力现代化若干重大问题的决定》中，也对行政机关提出了"提高行政效能，建设人民满意的服务型政府"的具体要求。

综上所述，行政效能原则实际已经成为我国行政机关在作出行政行为时所应当遵循的基本原则之一。因此，倘若通过行政途径对生态环境损害进行救济，即可以在生态环境损害救济的过程中享受到行政效能原则所带来的各项增益。如对于生态环境损害救济工作应当尽早开展的紧迫性和时效性要求，行政效能原则辐照下的行政救济途径可以通过在短时间内响应和执行生态环境损害救济任务的高效率来回应；而对于生态环境损害救济工作专业性强且实施难度大的客观情况，行政效能原则辐照下的行政救济途径则可以通过其是由具有专业技术能力的行政机关作出的来回应。而相较之下，在包括环境民事公益诉讼和生态环境损害赔偿

---

❶ 翁岳生主编：《行政法（上）》，中国法制出版社 2002 年版，第 83 页。

❷ 沈岿："论行政法上的效能原则"，载《清华法学》2019 年第 4 期，第 5 页。

❸ 《宪法》（2018）第 27 条第 1 款规定："一切国家机关实行精简的原则，实行工作责任制，实行工作人员的培训和考核制度，不断提高工作质量和工作效率，反对官僚主义。"

❹ 马怀德："机关运行保障立法的意义、原则和任务"，载《中国法学》2020 年第 1 期，第 39 页。

诉讼的司法救济途径中，基于司法机关遵循程序正义优先而非效率优先的基本工作原则，[1] 以及司法机关在生态环境损害救济工作上的非专业性特征，导致司法机关往往并不具备行政救济途径基于行政效能原则而具有的高效率性优势。因此，通过行政途径对生态环境损害进行救济是更适合的选择。

二、进阶论证：以行政命令救济生态环境损害的合理解说

在确定了我国应当通过行政途径而非司法途径或其他途径救济生态环境损害之后，随之而来的一个问题即是：在实践中诸多可适用的具体行政行为类型之中，我国为什么应当选择通过行政命令对生态环境损害进行救济？本书认为，其理由在于通过行政命令救济生态环境损害，可以规避当下我国通过环境民事公益诉讼制度与生态环境损害赔偿制度双渠道救济生态环境损害时所凸显出的多重问题。同时，基于行政命令所具备的及时性、专业性和普适性特征，以及行政命令救济在生态环境损害救济中所展现出的各项优势，使通过行政命令救济生态环境损害具有相当的必要性与可行性。

（一）功能性论证——以行政命令优于二诉并行模式为前提

如前文所述，目前我国生态环境损害救济的实践选择是通过环境民事公益诉讼制度与生态环境损害赔偿制度双渠道对生态环境损害进行救济。而基于本书第一章对环境民事公益诉讼制度与生态环境损害赔偿制度两者所存在的诸多欠缺的分析，不难发现我国的环境民事公益诉讼制度存在社会组织诉讼能力不足、检察机关职能错位、诉讼程序过于冗长、法院负担过重等问题，而我

---

[1] 程关松："司法效率的逻辑基础与实现方式"，载《江西社会科学》2015 年第 8 期，第 153 页。

国的生态环境损害赔偿制度则存在缺乏合理的权利基础、难以实现"应赔尽赔"、有违风险预防原则、缺少公众参与渠道等问题。

事实上，在上述环境民事公益诉讼制度与生态环境损害赔偿制度所存在的诸多问题之中，大多数属于因环境民事公益诉讼制度与生态环境损害赔偿制度两者的固有缺陷而导致的问题，这些问题源于环境民事公益诉讼制度与生态环境损害赔偿制度自身的属性特征，因而是难以通过制度完善或者细节调整等表层式修补的方式予以化解的。如在环境民事公益诉讼制度中，存在因诉讼程序相对冗长而有可能导致生态环境损害无法得到及时救济的问题，而由于诉讼程序的冗长性源于环境民事公益诉讼需要遵循民事诉讼的相关程序性规则，且这些为了保障程序正义而设置的程序性规则是无从省略或规避的，[1] 故环境民事公益诉讼的冗长性问题在一定程度上是难以化解的；再比如在生态环境损害赔偿制度中，存在仅能对生态环境损害进行事后救济而难以对生态环境损害风险进行事前风险预防从而有违环境法中的风险预防原则的问题，而这一问题源于生态环境损害赔偿制度本就是一项以货币赔偿为核心的纯粹的事后救济制度，其仅能在生态环境损害事件实际发生之后加以适用，故生态环境损害赔偿制度自然难以实现预防生态环境损害结果发生的风险预防功能。

由此可见，即使尝试在可行的范围内对环境民事公益诉讼制度与生态环境损害赔偿制度进行一定的制度优化，也是难以实现对生态环境损害的有效和完整救济的。因此，有必要通过引入新的生态环境损害救济途径而对我国当下的生态环境损害救济体系进行根本性的变革。本书认为，通过行政命令救济生态环境损害

---

[1] 傅达林："法庭规则，从专注秩序到程序正义"，载《法制日报》2016 年 4 月 19 日，第 7 版。

能够在一定程度上规避环境民事公益诉讼制度与生态环境损害赔偿制度所存在的各项固有缺陷以及内在矛盾，因而理应成为我国生态环境损害救济的优先选择，具体如下文所述。

第一，通过行政命令救济生态环境损害能够规避环境民事公益诉讼制度中的社会组织诉讼能力不足问题以及检察机关职能错位问题，同时也能够规避生态环境损害赔偿制度缺乏合理权利基础的问题。具体而言，由于行政命令的作出主体仅限于行政机关，而社会组织和检察机关不存在向生态环境损害责任人作出行政命令之可能，因而在生态环境损害的行政命令救济体系中，社会组织和检察机关属于监督者而非一方当事人，社会组织与检察机关不再需要以原告的身份参加诉讼，故社会组织的诉讼能力不足问题以及检察机关的职能错位问题自然不再存在。此外，由于行政机关通过行政命令救济生态环境损害所依据的是国家的环境保护义务而非自然资源国家所有权，因而生态环境损害赔偿制度中缺乏合理权利基础的问题同样不再存在。

第二，通过行政命令救济生态环境损害可以规避环境民事公益诉讼制度中存在的诉讼程序相对冗长以及极大加重法院负担等问题。具体而言，在生态环境损害的行政命令救济中不再需要冗长的诉讼程序，而是由行政机关直接向生态环境损害责任人作出要求其承担生态环境损害修复或赔偿责任的行政命令，这就使针对生态环境损害的修复工程能够更早开展，从而有利于对受损的生态环境进行完整修复。同时，由于在生态环境损害的行政命令救济中，是由行政机关直接向生态环境损害责任人作出行政命令，从而可以避免由人员编制有限的法院全程主导生态环境损害救济工作而有可能造成的法院负担过重等问题。

第三，通过行政命令救济生态环境损害可以规避生态环境损害赔偿制度中行政机关易于出现妥协与让步并由此导致生态环境损害无法得到"应赔尽赔"的问题。具体而言，在生态环境损害的行政命令救济中，行政命令是由行政机关基于生态环境损害事实而单方面向生态环境损害责任人作出的一项具体行政行为，❶ 行政机关在作出行政命令的过程中并不需要参考或征询行政相对人的意见，而作为行政相对人的生态环境损害责任人通常只能接受行政命令中所规定的各项内容，❷ 由此即可以在一定程度上规避行政机关在开展生态环境损害赔偿工作特别是在生态环境损害赔偿磋商程序中可能出现的各种妥协与让步行为，从而更有利于使受损的生态环境得到完整救济。

第四，通过行政命令救济生态环境损害可以有效实现对生态环境损害的风险预防，亦有利于实现生态环境损害救济过程中的信息公开和公众参与。具体而言，基于行政权在生态环境监管过程中的全过程覆盖，行政机关可以在生态环境损害的风险预防阶段即适用行政命令救济途径，从而避免了生态环境损害赔偿制度只能在生态环境损害事件发生之后方能适用的窘境。同时，基于政府信息公开等既有法律法规之规定，以及行政机关在公开行政许可、行政处罚等事项时所积累的实践经验，❸ 在行政命令救济中进行信息公开和公众参与的难度，很大程度上会低于在具有浓厚私权色彩的生态环境损害赔偿制度中进行信息公开和公众参与的难度。

第五，通过行政命令救济生态环境损害可以在一定程度上减少环境民事公益诉讼制度与生态环境损害赔偿制度中所存在的选

---

❶ 黄先雄：《行政法与行政诉讼法》，中南大学出版社 2016 年版，第 71 页。

❷ 当然，倘若生态环境损害责任人对于行政命令的内容不服，其可以提起行政复议与行政诉讼，但不能在行政机关作出行政命令之前与行政机关就行政命令的内容进行协商。

❸ 如国家发展和改革委员会明确规定，行政机关应当在作出行政许可、行政处罚决定之日起七个工作日内，对行政许可、行政处罚的内容进行网上公开。参见《国家发展改革委办公厅关于进一步完善行政许可和行政处罚等信用信息公示工作的指导意见》（2018）。

择性救济问题。具体而言，行政机关通常不会出现经费不足的情况，因而不会像社会组织那样囿于人力和经费所限而只能针对部分重大生态环境损害事件提起环境民事公益诉讼。再者，由于在环境行政处罚案件中通常也会存在生态环境损害行为，故行政机关可在作出环境行政处罚的同时作出用于救济生态环境损害的行政命令，而无须专门另行提起生态环境损害赔偿磋商或诉讼，这就使得生态环境损害的行政命令救济途径具有更低的行政成本，从而可以在一定程度上提升行政机关救济生态环境损害的积极性。

（二）必要性论证——以生态环境损害救济对行政命令的依赖为核心

通过行政命令救济生态环境损害的必要性主要体现为行政机关在对生态环境损害进行救济的过程中，离不开对具有及时性、专业性和普适性特征的行政命令的适用，具体而言：（1）基于应当尽早开展生态环境损害救济工作的紧迫性要求，行政机关有必要运用具有及时性特征的行政命令，在第一时间责令生态环境损害责任人立即消除环境风险或立即开展生态环境修复工作；（2）基于生态环境损害救济工作通常是一项颇具复杂性的系统性工程，有必要由行政机关作出具有专业性特征的行政命令来主导生态环境损害救济工作的进行；（3）基于不同类型、不同程度的生态环境损害事件在全国范围内普遍存在的客观现状，有必要通过具有普适性特征的行政命令来有效应对这些不同类型、不同程度的生态环境损害问题。总而言之，行政命令是行政机关开展生态环境损害救济时的必要手段，唯有通过行政命令途径，行政机关方能高效地履行其生态环境损害救济职责。

1. 生态环境损害救济的紧迫性——行政命令的及时性

生态环境损害救济的紧迫性可以在多个方面得到体现。首先，在生态环境损害风险出现之后，应当尽早消除生态环境损害风险，这是因为生态环境损害风险存在的时间越长，其演变为生态环境损害事实的可能性就越大，而一旦生态环境损害风险演变为生态环境损害事实，就需要花费数十倍甚至数百倍的代价来修复受损的生态环境。● 其次，在生态环境损害实际发生之后，应当尽早开展对受损生态环境的治理和修复工作，这是因为随着生态环境受损状态持续时间的不断增加，生态环境损害的修复难度和修复成本也会大幅上升，甚至有可能因"久污不治"而最终导致受损的生态环境无法修复。而在生态环境损害得到彻底修复之前，因受损的生态环境无法提供生态服务功能而导致的损失也会不断增加，这必然会严重影响受损地区公众的生活质量。除此之外，即使是客观上已经无法修复的生态环境损害，也应当尽早要求生态环境损害责任人履行货币赔偿责任，这是因为越早收缴生态环境损害赔偿金便可以越早启动异地替代修复工作，从而使区域内的生态环境质量在整体上得到提升，并且尽早收缴生态环境损害赔偿金还可以在一定程度上避免因损害责任人出现经营不善等问题而导致资金不足进而无力缴纳生态环境损害赔偿金的风险。由此可见，无论是从尽可能避免生态环境损害事件发生的角度考虑，还是基于尽早修复生态环境以维护环境公共利益之目的，生态环境损害风险预防与生态环境损害结果修复工作都"宜早不宜迟"，此所谓生态环境损害救济的紧迫性。

针对生态环境损害救济的紧迫性要求，行政命令可以依据其及时性特征予以应对。所谓行政命令的及时性，是指行政命令从作出到生效之间较少存在迟延性现象。行政命令是由行政机关直接向行政相对人作出的一种意思表示，在出现生态环境损害风险或在生态环境损害事件发生之后，各级人民政府及其生态环境主

● 林琳："巨大的修复代价敲响生态保护警钟"，载《工人日报》2017 年 11 月 23 日，第 3 版。

管部门可以直接向生态环境损害责任人作出要求其消除环境风险或要求其承担生态环境损害修复或赔偿责任的行政命令，而该行政命令在送达损害责任人后即会立刻生效，损害责任人应当依照行政命令中的要求在规定的时间内消除环境风险或承担生态环境损害修复或赔偿责任。虽然不能排除收到行政命令的损害责任人存在拒不遵守或拒不执行行政命令之可能，但在以行政处罚作为威慑并以行政强制作为后备的情况下，行政命令中的各项行政目的基本都可以得到实现。❶ 由此可见，在生态环境损害救济程序中，相较于程序冗长、效率不高的环境民事公益诉讼制度或生态环境损害赔偿制度来说，行政命令无疑是更为便捷和高效的选择。通过行政命令，行政机关可以在第一时间要求损害责任人消除环境风险或开展对受损生态环境的治理和修复工作，因而可以在最短的时间内实现生态环境损害救济。

2. 生态环境损害救济的复杂性——行政命令的专业性

生态环境损害救济的复杂性，是指生态环境修复工作通常是一项工程体量大、技术难度高、持续时间长、涉及范围广的系统性工程。如依照生态环境部于 2020 年 12 月发布的《生态环境损害鉴定评估技术指南 总纲和关键环节 第 2 部分：损害调查》（GB/T 39791.2—2020），在对生态环境损害进行调查的过程中，至少需要履行资料收集、现场踏勘、人员访谈、样品采集、数据分析等多个环节，需要调查的内容则包括基线水平信息、环境质量信息、生态服务功能信息、生物量信息等多个方面。而在编制生态环境修复方案时，必须要综合考虑生态环境的损害程度、环境质量标准的相关要求、当地的地理环境、周边地区的建设规划等诸多因素，在经过专业机构起草、专家论证、公众参与、政府审批、社会公示等多个环节之后，才能形成最终确定的修复方案。针对客

---

❶ 胡建淼：《行政法学》，法律出版社 2015 年版，第 381 页。

观上已经无法修复的生态环境损害，在计算赔偿义务人应当赔偿的各项生态环境损失和费用时，也需要运用科学的计算方法，依赖专业的测算能力。而在具体开展生态环境修复工作时，亦需要投入大量的人力物力对耗时颇长的生态环境修复工程进行长期监督，并随时应对在生态环境修复期间可能出现的各种突发状况。由此可见，生态环境损害救济是一项融合了环境科学、生态学、生物学、化学等多学科知识与技术的综合性工程，其极高的专业性要求决定了生态环境损害救济是一项极具复杂性的工作，这就使得开展生态环境损害救济的难度较高，必须运用具有专业性特征的救济途径。

　　而行政命令的专业性特征十分明显。首先，行政命令是由具有丰富生态环境监管工作经验的行政机关所作出的。在我国各级人民政府及其生态环境主管部门内，有大量专门从事生态环境监管工作的工作人员，这些工作人员本身即具备与生态环境修复工作相关的专业知识背景，同时又具有多年从事生态环境监管工作的实践经验，因而是生态环境损害救济方面的专业人员。由这些专业人员作出的行政命令，显然更易于切中生态环境修复过程中的关键之处。❶ 其次，承担生态环境修复方案编写任务的科研院所大多是各级行政机关所属的事业单位，而承担生态环境修复方案论证工作的专家学者往往也都是具有事业身份的工作人员，两者都与行政机关之间具有密切的联系，这就使行政机关在作出行政命令之前能够在上述单位或学者处获取大量专业性的参考意见，从而使行政机关作出的行政命令更具科学性和可行性。最后，行政机关在生态环境损害救济工作中的资金保障较为充足，其可以通过购买服务的方式聘请专业的生态环境修复公司作为顾问单位

---

❶　徐以祥："论生态环境损害的行政命令救济"，载《政治与法律》2019 年第 9 期，第 88 页。

并提供更为专业化的咨询服务，从而进一步提升行政机关在生态环境损害救济工作中所作出的行政命令的专业性。综上所述，行政机关有能力在生态环境损害救济程序中作出具有高度专业性的行政命令，因而能够有效应对实践中各类复杂的生态环境损害事件。

3. 生态环境损害救济的普遍性——行政命令的普适性

通常来说，生态环境损害救济的普遍性可以分为两个方面：一是生态环境损害事件数量的普遍性，也即生态环境损害事件的数量较多且在全国范围内普遍存在。从严格意义上来说，任何环境污染或生态破坏行为都会对生态环境造成一定程度的损害，只不过一些较为轻微的生态环境损害可以通过生态系统的自净能力实现自我修复，而无须进行人工干预，也不需要对其开展生态环境损害救济。然而，实践中更为常见的是超出生态系统自净能力的生态环境损害事件。依照《中国环境资源审判（2019）》中公布的数据，2019 年全国法院受理各类环境资源刑事一审案件 39 957 件，❶ 这些已经构成刑事犯罪的案件显然造成了较为严重的生态环境损害。因而从"应赔尽赔"的角度来说，针对这近 4 万起生态环境损害事件，都应当开展生态环境损害救济工作，此即生态环境损害救济的普遍性。

二是生态环境损害事件类型的普遍性，也即实践中的生态环境损害的类型是多样的。在生态环境损害中，既包括了属于环境污染类型的大气污染损害、水污染损害、土壤污染损害等，也包括了属于生态破坏类型的森林破坏、草原破坏、水土流失等。事实上，环境污染所导致的损害与生态破坏所导致的损害的救济途径是不尽相同的：环境污染本质上是行为人向自然环境中排放了

---

❶ 孙航："以最严格制度最严密法治保护生态环境"，载《人民法院报》2020 年 5 月 9 日，第 1 版。

过量的污染物质，因而救济环境污染型生态环境损害的关键在于削减和清除自然环境中的污染物；而生态破坏本质上是行为人损毁了自然环境中原有的环境要素，故救济生态破坏型生态环境损害的关键在于修补和恢复自然环境中的环境要素。除此之外，即便是同属于环境污染类型的大气污染、水污染或土壤污染，其救济途径也是不尽相同的，如水污染的物理修复方法与土壤污染的物理修复方法就存在明显的区别：水污染的物理修复通常使用吸附法，也即利用水体的流动性，向污染水体中投放活性炭等吸附剂，吸附水体中的污染物，❶ 而土壤污染的物理修复通常使用换土法，也即将污染土壤挖出后作无害化处理，再向原处填入洁净的土壤。❷ 显然，水污染的物理修复方法与土壤污染的物理修复方法难以互换使用。

由此可见，由于我国实践中生态环境损害事件的数量较多且类型较为复杂，导致生态环境损害救济成了一项需要在全国范围内普遍开展的工作。因此，出于减少行政机关在选择救济途径时所需付出的行政成本以及提升行政机关在开展生态环境损害救济时的工作效率之目的，有必要选择一种能够有效应对实践中大量存在且类型不同的生态环境损害的救济途径。而行政命令以其普适性特征符合对于生态环境损害救济途径的这一要求。

所谓行政命令的普适性，是指行政命令可以在全国范围内不同地区发生的不同类型的环境污染或生态破坏事件中予以适用。其理由在于：首先，旨在救济生态环境损害的行政命令是由各级人民政府及其生态环境主管部门作出的。而依照目前我国生态环境损害救济工作的权责划分，在国家层面我国设有作为国务院组成部门的生态环境部，负责统筹安排全国范围内的生态环境损害

---

❶　赵景联主编：《环境修复原理与技术》，化学工业出版社2006年版，第208页。

❷　李向东主编：《环境污染与修复》，中国矿业大学出版社2016年版，第36页。

救济工作，在地方层面则有省级、市级和区县级三级生态环境主管部门，分级负责各自辖区内的生态环境损害救济工作。由此可见，我国的生态环境损害救济工作已为各级生态环境主管部门所全面覆盖，而这些生态环境主管部门均有权就生态环境损害救济事件作出行政命令。因此，对于发生在全国范围内任意地区的生态环境损害事件，在我国层层划分的生态环境行政监管体制下，均有一个相对应的生态环境主管部门负责开展生态环境损害救济工作，也即均有一个相对应的生态环境主管部门负责作出旨在救济生态环境损害的行政命令，此所谓行政命令在应对大量生态环境损害事件时的普适性。

其次，由行政机关所作出的行政命令的具体内容是多样的，也即针对实践中不同类型的环境污染或生态破坏事件，各级人民政府及其生态环境主管部门可以根据实际需要分别作出不同内容的行政命令，以实现对不同类型生态环境损害的针对性救济。如在因水污染而导致的环境污染型生态环境损害中，行政机关可以通过行政命令责令修复义务人采用吸附法清除水体中的污染物以实现水环境修复；而在因滥伐林木而导致的生态破坏型生态环境损害中，行政机关可以通过行政命令责令修复义务人采用补种树木的方式实现生态环境损害救济。可见，各级人民政府及其生态环境主管部门仅需运用行政命令一种救济途径，即可实现对不同类型的生态环境损害的"批量化"处理，此即行政命令在应对不同类型生态环境损害事件时的普适性。事实上，正是基于行政命令内容的多样化特征，使其明显优于仅能通过货币赔偿方式对生态环境损害进行事后救济的生态环境损害赔偿制度。

（三）可行性论证——以行政权在环境监管过程中的全覆盖为基础

以行政命令救济生态环境损害具备可行性的结论，可以在环境全过程监管理论的背景下，通过如下逻辑推导过程而得到：
（1）以维护良好生态环境为目标的行政权在环境监管的过程中是
全覆盖的，即行政机关依照生态环境保护相关法律法规之规定，
对于任何存在损害生态环境潜在风险的项目或行为，均享有全方
位和全过程的监管权；（2）在对存在损害生态环境潜在风险的项
目或行为进行全过程监管的不同阶段，行政机关均可以开展生态
环境损害救济工作；（3）行政机关在开展生态环境损害救济的过
程中，可以运用具备刚性逻辑的行政命令，从而使行政机关脱离
具有明显妥协性色彩的平等民事协商的思维范式，避免在追究生
态环境损害责任时出现妥协与让步行为。通过行政命令救济生态
环境损害的可行性论证的逻辑推导过程如图 4 所示。

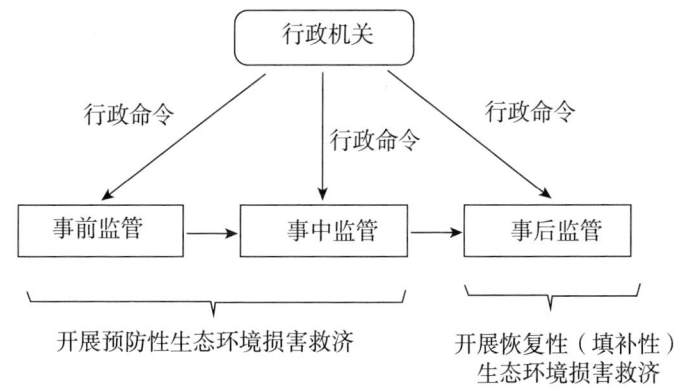

图 4　以行政命令途径救济生态环境损害的可行性论证

1. 行政机关依法对生态环境风险或结果行为实施全过程监管

所谓环境全过程监管（或称环境全过程控制），是指行政机关
对于存在生态环境损害风险的建设项目或生产企业实施全方位监
控，确保从规划到建设再到投产等所有环节均在行政机关的管理
和控制之下。通常来说，环境全过程监管可以分为事前监管、事
中监管和事后监管（或称源头控制、过程控制和末端控制）三个

具体的监管阶段。在这三个监管阶段，行政机关可以采取不同的监管措施，以提升环境全过程监管的效率和效果。❶

环境全过程监管理论是西方国家在汲取了"末端控制"监管模式的失败经验的基础上所提出的一种新的环境监管理论。自 18 世纪 60 年代西方国家开始进行工业革命以来，工业化大生产所带来的各类工业产品极大地方便了人类的工作和生活，使人类的物质文明有了飞跃性的提升。然而，工业革命在给人类提供了琳琅满目的工业产品的同时，也给人类带来了环境污染与生态破坏这一严重威胁人类生存与发展的副产品。面对日益严重的环境污染和生态破坏问题，自 19 世纪中叶开始，以英国为代表的西方国家深受环境污染问题困扰，开始尝试进行生态环境保护的相关立法，试图通过法律手段来遏制环境污染与生态破坏行为的不断蔓延。但是在工业革命时期，优先进行工业化大生产以攫取资本暴利是当时资本主义国家的普遍追求，故"先污染、后治理"成了这一时期世界各国对待环境污染与生态破坏问题的基本态度。❷ 因此，虽然在工业革命时期多个西方国家相继制定了若干涉及生态环境保护的法律法规，但这些法律法规几乎全部为生态环境损害的事后救济法，也即是在环境遭到污染或生态遭到破坏之后方可适用的法律法规。❸

这种偏重于在环境污染或生态破坏的不利结果发生之后再对污染行为进行控制以及对受损生态环境进行修复的环境监管模式通常被称为"末端控制"模式，该模式以限制污染物的排放量与控制废弃物的处理过程等活动为核心，其目的在于通过事后监管

---

❶ 吕忠梅：《环境法新视野》，中国政法大学出版社 2019 年版，第265 页。

❷ 刘金源："工业化时期英国城市环境问题及其成因"，载《史学月刊》2006 年第 10 期，第 55 页。

❸ 梅雪芹："工业革命以来西方主要国家环境污染与治理的历史考察"，载《世界历史》2000 年第 6 期，第 25 页。

的方式实现对污染者的惩处和对已污染的生态环境的治理和修复。❶ 然而经过数十年的实践检验，西方国家"先污染、后治理"的环境保护思维被证明是既不经济、也不可行的。其不经济性在于环境污染后的治理工程将会花费数十倍乃至数百倍于污染行为所得利益的修复成本，其不可行性则在于一些环境污染或生态破坏行为所导致的不利后果是不可逆的。因此，基于"先污染、后治理"思想而生的"末端控制"模式是无法实现对环境污染或生态破坏行为的有效控制的。随着"末端控制"模式相关缺陷的逐渐暴露，创设新的生态环境监管模式的需求逐步提升。在此背景下，环境全过程管理理论应运而生，并逐渐成为世界各国生态环境监管的主流选择，如在《美国资源保护和回收法》中，即确立了对危险废物的"从摇篮到坟墓"的全过程监管制度。❷

　　在我国的环境法律体系中，环境全过程监管制度也已经通过《环境保护法》等法律法规中的相关条款而得到基本确立。如在环境全过程监管的事前监管阶段，行政机关可以通过标准制定、环评审批、排污许可等方式对存在损害生态环境的潜在风险的项目或行为进行监管；在环境全过程监管的事中监管阶段，行政机关可以通过环境监测、现场检查、责令改正等方式对可能造成生态环境损害的项目或行为进行监管；而在环境全过程监管的事后监管阶段，行政机关可以通过行政处罚、行政强制等方式对已经造成生态环境损害结果的项目或行为进行监管。❸ 总而言之，对于任何存在生态环境损害风险或已经造成生态环境损害结果的项目或行为，都可以纳入行政机关环境全过程监管的监管范围之中。

---

❶　蔡守秋：《环境政策法律问题研究》，武汉大学出版社 1999 年版，第 383 页。

❷　[美] 詹姆斯·萨尔兹曼、巴顿·汤普森：《美国环境法（第四版）》，徐卓然、胡慕云译，北京大学出版社 2016 年版，第 174 页。

❸　吕忠梅主编：《环境法》，高等教育出版社 2017 年版，第 76 页。

2. 行政机关在环境全过程监管的全阶段均可开展生态环境损害救济

如前文所述，在行政机关所开展的生态环境损害救济工作中，既包括对生态环境损害风险的预防，也包括对生态环境损害结果的修复。其中，对于生态环境损害风险的预防性救济，可以在环境全过程监管的事前监管阶段和事中监管阶段得到体现；而对于生态环境损害结果的恢复性或填补性救济，则可以在环境全过程监管的事后监管阶段得到体现。因此，行政机关在环境全过程监管的三个阶段均可以开展生态环境损害救济工作。

具体而言，对于仅存在损害生态环境的潜在风险但尚未实际造成生态环境损害结果的项目或行为，行政机关可以在环境全过程监管的事前监管阶段和事中监管阶段分别开展生态环境损害的预防性救济：首先，在环境全过程监管的事前监管阶段，行政机关可以不予批准存在生态环境损害风险的建设项目的环境影响评价文件，也可以不予向可能造成环境污染或生态破坏的排污单位核发排污许可证，以使这些存在损害生态环境潜在风险的项目不会得到建设、污染物也不会得到排放，避免生态环境损害实际发生，从而在一定程度上实现了对生态环境损害风险的预防性救济；其次，在环境全过程监管的事中监管阶段，行政机关可以通过环境监测了解排污单位是否超标排放污染物，也可以通过现场检查了解排污单位是否不正常运行污染防治设施，并通过对所发现的环境违法行为的及时纠正和制止，避免生态环境遭受实际损害，从而也在一定程度上实现了对生态环境损害风险的预防性救济。

而对于已经实际造成生态环境损害结果的项目或行为，行政机关则可以在环境全过程监管的事后监管阶段开展生态环境损害的恢复性或填补性救济：首先，对于尚存在修复可能性的生态环境损害，行政机关可以要求生态环境损害责任人自行开展生态环境修复工作，或者要求生态环境损害责任人缴纳生态环境损害赔偿金并将生态环境损害赔偿金用于聘请第三方机构开展生态环境修复工作，从而使生态环境损害结果得到恢复性救济；其次，对于无法修复或因环境自净能力而无须修复的生态环境损害，行政机关可以要求生态环境损害责任人进行异地替代修复或进行货币赔偿，从而能够使生态环境损害结果得到填补性救济。总而言之，生态环境损害救济是行政机关在环境全过程监管中的重要工作内容之一，行政机关在环境全过程监管的任意阶段，均可以开展包括预防性救济、恢复性救济和填补性救济在内的各项具体的生态环境损害救济工作。

3. 行政命令是行政机关开展生态环境损害救济的可行途径

如前文所述，生态环境损害救济是行政机关在环境全过程监管中的重要工作内容之一，而行政机关在开展生态环境损害救济工作时，可以通过适用行政命令这一具体行政行为实现其生态环境损害救济目的，其理由如下。

首先，依照我国环境法律体系中相关法律法规之规定，行政机关在进行环境监管时可以向行政相对人作出行政命令，因而行政机关在开展属于环境监管内容之一的生态环境损害救济工作时，同样可以向作为行政相对人的生态环境损害责任人作出行政命令；其次，行政命令是行政机关依职权直接向行政相对人作出的一项意思表示行为，❶ 能够及时且有效地向行政相对人传达要求其承担生态环境损害风险预防责任或生态环境损害结果修复责任之意图，从而具备了使生态环境损害得到及时救济的基本前提；再次，在行政命令中行政机关可以通过附件的形式将风险预防方案、生态环境修复方案等行政相对人应当履行的各项义务的具体内容明确告知行政相对人，从而能够为行政相对人的行为提供有效指引，以使生态环境损害得到完整救济；复次，行政命令既可以在环境

---

❶　姜明安主编：《行政法与行政诉讼法》，北京大学出版社 2015 年版，第 259 页。

全过程监管的事前监管阶段和事中监管阶段用于对生态环境损害风险的预防性救济，也可以在环境全过程监管的事后监管阶段用于对生态环境损害结果的恢复性或填补性救济，具有功能上的全面性；最后，行政命令因其公权力属性而与公法范畴的生态环境损害救济工作有着天然的亲和性，行政命令所具备的令行禁止的刚性特征能够与包括"应赔尽赔"原则在内的生态环境损害救济的各项具备刚性逻辑的基本原则相契合，从而更有利于维护行政机关作为环境监管者的权威形象，亦可以对潜在的生态环境损害责任人形成一定的威慑。

综上所述，行政机关通过行政命令对生态环境损害进行救济的制度安排是完全符合我国行政权运行的基本逻辑以及行政法律体系的相关规定的，并且能够有效实现使生态环境损害风险得到消除以及使生态环境损害结果得到修复之目的，故行政命令是行政机关开展生态环境损害救济工作的可行途径。

三、域外借鉴：欧美地区的生态环境损害行政命令救济模式

生态环境损害及其救济问题并非是我国独有的。世界各国在经济社会不断发展的过程中，均出现了不同程度的生态环境损害问题，因而也由此开始了关于生态环境损害救济的实践探索。自20 世纪 70 年代起，以美国与欧盟为代表的西方国家与地区即开始重点关注生态环境损害及其救济问题，并分别以《美国综合环境反应、补偿和责任法》与《欧盟关于预防和补救环境损害的环境责任指令》（以下简称《欧盟环境责任指令》）为核心，建立起各自的生态环境损害救济体系。❶ 虽然美国与欧盟地区的主

---

❶ 王琪："公私法互融背景下的域外生态环境损害责任制度对我国的启示"，载《环境保护》2019 年第 Z1 期，第 94 页。

要成员国分属英美法系与大陆法系，但纵观前述两部在美国与欧盟地区生态环境损害救济领域内最为重要的法律文件，不难发现两者都选择通过行政途径对生态环境损害进行救济，并均强调了行政命令在生态环境损害救济中的重要作用。经过较长时间的实践检验，《美国综合环境反应、补偿和责任法》与《欧盟环境责任指令》被证明能够较为有效地实现生态环境损害救济之目的。因此，对于近年来才开始进行生态环境损害赔偿制度改革的我国来说，早于我国多年开展生态环境损害救济的欧美地区的先进经验值得借鉴。

（一）《美国综合环境反应、补偿和责任法》的内容与启示

1. 《美国综合环境反应、补偿和责任法》的概述

基于《美国清洁水法》《美国石油污染责任与赔偿法》等多部联邦法律的立法授权，美国联邦政府可以作为自然资源受托人而对多种自然资源损害开展生态环境损害救济。❶ 在这些联邦法律中，1980 年由美国国会制定的《美国综合环境反应、补偿和责任法》无疑是美国生态环境损害救济领域内最具代表性的一部法律，该法的立法目的包括补偿公众因自然资源损害而导致的损失，以及填补因自然资源无法提供服务功能而导致的损失等。❷

为了解决治理费用承担者不明或治理费用承担者无力承担治理费用而导致受损的生态环境可能无法得到救济的问题，《美国综合环境反应、补偿和责任法》设置了两项基金，其中一项是"危险物质反应信托基金"，其设立目的是为被遗弃的危险废物处置设施的治理工作和其他一些紧急状况的应对工作提供资助，该基金

---

❶　Karen Bradshaw, Settling for Natural Resource Damages, *Harvard Environmental Law Review*, 2016, Vol. 40, Issue 2, pp. 211 – 252.

❷　Monika Hinteregger, Environmental Liability and Ecological Damage in European Law, Cambridge University Press, 2008, p. 9.

在 1986 年被更名为"危险物质超级基金";另一项是"关闭后责任信托基金",其设立的目的是应对危险废物处置设施关闭后的环境风险,该基金在 1986 年被正式废除。❶ 正因为在《美国综合环境反应、补偿和责任法》中规定了著名的"危险物质超级基金",该法通常也被称为《美国超级基金法》。

《美国综合环境反应、补偿和责任法》的制定背景是 20 世纪 70 年代美国集中爆发的一系列因危险废物污染而导致的生态环境损害问题,其中影响最大的当属纽约州的拉夫运河事件。自 20 世纪 40 年代起,美国胡克化学公司购买了废置的拉夫运河及其两岸的部分土地,作为该公司化学废弃物的填埋地。在此后十余年的时间里,胡克化学公司在废置的拉夫运河的河道中填埋了种类超过 200 种、总量超过 21 800 吨的化学废弃物,其中包括大量的六氯化苯、氯苯、二噁英等剧毒物质。❷ 1953 年,胡克化学公司在用一层黏土对填满化学废弃物的拉夫运河进行简单覆盖之后,将该运河以 1 美元的价格转卖给了当地的尼亚加拉瀑布学校董事会,用于修建一所学校。随着该学校建成并投入使用,一些年轻的家庭相继搬迁至此地,使这一区域逐渐发展为居民区。❸

然而,在随后 25 年的时间里,埋在地下的有毒化学废弃物开始向地表渗透,该地区时常出现一些黑色的油性物质渗入地下室,空气中也经常弥漫着刺鼻的化学气味。❹ 与此同时,自 20 世纪 70 年代起,该地区内居民的健康状况普遍出现了问题,当地居民罹

---

❶ 王曦、胡苑:"美国的污染治理超级基金制度",载《环境保护》2007 年第 10 期,第 66 页。

❷ 刘鹏娇、张敬品:"拉夫运河事件与美国环境正义运动的兴起",载《首都师范大学学报》(社会科学版) 2020 年第 2 期,第 38 页。

❸ Norman Nosenchuck, The Cleanup of Love Canal, *EPA Journal*, 1985, Vol. 11, Issue 3, pp. 7 - 8.

❹ Edkardt C. Beck, The Love Canal Tragedy, *EPA Journal*, 1979, Vol. 5, Issue 1, pp. 17 - 20.

患癌症等疾病的比例明显高于其他地区，而当地孕妇出现流产、新生儿存在先天性畸形以及患有先天性疾病等情形的比例同样明显偏高。❶ 一系列环境与健康问题引起了当地居民和新闻媒体的广泛关注，并在经过新闻媒体的报道之后成了全美关注的重大新闻。1978 年 4 月，美国国家环保局和纽约州卫生局前往拉夫运河地区，开始对该地区土壤环境污染问题进行调查。❷ 1978 年 8 月，纽约州卫生局承认在填埋地核心区的居民家中检测出超过 80 种有毒气体，因而纽约州卫生局决定关闭学校并建议孕妇及两岁以下的儿童撤离。❸ 1979 年 5 月，美国联邦政府决定将拉夫运河地区的 700 余户居民撤出，并由美国联邦政府和纽约州政府出资组建拉夫运河地区复兴部门，负责购买搬迁家庭留下的房产以及在场地完成修复后重建该地区。❹

拉夫运河事件引发了美国全国性的关注和讨论，并逐渐揭露出美国在工业化的过程中积累了大量危险废物污染场地的客观现实。为了应对危险废物污染场地的威胁，避免拉夫运河污染类似事件的再次发生，美国国会于 1980 年 12 月通过了《美国综合环境反应、补偿和责任法》，要求美国联邦政府建立用于生态环境损害修复的"超级基金"，并授权美国国家环保局对污染场地进行治理，同时向污染责任人追索治理费用。❺ 自 1980 年《美国综合环境反应、补偿和责任法》颁布并施行以来，该法在生态环境损害

---

❶ Theodore Baurer, Love Canal: Common Law Approaches to a Modern Tragedy, *Environmental Law*, 1980, Vol. 11, Issue 1, pp. 133 – 160.

❷ Thomson Jennifer, Toxic Residents: Health and Citizenship at Love Canal, *Journal of Social History*, 2016, Vol. 50, No. 1, pp. 204 – 223.

❸ 刘鹏娇、张敬品："拉夫运河事件与美国环境正义运动的兴起"，载《首都师范大学学报》（社会科学版）2020 年第 2 期，第 40 页。

❹ Elizabeth D. Blum, Love Canal Revisited, University Press of Kansas, 2008, p. 28.

❺ 王兴润、颜湘华主编：《美国超级基金制度与国内污染场地评估案例》，中国环境出版社 2014 年版，第 6 页。

修复方面取得了显著的成效。据统计，1983 年至 2008 年，超级基金项目共清理有害土壤、废物和沉积物 1 亿多立方米，清理垃圾渗滤液、地下水、地表水约 12.9 亿立方米。截至 2012 年，列入国家优先清理名录的 1 664 个污染场地中的 360 个污染场地已经清理完毕。❶

由此可见，《美国综合环境反应、补偿和责任法》作为一部经过实践检验而能够有效规制环境中污染物清除与受污染场地修复等相关问题的法令，对于我国的生态环境损害救济制度有着很强的借鉴意义和参考价值。

2.《美国综合环境反应、补偿和责任法》中的行政命令

《美国综合环境反应、补偿和责任法》是一部广泛运用了"命令－管制"模式而对生态环境进行监管的法律，在《美国综合环境反应、补偿和责任法》之中，立法者赋予政府行使包括强制要求污染者清理其排放至环境中的危险废物之权力、命令任何人提供与危险物质有关的信息和相关文件之权力在内的多项行政权力。❷ 可以说，通过政府向污染者作出行政命令的方式进行环境监管和生态环境损害救济，是《美国综合环境反应、补偿和责任法》对于生态环境损害问题的重要规制途径之一。下文中，笔者将结合《美国综合环境反应、补偿和责任法》中的相关具体法条予以详述。

美国国家环保局是 1970 年由时任美国总统的尼克松发起设立的一个直接隶属于美国总统管理的独立管理机构，其局长由总统

---

❶ 李海生："美国污染土地治理的'超级基金制度'"，载《学习时报》2013 年 12 月 2 日，第 2 版。

❷ ［美］詹姆斯·萨尔兹曼、［美］巴顿·汤普森：《美国环境法（第四版）》，徐卓然、胡慕云译，北京大学出版社 2016 年版，第 188 页。

任命和罢免，直接向总统报告工作。❶ 在《美国综合环境反应、补偿和责任法》中，尽管法律文本授权总统行使包括清除行动和补救行动等在内的各项行政权力，但在《美国综合环境反应、补偿和责任法》实际执行的过程中，总统将相关行政权力授予了美国国家环保局，❷ 因而美国国家环保局是《美国综合环境反应、补偿和责任法》中所规定的各项行政权力的具体执行主体，由其具体负责对全国的污染场地进行管理和修复，❸ 其可以采取一定的行政手段，强制私人采取必要的措施来保护公共健康、福利或环境。❹

《美国综合环境反应、补偿和责任法》第 104 条赋予了美国总统的代表、美国总统指定的官员以及被授权的联邦雇员获取危险物质相关信息的权力，❺ 该条明确了行政机关可以通过行政命令获取相关信息，从而为生态环境损害救济提供了必要的信息基础。该条规定，在有合理的理由相信存在危险物质或污染物泄漏，或者存在危险物质或污染物泄漏的重大风险时，总统的代表、总统指定的官员以及被授权的联邦雇员可以在船舶、设施、机构、地点、不动产或者相关毗邻场所采取必要的行动，❻ 责令掌握或可能掌握相关信息的人向其提供必要的资料或文件。这些信息包括危险物质的品种、性质和数量，危险物质泄漏的可能性或危险物质的泄漏程度，以及责任人的支付能力和履责能力等，被要求提供

---

❶ 张千帆、赵娟、黄建军：《比较行政法：体系、制度与过程》，法律出版社 2008 年版，第 234 页。

❷ 翟甜甜：《二元规制模式下的环境侵害民事责任研究——以美国环境侵害民事责任为中心》，山东大学 2019 年博士学位论文，第 157 页。

❸ 李丽平：《美国环境政策研究》，中国环境出版社 2015 年版，第 199 页。

❹ 李昊："美国法上的环境修复责任初论——以《综合环境响应、赔偿与责任法》为中心"，载《法治研究》2020 年第 2 期，第 135 页。

❺ 贾峰：《美国超级基金法研究：历史遗留污染问题的美国解决之道》，中国环境出版社 2015 年版，第 71 页。

❻ Comprehensive Environmental Response, Compensation and Liability Act § 42 U. S. C. § 9604 (e) (1) (2018).

信息的人必须将相关资料、文件或其复制品交给上述官员。❶ 任何不遵守该行政命令的人，将被处以每日不超过 25 000 美元的处罚。❷

而《美国综合环境反应、补偿和责任法》第 106 条则赋予了美国总统通过行政命令强制要求污染责任方清理受污染场所的权力（该权力同样实际由美国国家环保局行使），❸ 该条款是美国通过行政命令救济生态环境损害的直接体现。该条规定，当某一设施实际出现危险物质泄漏或者存在危险物质泄漏的重大风险，并会对公众健康与福利或者生态环境造成迫在眉睫的重大损害时，总统可以在通知相关州之后采取包括但不限于发布旨在保护公众健康与福利以及生态环境的行政命令等一系列行动。❹ 对于总统授权美国国家环保局单方面签发的行政命令，当事人只能被动接受，❺ 任何没有充分理由而故意违反或拒绝遵从上述行政命令的人，将会在其故意违反或拒绝遵从行政命令的期间内，连续受到每日不超过 25 000 美元的处罚。❻

3.《美国综合环境反应、补偿和责任法》的相关启示

无论是《美国综合环境反应、补偿和责任法》第 104 条所规定的危险物质相关信息的强制获取权，还是第 106 条所规定的危险

---

❶ Comprehensive Environmental Response, Compensation and Liability Act § 42 U. S. C. § 9604 (e) (2) (2018).

❷ Comprehensive Environmental Response, Compensation and Liability Act § 42 U. S. C. § 9604 (e) (5) (2018).

❸ ［美］约翰·斯普兰克林、格雷戈里·韦伯：《危险废物和有毒物质法精要（第二版）》，凌欣译，南开大学出版社 2016 年版，第 301 页。

❹ Comprehensive Environmental Response, Compensation and Liability Act § 42 U. S. C. § 9606 (a) (2018).

❺ 贾峰：《美国超级基金法研究：历史遗留污染问题的美国解决之道》，中国环境出版社 2015 年版，第 71 页。

❻ Comprehensive Environmental Response, Compensation and Liability Act § 42 U. S. C. § 9606 (b) (1) (2018).

物质的强制责令清理权，都是《美国综合环境反应、补偿和责任法》通过行政命令救济生态环境损害的具体体现。不难发现，即使是在笃信司法裁判而习惯通过诉讼方式化解纠纷的美国，在生态环境损害救济问题上也更倾向于采用行政命令途径而非诉讼途径。事实上，自 20 世纪 80 年代后期开始，美国国家环保局即发现通过行政命令责令污染者清理污染场地要比通过诉讼更为有效，❶因而美国国家环保局逐渐减少了与责任人协商的环节，开始更多地通过行政命令直接要求责任人履行生态环境损害修复责任。❷

美国国家环保局认为通过行政命令进行生态环境损害救济在费用、速度和控制效果三个方面具有显著的优势：首先，通过行政命令进行生态环境损害救济，可以使美国国家环保局节约大量的诉讼费用；其次，在行政命令救济途径中，可以避免诉讼程序中所需要进行的司法审查，从而节约了大量的时间，使生态环境损害修复工作能够更快得到执行；最后，行政命令的内容由美国国家环保局直接决定，使得美国国家环保局对于生态环境损害修复计划的控制力得到了保障，而即使在修复完成后诉诸法院，法官也会在很大程度上对美国国家环保局作出的行政命令予以支持和尊重。❸

当然，同样值得注意的是，行政命令途径能够在美国的生态环境损害救济中取得良好效果，还得益于《美国综合环境反应、补偿和责任法》对于违反行政命令的责任人设置了最高每日可达25 000 美元的按日计罚，从而对拒绝执行行政命令的责任人构成了有力威慑；同时，《美国综合环境反应、补偿和责任法》第 106

---

❶ ［美］约翰·斯普兰克林、格雷戈里·韦伯：《危险废物和有毒物质法精要（第二版）》，凌欣译，南开大学出版社 2016 年版，第 306 页。

❷ 张辉：《美国环境法研究》，中国民主法制出版社 2015 年版，第 370 页。

❸ ［美］约翰·斯普兰克林、格雷戈里·韦伯：《危险废物和有毒物质法精要（第二版）》，凌欣译，南开大学出版社 2016 年版，第 309 页。

条（b）款第（2）项还规定了对于遵从行政命令的潜在责任人，如果最终被证明其对于生态环境损害是没有责任的，则其可以在修复工作完成之后向超级基金主张修复费用和利息返还，从而使潜在责任人更倾向于接受和遵守美国国家环保局所作出的行政命令。❶ 由此可见，在通过行政命令救济生态环境损害的程序中，对于拒不履行行政命令的当事人设置相应的惩罚措施，以及对积极履行行政命令的当事人设定一定的权利保障机制，能够有效提升行政命令的接受度和执行率。

（二）《欧盟环境责任指令》的内容与启示

1. 《欧盟环境责任指令》的概述

《欧盟环境责任指令》是指欧洲议会和欧盟理事会依照《成立欧洲经济共同体条约》中确定的程序，于2004年4月发布的。欧盟发布《欧盟环境责任指令》的目的在于贯彻污染者付费原则，预防和补救欧盟地区的生态环境损害，降低人类健康面临的重大风险，以及避免欧盟地区污染场所的持续增加和生物多样性的不断丧失等。❷

自20世纪70年代起，包括意大利塞韦索的伊克梅萨化工厂爆炸事故、瑞士巴塞尔的桑多兹化学公司爆炸事故等发生于欧洲地区的一系列重大生态环境损害事件，催生了欧洲地区生态环境损害救济相关法律制度的快速发展。1993年，欧盟委员会发布了《关于补救环境损害的绿皮书》，提出"通过民事责任机制为环境损害提供救济"，并探讨了过错责任、严格责任、因果关系证明等问题，但是在该绿皮书中只是提出了相关问题，而没有给出解决

---

❶ 贾峰：《美国超级基金法研究：历史遗留污染问题的美国解决之道》，中国环境出版社2015年版，第75页。

❷ Pablo Salvador Coderch, Comments on the White Paper on Environmental Liability, *Social Science Electronic Publishing*, 2000, No. 4, pp. 1–29.

办法，这也导致该绿皮书最终未能形成正式的决议。❶

2000 年，欧盟委员会再次发布了《环境责任白皮书》，首次将对环境造成的损害分为"环境损害"和"传统损害"，并提出"并非所有的损害都可以通过民事责任制度获得补救"，❷ 从而为引入生态环境损害的行政救济途径提供了理论基础。❸ 然而，由于德国、法国等欧盟主要成员国以白皮书的内容侵犯成员国主权且违反辅助性原则❹为由拒绝接受白皮书，导致欧盟未能基于白皮书而建立起统一的环境责任制度。❺

2004 年，欧洲议会和欧盟理事会在《环境责任白皮书》的基础上制定了《欧盟环境责任指令》，建立了由主管机构❻作为自然资源的受托人而代表公众向生态环境损害责任人进行索赔的行政救济体系。❼ 同时，通过赋予主管机构相应的行政权力以及排除非政府公益组织的求偿权，确立了在预防行动和救济行动以及相关费用追缴过程中行政机关的主导地位。截至 2010 年 7 月，欧盟所

❶　高家伟：《欧洲环境法》，工商出版社 2000 年版，第 157 页。

❷　蔡守秋主编：《欧盟环境政策法律研究》，武汉大学出版社 2002 年版，第 397 页。

❸　Mark L. Wilde, The EC Commission's White Paper on Environmental Liability, *Journal of Environmental Law*, 2001, Vol 13, Issue 1, pp. 21 - 37.

❹　辅助性原则是为了解决欧盟与成员国之间立法权限的划分问题而设定的原则，是指在非欧盟专属的权能领域，只有当成员国没有充分能力完成行动目标而共同体能更好地完成时，才能由共同体采取行动。参见王欢欢："欧盟环境法中的辅助性原则"，载《法学评论》2009 年第 5 期，第 70 页。

❺　康京涛："欧盟生态损害救济：理路、实效、困境及启示——以欧盟《环境责任指令》为中心"，载《宁夏社会科学》2020 年第 1 期，第 65 页。

❻　虽然在《欧盟环境行政指令》中并未明确要求主管机构应为行政机关，但实践中各成员国普遍规定由既有的或新设的行政机关承担环境损害补救管理职责，如意大利授权环境、领土和海洋部，葡萄牙授权环境署，西班牙授权地区或联邦政府等。参见林潇潇："论生态环境损害治理的法律制度选择"，载《当代法学》2019 年第 3 期，第 132 页。

❼　唐飞、李玲："欧盟环境责任制度的立法建构及借鉴意义"，载《环境保护》2013 年第 8 期，第 71 页。

有国家均已将《欧盟环境责任指令》转化为了国内法，从而使生态环境损害的行政救济体系在欧盟地区得到了全面覆盖。

自 2004 年《欧盟环境责任指令》生效以来，该指令已经在欧盟地区的生态环境损害救济工作中取得了较为显著的实践效果：据统计，在 2007 年至 2013 年，各成员国共向欧盟委员会报送环境损害案件 3 326 件，截至 2016 年，已对其中 1 243 件实害案件进行了处理。各成员国对生态环境损害事件所采取的补救措施平均持续 12 个月，补救措施的总支出达 1.795 亿欧元。❶ 当然，并非每个欧盟成员国都有适用《欧盟环境责任指令》的案例，如保加利亚、捷克、丹麦等 7 个国家即没有适用《欧盟环境责任指令》的相关记录，而这除了可以归因于上述国家生态环境损害事件较少发生之外，也在一定程度上体现出欧盟各成员国对《欧盟环境责任指令》的转化实施，对本国生态环境损害事件的发生起到了一定的预防效果。❷

2.《欧盟环境责任指令》中的行政命令

在《欧盟环境责任指令》之中，多处体现了主管机构与生态环境损害责任人之间的"命令－控制"的行政关系：如对于生态环境损害责任人的责任认定、责令采取预防和修复措施的相关决定、采取补救措施费用的返还等，都是由主管机构主导进行的，这使得《欧盟环境责任指令》的运行机制主要属于行政机制。❸ 除此之外，在《欧盟环境责任指令》的诸多条款中，主管机构也被进一步赋予向生态环境损害责任人作出生态环境损害救济相关行

---

❶ 林潇潇："论生态环境损害治理的法律制度选择"，载《当代法学》2019 年第 3 期，第 133 页。

❷ 竺效：《生态损害综合预防和救济法律机制研究》，法律出版社 2016 年版，第 33 页。

❸ 康京涛："欧盟生态损害救济：理路、实效、困境及启示——以欧盟《环境责任指令》为中心"，载《宁夏社会科学》2020 年第 1 期，第 66 页。

政命令等多项行政权力。下文中，笔者将结合《欧盟环境责任指令》中的相关具体法条予以详述。

　　在《欧盟环境责任指令》的总则部分中，立法者即明确了主管机构可以在生态环境损害救济程序中行使自由裁量权等行政权力：如总则第 24 条指出，应当确保主管机构具备用于贯彻执行本指令的可适用的有效行政手段，对于评估损害的严重程度以及决定应当采取何种补救措施等事项，主管机构可以行使适当的自由裁量权。❶ 而在《欧盟环境责任指令》正文部分的相关条款中，则对主管机构可以向生态环境损害责任人作出的行政命令的具体类型进行了规定：如《欧盟环境责任指令》第 5 条第 3 款规定，主管机构可以在任何时间，责令经营者提供生态环境损害紧迫风险的相关信息，或者责令经营者提供有可能造成生态环境损害紧迫风险的相关信息，也可以责令经营者采取必要的预防措施。❷ 再如《欧盟环境责任指令》第 6 条第 2 款规定，主管机构可以在任何时间，责令经营者提供已经发生的生态环境损害事件的补充信息，或者要求经营者立即采取所有切实可行的措施以控制、抑制或清除相关污染物，以及可以责令经营者采取必要的补救措施等。❸ 而《欧盟环境责任指令》第 7 条第 2 款则规定，主管机构有权根据生态环境损害的实际情况，进一步决定经营者具体应当采取何种补救措施。❹

　　通过《欧盟环境责任指令》在欧盟地区的转化实施，诸多欧盟

---

❶ Directive 2004/35/CE of the European Parliament and of the Council, （24）, OJ L 143, 30. 4. 2004.

❷ Directive 2004/35/CE of the European Parliament and of the Council, Article 5. 3, OJ L 143, 30. 4. 2004.

❸ Directive 2004/35/CE of the European Parliament and of the Council, Article 6. 2, OJ L 143, 30. 4. 2004.

❹ Directive 2004/35/CE of the European Parliament and of the Council, Article 7. 2, OJ L 143, 30. 4. 2004.

成员国据此建立了生态环境损害的行政命令救济机制。如作为《欧盟环境责任指令》在德国境内转化结果的《德国环境损害法》第 7 条第 2 款规定，行政机关可以根据生态环境损害的具体情况作出要求责任人承担相应义务的行政命令。❶

3. 《欧盟环境责任指令》的相关启示

欧盟在制定《欧盟环境责任指令》之前，曾尝试通过民事责任途径对生态环境损害进行救济，但由于各成员国在严格责任的适用范围、举证责任分配、因果关系认定等方面难以达成一致意见，导致欧盟构建生态环境损害民事责任救济途径的设想未能实现，❷ 这也促使欧盟的生态环境损害救济逐渐由私法责任向公法应对转变。❸ 事实上，诸如生态环境损害的风险预防、生态环境损害的鉴定评估、当事人清除污染工作的执行以及生态环境修复义务的代履行等涉及环境行政监管的诸多事项，本就难以通过民事责任救济途径实现。❹ 而通过行政途径救济生态环境损害，则可以涵盖生态环境损害的发现与报告、生态环境损害程度评价、生态环境损害补救方案的制定与执行、生态环境损害补救工程的验收等在内的全部流程，❺ 从而可以充分保证生态环境损害救济的完整性、高效性、科学性与规范性。

---

❶ 马强伟："德国生态环境损害的救济体系以及启示"，载《法治研究》2020 年第 2 期，第 84 页。

❷ 康京涛："欧盟生态损害救济：理路、实效、困境及启示——以欧盟《环境责任指令》为中心"，载《宁夏社会科学》2020 年第 1 期，第 65 页。

❸ Emanuela Orlando, From Domestic to Global? Recent Trends in Environmental Liability from a Multi - level and Comparative Law Perspective, *Review of European*, *Comparative & International Environmental Law*, 2015, Vol. 24, Issue 3, pp. 289 - 303.

❹ 竺效："论生态损害综合预防与救济的立法路径——以法国民法典侵权责任条款修改法案为借鉴"，载《比较法研究》2016 年第 3 期，第 24 页。

❺ Rodriguez Valero, Isabel, The Environmental Liability Directive: Practical Impact and Implementation, *Journal for European Environmental & Planning Law*, 2005, Vol. 2, Issue 4, pp. 342 - 346.

除此之外，在《欧盟环境责任指令》中还设置了若干旨在进一步完善生态环境损害行政命令救济体系的制度规则：如《欧盟环境责任指令》总则第 18 条提出，如果主管机构自身或通过第三方代替生态环境损害责任人采取了补救措施，则主管机构应当向生态环境损害责任人追偿相关费用，并特别规定了主管机构所支出的生态环境损害评估费用也应当由生态环境损害责任人承担。❶ 该条款基于污染者付费原则而确立了生态环境损害救济费用的严格追偿制度，这提示我国行政机关在实施生态环境损害救济的代履行之后，应当严格向生态环境损害责任人追偿，以使其完整承担生态环境损害修复或赔偿责任，从而使外部不经济内部化。再如《欧盟环境责任指令》总则第 27 条提出，欧盟各成员国应当鼓励金融担保工具市场的发展，鼓励经营者购买保险以及其他金融担保产品。❷ 这提示我国在构建生态环境损害的行政命令救济体系时，虽然应当以责令生态环境损害责任人完整承担生态环境损害修复或赔偿责任从而实现"应赔尽赔"为主，但亦不能忽视环境责任保险等社会化救济途径的补充作用，而有必要在生态环境损害救济领域内构建相应的风险分担机制，以使实践中一些超出责任人赔偿能力的生态环境损害能够及时得到有效和完整救济。

---

❶ Directive 2004/35/CE of the European Parliament and of the Council, (18), OJ L 143, 30.4.2004.

❷ Directive 2004/35/CE of the European Parliament and of the Council, (27), OJ L 143, 30.4.2004.

第四章

生态环境损害行政命令救济的路径构建

如前文所述，基于我国以公权力为核心的环境事务管理体制以及以行政权为主导的生态环境监管体系，同时参考欧美等国家和地区适用行政命令救济生态环境损害的实践经验，不难得出在我国选择通过行政命令救济生态环境损害是相对合适的。本书认为，未来我国应当遵循通过行政命令救济生态环境损害的基本思路，在进一步拓展和完善行政命令制度体系的基础上，将行政命令救济作为我国生态环境损害救济的优先选择。为此，有必要创设专门用于救济生态环境损害的行政命令类型，并为之配套构建相应的行政命令作出机制，从而使得通过行政命令救济生态环境损害的制度安排能够得到落实。

一、创设行政命令类型时须遵循的基本原则

行政命令是行政机关行使其行政权的重要途径之一。虽然在行政机关作出的行政命令之中，仅对

行政相对人设置了一定的义务，而并不包含任何的惩戒功能。但是，在以行政处罚和行政强制等具备制裁性或强制性功能的其他行政措施作为保障的情况下，行政命令的威慑性效果不容小觑，收到行政命令的行政相对人大多会主动遵守并积极履行行政机关在行政命令中设置的各项义务，故行政命令的内容将会对行政相对人的后续行为产生极大的影响。因此，在创设专门用于救济生态环境损害的行政命令类型时，应当恪守行政行为的谦抑性品格，● 以合法性、必要性和有效性作为创设专门用于救济生态环境损害的行政命令类型时所须遵循的三重准则，按照权责法定等原则的要求，谨慎设置新的行政命令类型，避免行政权在生态环境损害救济中的过度扩张。

（一）合法性原则

所谓创设行政命令类型时所应当遵循的合法性原则，是指所创设的专门用于救济生态环境损害的行政命令应当符合行政法律体系中对于行政命令这一具体行政行为的规范性要求，且应当具备一般行政命令的基本属性特征。在所创设的行政命令类型之中，既要避免混入具有惩罚性功能的行政处罚或是具有强制性功能的行政强制，以防不同类型的具体行政行为之间出现适用上的混淆，也要避免混入具有妥协性色彩的民事平等协商的相关内容，从而保证所创设的行政命令具备令行禁止的刚性拘束力。❷ 同时，由于专门用于救济生态环境损害的行政命令是由各级生态环境主管部门作出的，因而还应当确保所创设的专门用于救济生态环境损害的行政命令的内容不超出各级生态环境主管部门的职权范围，避

---

❶　王春业："论行政权谦抑性品格"，载《广东行政学院学报》2015 年第 1 期，第 49 页。

❷　胡晓军：《行政命令研究：从行政行为形态的视角》，法律出版社 2017 年版，第 119 页。

免因越权行为而导致作出的行政命令内容不合法。具体而言，所创设的专门用于救济生态环境损害的行政命令的内容仅应当涉及生态环境损害救济领域内的相关事项，如预防生态环境损害风险、修复受损生态环境、赔偿生态服务功能损失等，从而确保各级生态环境主管部门享有作出专门用于救济生态环境损害的行政命令的职权。同时，应当紧扣行政命令作为一种意思表示行为的指令性特征，仅需要在行政命令中阐明生态环境损害责任人所必须履行的各项义务，而对于拒不遵从行政命令的行政相对人，则应当另行通过行政处罚程序予以惩戒或通过行政强制程序实施代履行。

（二）必要性原则

所谓创设行政命令类型时所应当遵循的必要性原则，是指在创设专门用于救济生态环境损害的行政命令类型时，应当以生态环境损害救济的实际需要为依据，对于行政机关在生态环境损害救济工作中可能使用到的行政命令类型，应当一一予以创设，以使行政机关在开展生态环境损害救济工作时能够有据可依、有策可施。但是，对于行政机关在生态环境损害救济工作中非必要的行政命令类型，则不予以创设，以防过度扩张的行政权对行政相对人的合理行为或合法权益造成不当干涉。结合目前我国生态环境损害救济的实际需要来看，本书认为有必要创设的专门用于救济生态环境损害的行政命令包括以下四种类型：从生态环境损害事前风险预防的角度来看，需要创设"责令消除环境风险"的行政命令类型，其内容为责令造成生态环境损害风险的行为人立即采取必要的风险防范措施，以避免生态环境损害事件的实际发生；而从生态环境损害事后救济的角度来看，需要创设"责令修复生态环境""责令异地替代修复""责令赔偿生态损失"三种行政命令类型，其中"责令修复生态环境"是在受损的生态环境具备修复可能性时，责令生态环境损害责任人在生态环境损害发生地开展修复工作，而"责令异地替代修复""责令赔偿生态损失"则是在受损的生态环境不具备修复可能性或为了实现生态环境修复效果的最佳化，责令生态环境损害责任人通过异地替代修复或货币赔偿的方式对其所造成的生态环境损害进行填补。

（三）有效性原则

所谓创设行政命令类型时所应当遵循的有效性原则，是指所创设的专门用于救济生态环境损害的行政命令类型应当在客观上具备实现生态环境损害救济的基本功能。换言之，行政机关在开展生态环境损害救济工作时，能够通过适用这些专门用于救济生态环境损害的行政命令类型有效实现对受损生态环境的完整救济。而为了使上述四种专门用于救济生态环境损害的行政命令类型能够符合有效性原则，即需要从是否具备相应救济功能的角度对上述四种行政命令类型进行检视，以确保上述四种行政命令类型能够满足生态环境损害救济的不同特定需求：首先，所创设的"责令消除环境风险"的行政命令应当能够适用于存在科学不确定性的环境风险行为，而无须等到该生态环境损害风险得到科学证实之后才予以适用，以确保在环境风险预防上的"防患于未然"；其次，所创设的"责令修复生态环境"的行政命令应当以受损生态环境的生态服务功能的恢复为核心，也即能够使受损的生态系统在整体上得到修复，而不仅仅局限于受损生态环境内各项环境要素物理状态的恢复或各项环境数据指标数值的恢复；❶ 再次，所创设的"责令异地替代修复"的行政命令应当能够明确开展异地替代性修复的时间、地点以及具体的修复内容，以确保通过异地替

---

❶ 王小刚："生态环境修复和替代性修复的概念辨正——基于生态环境恢复的目标"，载《南京工业大学学报》（社会科学版）2019 年第 1 期，第 36 页。

代性修复工作能够有效填补对生态环境所造成的损害；最后，所创设的"责令赔偿生态损失"的行政命令的赔偿范围应当包括生态服务功能损失、清除污染和修复环境费用、生态环境损害调查评估费用等各项损失和费用，以确保能够实现对生态环境损害的"应赔尽赔"。

二、需要创设的行政命令类型及其适用情境

如前文所述，从目前我国生态环境损害救济的实际需要来看，有必要创设的专门用于救济生态环境损害的行政命令应当包括"责令消除环境风险""责令修复生态环境""责令异地替代修复""责令赔偿生态损失"四种类型。而为了使这些行政命令类型能够在生态环境损害救济实践中充分发挥其特定的作用，则需要对这些专门用于救济生态环境损害的行政命令类型的基本内涵予以厘定，并对这些行政命令类型的适用情境加以明确。

（一）责令消除环境风险

1. 创设"责令消除环境风险"行政命令的必要性

德国社会学家乌尔里希·贝克（Ulrich Beck）认为，由于人类对工业社会与科学理性的盲目推崇，现代社会已经不可避免地进入风险社会。[1] 而在诸多类型的社会风险之中，存在着大量的具有高度科学不确定性的环境风险，[2] 这些环境风险的普遍存在，使得决策者必须在尚存诸多未知信息的情况下进行相关决策。[3] 然而，由于实践中的环境风险问题通常并不存在唯一确定的解

---

[1] ［德］乌尔里希·贝克：《风险社会》，何博闻译，译林出版社2004年版，第29页。

[2] 何香柏："风险社会背景下环境影响评价制度的反思与变革——以常州外国语学校'毒地'事件为切入点"，载《法学评论》2017年第1期，第133页。

[3] 金自宁："作为风险规制工具的信息交流——以环境行政中TRI为例"，载《中外法学》2010年第3期，第382页。

决途径，并且决策者与社会公众通常对于经济发展和生态环境保护两者存在不同的倾向性，导致决策者与社会公众对于环境风险问题的解决思路往往也会存在一定的分歧，而当这一分歧无法调和时，便会引发针对环境风险的相关诉讼。

环境风险相关诉讼主要是指旨在消除生态环境损害风险的环境民事公益诉讼或环境行政公益诉讼。在环境保护制度较为发达且全民笃信司法的美国，环境风险相关诉讼较为普遍，近年来最具代表性的环境风险诉讼案件当属"马萨诸塞州诉联邦环保局案"，该诉讼是由包括美国马萨诸塞州在内的 12 个州以及若干地方政府和环保组织共同提起的，原告要求美国联邦环保局依照《美国清洁空气法》之规定，对机动车辆排放二氧化碳等温室气体的行为进行法律规制。[1] 该案经美国联邦最高法院审理后于 2007 年 4 月作出最终判决，美国联邦最高法院认为二氧化碳等温室气体属于《美国清洁空气法》中对于"大气污染物"的界定，因此除非美国联邦环保局能够证明二氧化碳等温室气体与全球变暖无关，否则美国联邦环保局应当对二氧化碳等温室气体负有监管责任。[2] 显然，由于温室气体排放是否会直接导致全球气温升高或其他气候变化目前无法得到科学的确切证实，因而该案是典型的涉及科学不确定性问题的环境风险案件。[3]

而在我国，随着 2015 年 1 月最高人民法院出台的《关于审理

---

[1] 陈冬："气候变化语境下的美国环境诉讼——以马萨诸塞州诉美国联邦环保局案为例"，载《环球法律评论》2008 年第 5 期，第 84 页。

[2] 马存利："全球变暖下的环境诉讼原告资格分析——从马萨诸塞州诉联邦环保署案出发"，载《中外法学》2008 年第 4 期，第 630 页。

[3] 刘东亮："涉及科学不确定性之行政行为的司法审查——美国法上的'严格检视'之审查与行政决策过程的合理化的借鉴"，载《政治与法律》2016 年第 3 期，第 132 页。

环境民事公益诉讼案件适用法律若干问题的解释》第 1 条❶将"具有损害社会公共利益的重大风险"的行为纳入环境民事公益诉讼的适用范围之后,我国涉及环境风险的环境民事公益诉讼案件也开始出现。如 2017 年 7 月,环保组织自然之友针对在云南省红河干流戛洒江上开发建设的戛洒江水电站存在破坏濒危野生动物绿孔雀栖息地的重大风险,向云南省楚雄彝族自治州中级人民法院提起环境民事公益诉讼,要求被告中国水电顾问集团新平开发有限公司立即停止戛洒江水电站的开发建设工作,且不得进行清库砍伐和截留蓄水。在该案的庭审中,原被告双方就戛洒江水电站的开发建设行为是否存在破坏绿孔雀栖息地的重大风险进行了激烈的辩论。原告方通过提供视频、照片、文献资料等证据材料,力图证明戛洒江水电站淹没区的河滩地是绿孔雀的重要栖息地,而被告方则认为绿孔雀虽然会在水电站淹没区的河滩地活动,但并不意味着绿孔雀的栖息地仅限于此,野生动物存在越界活动和不断迁徙的可能,因此建设戛洒江水电站并不一定会导致野生绿孔雀种群的灭绝。❷ 由此可见,该案中水电站的开发建设行为是否会对濒危野生动物的生存造成重大风险同样存在不确定性,因而该案也属于典型的涉及科学不确定性问题的环境风险案件。

事实上,我国在通过《关于审理环境民事公益诉讼案件适用法律若干问题的解释》正式将重大环境风险行为纳入环境民事公益诉讼的适用范围之后,实践中已有部分社会组织提起了若干此

---

❶ 最高人民法院《关于审理环境民事公益诉讼案件适用法律若干问题的解释》(2015)第 1 条规定:"法律规定的机关和有关组织依据民事诉讼法第五十五条、环境保护法第五十八条等法律的规定,对已经损害社会公共利益或者具有损害社会公共利益重大风险的污染环境、破坏生态的行为提起诉讼,符合民事诉讼法第一百一十九条第二项、第三项、第四项规定的,人民法院应予受理。"

❷ 刘晓星:"是否存在生态环境风险谁说了算?",载《中国环境报》2018 年 9 月 28 日,第 8 版。

类预防性环境民事公益诉讼，在生态环境损害的风险预防方面取得了一定的积极效果。但是，目前我国仅能通过环境民事公益诉讼单一途径对生态环境损害风险进行预防性救济的制度安排，显然存在明显的不足之处。

首先，社会组织在针对生态环境损害风险提起预防性环境民事公益诉讼时，将会面临更为严峻的诉讼能力不足问题。如本书第一章所述，我国的社会组织在针对生态环境损害结果提起恢复性环境民事公益诉讼时即普遍存在专业技术能力不足与缺乏资金支持等诸多困难。基于此，不难推导出我国社会组织在提起因存在大量科学不确定性问题而导致诉讼难度更大、因果关系证明更为复杂、对专业技术能力要求更高的预防性环境民事公益诉讼时，其诉讼能力不足问题将会更为凸显。事实上，由于在对生态环境损害"重大风险"进行证明和认定过程中所面临的诸多技术性难题，❶ 实践中我国的社会组织所提起的预防性环境民事公益诉讼的数量是极少的。有学者统计，截至 2019 年年底，全国范围内仅有中国绿发会和自然之友两家环保组织提起过总计不超过 5 件预防性环境民事公益诉讼。❷

其次，通过环境民事公益诉讼制度对生态环境损害风险进行预防性救济，仍属于通过诉讼途径对生态环境损害进行救济之范畴，因而仍然难以避免诉讼程序的冗长性特征与生态环境损害救济的紧迫性要求之间的矛盾。事实上，相对冗长的环境民事公益诉讼制度不仅难以胜任对生态环境损害结果的恢复性救济，在对生态环境损害风险的预防性救济中，环境民事公益诉讼制度同样

---

❶　竺效主编：《环境公益诉讼实案释法》，中国人民大学出版社 2018 年版，第 44 页。

❷　张洋、毋爱斌："论预防性环境民事公益诉讼中'重大风险'的司法认定"，载《中国环境管理》2020 年第 2 期，第 138 页。

难以有效承担充分的风险预防功能。这是因为生态环境损害风险时刻存在着由"损害风险状态"转化为"损害结果状态"的可能性，而一旦由生态环境损害风险转化为生态环境损害结果，就会产生高额的修复成本，甚至可能因受损的生态环境无法修复而造成永久性的生态环境损害，故生态环境损害风险预防对于所采取的预防途径的便捷性和高效性同样有着较高的要求。换言之，生态环境损害风险预防同样需要一个程序简便、行动迅速的预防途径，这就使得相对冗长的环境民事公益诉讼制度难以承担对于生态环境损害风险的预防性救济功能。

综上所述，仅通过环境民事公益诉讼制度实际是难以对我国实践中数量众多的生态环境损害风险进行预防性救济的。而正是因为环境民事公益诉讼制度在生态环境损害风险预防上的能力不足问题，使得我国实践中对于生态环境损害风险的预防性救济存在很大程度的缺失，这就导致诸多原本可以在事前预防阶段即能够予以根除的生态环境损害风险最终演变成了生态环境损害事实，使得生态环境遭受了实质性的损害，由此造成了生态环境保护领域内"先污染、后治理"的不利局面。因此，有必要改变目前我国通过环境民事公益诉讼单一途径对生态环境损害风险进行预防性救济的现状。事实上，正如我国台湾地区学者王泽鉴教授所言，"行政，依其性质及作用，更适于防治危险"，❶ 通过更为高效的行政途径对生态环境损害风险进行预防性救济是更为科学的选择。而基于行政命令的及时性与高效性特征，有必要将行政命令引入对生态环境损害的风险预防之中，通过创设"责令消除环境风险"的行政命令类型，构建通过行政命令对生态环境损害风险进行预防性救济的制度体系。

---

❶ 王泽鉴："危险社会、保护国家与损害赔偿法"，载《月旦法学杂志》2005 年第 2 期，第 133 页。

2. "责令消除环境风险"行政命令的适用情境

本书认为，为了使"责令消除环境风险"的行政命令能够契合环境法律体系中风险预防原则的要求，有必要明确"责令消除环境风险"的行政命令既能够适用于倘若不加以防范则会导致生态环境损害结果发生的重大风险，也能够适用于倘若不加以防范则会导致生态环境损害结果发生的轻微风险，如此方能对实践中各种程度的生态环境损害风险进行全面的预防性救济。事实上，在诸多存在科学不确定性问题的生态环境损害风险中，其科学不确定性的程度是存在一定的区别的。通常来说，依照生态环境损害结果发生的可能性程度的大小，可以将环境风险分为危险、风险和潜在风险三个等级，其中危险是指损害结果的发生具有充分盖然性，风险是指损害结果通常不会发生，潜在风险是指损害结果几乎不可能发生。❶

在预防性环境民事公益诉讼制度中，依照《关于审理环境民事公益诉讼案件适用法律若干问题的解释》第 1 条❷之规定，预防性环境民事公益诉讼只能针对具有损害社会公共利益"重大风险"的行为提起。而根据立法者对该条所述的"重大风险"所做的解释，"重大风险"是指依照现有的证据材料和技术能力，能够判定生态环境损害结果的发生具有极大的可能性，❸ 也即"重大风险"概念中的"重大"一词是指生态环境损害结果发生的可能性很大。由此可见，立法者认为只有处于危险等级的生态环境损害风险行

❶ 刘刚：《风险规制：德国的理论与实践》，法律出版社 2012 年版，第 180 页。
❷ 最高人民法院《关于审理环境民事公益诉讼案件适用法律若干问题的解释》(2015) 第 1 条规定："法律规定的机关和有关组织依据民事诉讼法第五十五条、环境保护法第五十八条等法律的规定，对已经损害社会公共利益或者具有损害社会公共利益重大风险的污染环境、破坏生态的行为提起诉讼，符合民事诉讼法第一百一十九条第二项、第三项、第四项规定的，人民法院应予受理。"
❸ 最高人民法院环境资源审判庭编：《最高人民法院关于环境民事公益诉讼司法解释理解与适用》，人民法院出版社 2015 年版，第 27 页。

为才有必要适用预防性环境民事公益诉讼。换言之，预防性环境民事公益诉讼的适用对象是倘若不加以防范则有极大可能会导致生态环境损害结果发生的重大风险，而仅具有一般风险或潜在风险的环境风险，则无须通过预防性环境民事公益诉讼途径予以救济。

立法者将预防性环境民事公益诉讼的适用范围限于生态环境损害结果的发生具有极大可能性的重大风险行为，是其在进行"成本－收益"考量后作出的理性选择，立法者意图通过对预防性环境民事公益诉讼的适用范围的严格管控，避免因预防性环境民事公益诉讼制度被滥用而对经济发展与科技进步造成负面影响。❶然而本书认为，这一观点在生态环境损害的预防性救济中并不适当。毋庸讳言，任何建设项目或多或少都会存在一定的环境风险，因而倘若过度扩张生态环境损害预防性救济的适用范围，将一些几乎不具备发生可能性的生态环境损害风险也纳入预防性环境民事公益诉讼的救济范围，则会导致实践中诸多建设项目无法正常开展，进而有可能会妨碍经济社会的进一步发展，甚至可能会对公众的日常生活造成诸多的负面影响，因而确实是不尽合理的。

但是，将生态环境损害预防性救济的适用范围仅限于倘若不加以干涉则有极大可能会导致生态环境损害结果发生的重大风险，则同样不具备合理性：事实上，实践中更多的环境风险会因为存在科学不确定性问题而无法预测其是否必然会导致生态环境损害结果的最终发生。但是，倘若认为生态环境损害结果发生的可能性不高，而不对这类生态环境损害风险采取相应的预防措施，那么当生态环境损害后果一旦发生，就不得不付出千百倍的代价来修复生态环境，甚至可能因为造成了不可逆的损害结果而导致受

---

❶ 张旭东："预防性环境民事公益诉讼程序规则思考"，载《法律科学》（西北政法大学学报）2017 年第 4 期，第 165 页。

损的生态环境根本无从修复。因此，即使认为某些生态环境损害风险实际转化为生态环境损害结果的可能性不大，或者认为所作出的风险预防行为可能会对经济社会的发展造成一定的负面影响，也应当对这些存在科学不确定性的生态环境损害风险采取必要的预防措施，此所谓"两害相较取其轻"。

故本书认为，"责令消除环境风险"的行政命令的适用范围不应当局限于倘若不加以防范则有极大可能会导致生态环境损害结果发生的重大风险，而对于生态环境损害的一般风险，也同样可以适用"责令消除环境风险"的行政命令。当然，对于实践中不同程度的生态环境损害风险，可以分别作出内容不同的"责令消除环境风险"的行政命令：如对于存在损害生态环境重大风险的建设项目，行政机关在其作出的"责令消除环境风险"的行政命令之中，应当责令建设方立即停止开发建设行为，并可以责令建设方将已经开发建设的工程项目恢复至未开发建设之前的状态；而对于存在损害生态环境一般风险的建设项目，行政机关在其作出的"责令消除环境风险"的行政命令之中，可以责令建设方先行放缓开发建设进度，并组织非隶属于该项目环评编制单位的专家学者对开发建设行为是否会造成生态环境损害再次进行论证，并根据论证结果对建设项目的环境风险程度重新进行评价，倘若在二次论证后仍得出该建设项目存在损害生态环境相关风险的结论，则应当依据"防患于未然"的风险预防原则，责令建设方停止开发建设行为。总而言之，对于不同程度的生态环境损害风险应当适用不同的风险预防措施，从而避免因"一刀切"而对企业甚至整个社会的经济发展造成阻碍。❶

---

❶ 董斌："环境民事公益诉讼中预防性责任适用规则的优化路径"，载《中国环境管理》2019 年第 5 期，第 124 页。

3. "责令消除环境风险"行政命令的具体内容

在行政机关向行政相对人作出的"责令消除环境风险"的行政命令之中,应当明确告知行政相对人该生态环境损害风险的产生与其所为行为之间的因果关系、其所造成的生态环境损害风险的危险程度以及该生态环境损害风险一旦转化为生态环境损害事实后可能造成的危害后果。在此基础上,还应当明确告知行政相对人所应当履行的具体义务,如立即停止建设、立即停止排污、立即清理环境中的污染物等,以及行政相对人履行上述义务的时间期限。而为了使行政相对人严格遵守行政机关作出的行政命令,在"责令消除环境风险"的行政命令之中还应当明确告知行政相对人不履行行政命令时将会导致的行政处罚等惩戒性后果。

除此之外,基于科学不确定性问题的存在,"责令消除环境风险"行政命令的具体内容有可能在将来被证实是不完全正确的。换言之,随着科学技术水平的进步,一些先前存在科学不确定性问题的环境风险行为有可能在将来被证实其实并不存在生态环境损害风险,这就导致行政机关先前所作出的"责令消除环境风险"的行政命令,有可能在经历了一段时间后被证明实际属于一种"过度预防"。但本书认为,此时行政机关也无须对先前所作出的"错误"决定承担相应的赔偿责任,这是因为科学不确定性问题的客观存在,导致行政机关在当时只能基于风险预防原则而作出"责令消除环境风险"的行政命令,其目的在于对生态环境进行最大限度的保护,而并不存在损害行政相对人利益的主观故意。因此,不应在事后对行政机关积极预防生态环境损害风险的行为予以过度苛责,否则即有可能造成行政机关在风险预防工作上的多重顾虑,从而不利于对生态环境损害进行全面的预防性救济。

当然,行政机关无须进行相应的赔偿并不意味着其可以恣意作出"责令消除环境风险"的行政命令。事实上,行政机关在作出各项行政命令之前，均需经过专家论证以及公众参与等多个环节，❶ 因而行政机关在行政命令作出程序中的自由度是受到相应限制的。同时，虽然科学不确定性因素的存在可以阻却作出"错误"行政命令的行政机关向行政相对人承担赔偿责任，但前述作出"错误"行政命令的行政机关仍有必要向行政相对人进行适当补偿，以平衡相关方的利益，避免行政相对人对生态环境保护工作产生抵触情绪。

（二）责令修复生态环境

1. 创设"责令修复生态环境"行政命令的必要性

创设"责令修复生态环境"这一行政命令的必要性在于我国环境法律体系中既有的"责令恢复原状"的行政命令类型在生态环境损害救济中的功能较为有限。如前文所述，在目前我国的环境法律体系中，存在"责令消除污染""责令恢复原状""责令赔偿损失"等若干具备生态环境损害救济部分功能的行政命令类型，其中"责令恢复原状"这一行政命令的功能在于使受到污染或破坏的生态环境恢复至未受损时的物理状态，❷ 因而"责令恢复原状"在生态环境损害的物理性修复方面具有一定的适用价值。但同样如前文所述，对于受损生态环境所进行的物理性修复与生态性修复之间是存在很大的区别的，后者的难度明显高于前者，物理性修复通常只能使受损的生态环境在表面上得到修复，但并不能从根本上解决生态环境损害问题。

由于"责令恢复原状"仍未脱离仅对受损的生态环境进行物理性修复的范畴，因而在"责令恢复原状"的语境下，修复责任

---

❶ 胡静："我国环境行政命令实施的困境及出路"，载《华中科技大学学报》（社会科学版）2021年第1期，第94页。

❷ 刘超："环境修复审视下我国环境法律责任形式之利弊检讨——基于条文解析与判例研读"，载《中国地质大学学报》（社会科学版）2016年第2期，第9页。

人只需确保将受损区域内的各项环境数据指标恢复至未受损时的水平即可，而无须进一步关注受损生态环境内的生态系统是否恢复平衡、各项生态服务功能是否恢复等各项生态性指标的恢复程度，这就使得"责令恢复原状"的功能实际是较为有限的。❶ 除此之外，在行政机关所作出"责令恢复原状"的行政命令之中，主要的关注点通常仅在于修复结果是否符合预期，但是对于修复责任人究竟采用何种方式对受损的生态环境进行修复，行政机关往往不会予以过多的关注。这就使得修复责任人有可能未选择环境友好型的修复方案，从而导致在修复过程中出现二次污染，甚至有可能进一步引发其他生态环境损害事件。

事实上，正是基于我国环境法律体系中"责令恢复原状"这一行政命令无法有效救济生态环境损害的客观现实，最高人民法院在 2019 年 6 月印发的《关于审理生态环境损害赔偿案件的若干规定（试行）》中提出，人民法院可以判决生态环境损害赔偿案件的被告承担"修复生态环境"责任而非"恢复原状"责任。❷ 而在 2020 年 12 月最高人民法院对民事诉讼类司法解释的修改中，也将《关于审理环境民事公益诉讼案件适用法律若干问题的解释》❸

---

❶ 康京涛："生态修复责任：一种新型的环境责任形式"，载《青海社会科学》2017 年第 4 期，第 54 页。

❷ 最高人民法院《关于审理生态环境损害赔偿案件的若干规定（试行）》（2019）第 11 条规定："被告违反法律法规污染环境、破坏生态的，人民法院应当根据原告的诉讼请求以及具体案情，合理判决被告承担修复生态环境、赔偿损失、停止侵害、排除妨碍、消除危险、赔礼道歉等民事责任。"

❸ 最高人民法院《关于审理环境民事公益诉讼案件适用法律若干问题的解释》（2020）第 18 条规定："对污染环境、破坏生态，已经损害社会公共利益或者具有损害社会公共利益重大风险的行为，原告可以请求被告承担……修复生态环境……等民事责任。"

和《关于审理环境侵权责任纠纷案件适用法律若干问题的解释》❶
中关于"恢复原状"的表述尽数修改为"修复生态环境"。由此可
见，我国立法者已经认识到"修复生态环境"与"恢复原状"之
间是存在较为明显的区别的。正是基于"恢复原状"在救济生态
环境损害时所存在的功能局限，我国立法者也开始尝试运用"修
复生态环境"来替代"恢复原状"。

由此可见，在对生态环境损害进行修复的过程中，应当适用
能够对受损生态环境进行生态性修复的"修复生态环境"，而不宜
适用仅能对受损生态环境进行物理性修复的"恢复原状"。结合前
文中对于应当通过行政命令对生态环境损害进行救济的逻辑证成，
不难得出应当创设"责令修复生态环境"的行政命令类型，而对
受损的生态环境进行有效救济。

2. "责令修复生态环境"行政命令的适用情境

本书认为，出于有效提升区域内生态环境质量以及充分维护
环境公共利益之目的，行政机关对于其所发现和掌握的所有的生
态环境损害，无论该生态环境损害的程度较为严重或较为轻微，
只要该生态环境损害在客观上仍具有修复可能性，行政机关即应
当向生态环境损害责任人作出"责令修复生态环境"的行政命令，
责令其开展生态环境修复工作。换言之，"责令修复生态环境"的
行政命令的适用范围是行政机关所发现和掌握的所有具备修复可
能性的生态环境损害。

当然，行政机关对于客观上具备修复可能性的生态环境损害
均应当作出"责令修复生态环境"的行政命令之要求，也会带来
在某些修复成本极高的生态环境损害案件中，出于"成本－收益"

---

❶ 最高人民法院《关于审理环境侵权责任纠纷案件适用法律若干问题的解释》
（2020）第 13 条规定："人民法院应当根据被侵权人的诉讼请求以及具体案情，
合理判定侵权人承担……修复生态环境……等民事责任。"

分析之考虑，是否还应当责令生态环境损害责任人对受损的生态环境进行修复的疑问。但本书认为，在生态环境修复的过程中不应过多考虑经济效益问题，即使生态环境损害责任人所需支出的修复成本显著高于生态环境修复后所能获得的生态利益，但只要该生态环境损害仍具备修复可能性，行政机关即应当责令造成生态环境损害的责任人开展生态环境修复工作，并对受损的生态环境进行完整救济，其理由如下。

首先，在计算生态环境损害修复后所能获得的生态利益时，通常只能对生态环境损害修复后所能够直接获得的生态利益进行估算，但实际上生态利益不仅包括了当代人的利益，还包括了后代人的利益也即代际利益，❶ 这种代际利益关系到某一地区、某一国家甚至人类整体的永续发展，因而其利益通常是特别巨大且难以估量的。因此，虽然从表面上看生态环境修复工作所需支出的修复成本可能高于生态环境损害修复后所能获得的生态利益，但倘若从长远来看，所需支出的修复成本实际是远远低于包含了代际利益在内的总体生态利益的。其次，从环境法律体系中的原因者负担原则来看，生态环境损害责任人对于其所造成的生态环境损害具有修复的义务，而任何尝试减免生态环境损害责任人的生态环境修复义务之行为，实际都是对原因者负担原则的违反。再次，从提升生态环境质量以及维护环境公共利益的角度来看，倘若因为生态环境修复的成本过高而不要求生态环境损害责任人对其所造成的生态环境损害进行修复，则会造成生态环境受损状态的持续，从而对社会公众的日常生活和身心健康造成负面影响，环境公共利益也无法得到有效维护。最后，从减少生态环境损害事件发生的角度来看，严格责令生态环境损害责任人足额承担高

---

❶ 刘茜、黄锡生："生态利益代际衡平法律制度构建"，载《云南社会科学》2014年第 5 期，第 133 页。

额的修复成本，可以使其不敢再为生态环境损害行为，同时也可以对其他潜在的生态环境损害责任人形成有效威慑，降低其损害生态环境的可能性，从而在一定程度上减少生态环境损害事件的发生。

综上所述，行政机关在作出"责令修复生态环境"的行政命令时无须过多关注生态环境损害的修复成本问题，而仅应当从如何使受损的生态环境得到最佳修复以最大限度维护环境公共利益的角度，向生态环境损害责任人作出"责令修复生态环境"的行政命令。

3. "责令修复生态环境"行政命令的具体内容

行政机关所作出的"责令修复生态环境"的行政命令应当以受损生态环境的生态服务功能的恢复为核心，而不应当局限于使受损生态环境内各项环境要素的物理状态得到恢复或使受损生态环境内各项环境数据指标的数值得到恢复。换言之，"责令修复生态环境"的行政命令不仅应当要求受损的生态环境在修复后各项环境数据指标能够符合环境标准的相关要求，还应当关注受损区域内的生态系统是否在整体上得到恢复，如受损区域内生物多样性是否得到恢复，受损生态环境的生态服务功能如淡水供给、空气质量调节、洪水调控等是否得到恢复，以及某些属于自然遗产的受损生态环境的文化传播和休闲娱乐功能是否得到恢复等。❶

具体而言，在行政机关向生态环境损害责任人所作出的"责令修复生态环境"的行政命令之中，应当以附件的形式载明由具备相应资质的生态环境修复机构所编制的且经过相关专家学者论证的修复方案，并且在行政命令中明确要求生态环境损害责任人必须严格依照该修复方案开展生态环境修复工作。这是因为这些

---

❶　傅伯杰、于丹丹、吕楠："中国生物多样性与生态系统服务评估指标体系"，载《生态学报》2017 年第 2 期，第 345 页。

由具备相应资质的生态环境修复机构所编制的且经过相关专家学者论证的修复方案通常都会选用环境友好型的修复技术，从而可以避免在生态环境修复过程中出现二次污染或引发其他生态环境损害事件。除此之外，还应当明确告知生态环境损害责任人在其对受损生态环境进行修复后，行政机关验收时将会采用的评价标准。❶ 当然，在"责令修复生态环境"的行政命令之中还应当明确告知生态环境损害责任人不履行行政命令时将会导致的行政处罚等惩戒性后果，以督促生态环境损害责任人严格遵守行政机关所作出的"责令修复生态环境"的行政命令。

（三）责令异地替代修复

1. 创设"责令异地替代修复"行政命令的必要性

所谓"异地替代修复"，是指在生态环境损害事件中，由于某些客观原因导致无法或不宜在生态环境损害事件的发生地开展原地修复，因而采取的在其他地点进行生态环境修复或开展其他形式生态环境保护工作作为替代的一种修复方式，其目的在于"提供某种与受损生态环境原有状态和功能大体相当的替代性生态环境"。❷ "异地替代修复"不要求修复地点必须在生态环境损害事件的发生地，也不要求修复行为必须与生态环境损害的类型相对

---

❶ 美国学者弗兰克·克罗斯（Frank B. Cross）提出，证明受损的生态环境已经得到恢复的标准应当包括五个方面：一是可持续性标准，即修复后的生态环境已经能够独自生存发展并在一定程度上抵御自然灾害；二是稳定性标准，即修复后的生态环境能够在一定程度上抵御外来物种入侵；三是生产力恢复标准，即在修复后的生态环境中动植物的生产力能够达到未损害时的水平；四是物质循环标准，即在修复后的生态环境中各类物质能够有效循环，以供动植物和微生物生存发展；五是生物链标准，即修复后的生态环境能够形成生物链并维持当地的基因库。See Frank B. Cross, Restoring Restoration for Natural Resource Damages, *University of Toledo Law Review*, 1993, Vol. 24, Issue 2, pp. 319 – 344.

❷ 王小钢："生态环境修复和替代性修复的概念辨正——基于生态环境恢复的目标"，载《南京工业大学学报》（社会科学版）2019 年第 1 期，第 41 页。

应，因而在适用上具有相当高的灵活性。事实上，"异地替代修复"的生态环境损害救济途径已为世界范围内多个国家或地区所接受和应用，如在《欧盟环境责任指令》的附件Ⅱ"环境损害补救"中，即提出了"补偿性补救"的概念，也即在生态环境损害无法原地修复时，可以在其他的替代地点采取补救措施。❶

从严格意义上来说，"异地替代修复"可以进一步分为"异地修复"和"替代修复"两种类型。其中"异地修复"是指在生态环境损害事件发生地之外的其他地区开展的同类型的修复，也即保持生态环境修复工作的具体内容不变，只是基于客观情况或实际需要，将生态环境修复工作改为在异地进行。实践中较为常见的"异地修复"当属异地补种树木，这是因为在一些小规模盗伐林木行为所造成的生态环境损害事件中，盗伐林木行为的发生地的位置往往较为偏远，因而倘若在盗伐行为发生地补种树木，则既不便于后期对补种的树木进行抚育养护，也不利于行政机关对补种责任人进行日常监督管理，从而有可能造成补种的树木成活率较低，由此导致生态环境修复的效果不甚理想。除此之外更为重要的是，小规模盗伐林木行为所造的生态环境损害可以通过植物的自然生长而逐渐得到恢复，而通过异地补种树木的"异地修复"方式，行政机关可以要求补种责任人在更为需要植树造林的地区开展补种活动，如可以要求补种责任人在荒漠化地区或水土流失严重地区进行植树造林，从而可以使补种树木的行为取得更为显著的生态环境保护效果。由此可见，在某些特定的生态环境损害事件中，通过"异地修复"的方式要求修复责任人在指定的地点开展修复工作，会比在生态环境损害事件的发生地开展修复工作更具合理性和有效性。从这一角度来说，"异地修复"并非是

---

❶　［英］马克·韦尔德：《环境损害的民事责任：欧洲和美国法律与政策比较》，张一心、吴婧译，商务印书馆 2017 年版，第 345 页。

原地修复无法进行时的一种备选方案，而是具有独立适用价值的一种生态环境修复方式。

而"替代修复"是指对于某些难以直接修复或因环境自净能力而无须修复的生态环境损害，可以由修复责任人开展其他形式的生态环境保护工作作为替代，以折抵其造成的生态环境损害。❶通常来说，"替代修复"的适用范围更加广泛，这是因为实践中难以直接修复或因环境自净能力而无须修复的生态环境损害是较为常见的：如对于在河道或其他水域内非法采砂所造成的生态环境损害，由于对盗采行为发生地点的不确定以及对河床具体状况的不确定，实践中难以通过将盗采的砂石重新填入河道或水体的方式进行生态环境修复，故此时即需要开展"替代修复"；再比如在一些非法猎捕濒危野生动物案件中，遭到非法猎捕的野生动物已经死亡不可复生，因而也就难以对非法猎捕行为所造成的生态环境损害进行直接修复，故此时同样需要开展"替代修复"；又如在一些向水体中排放污染物而导致水体污染的生态环境损害事件中，随着水体的流动和环境自净能力的作用，水体的污染状态可能会在持续一段时间后自行消除，因而也就不存在开展生态环境修复工作的必要，但是生态环境损害责任人的修复责任却不能因水体污染状态的自行消除而予以免除，此时即需要通过"替代修复"的方式使生态环境损害责任人承担相应的修复责任。

而"替代修复"的具体方式也是相当多样的：如对于前述非法采砂行为所导致的生态环境损害，可以由修复责任人向江河中投放鱼苗，以增殖流放的方式进行"替代修复"，也可以由修复责任人在江边种植树木，以造林固堤的方式进行"替代修复"；对于前述非法捕猎野生动物而导致的生态环境损害，则可以由修复责

---

❶ 徐秋颖："地方探索生态损害'替代性修复'"，载《民主与法制时报》2020 年 9 月 24 日，第 1 版。

任人修建动物栖息地的方式进行"替代修复";而对于前述因环境自净能力而无须修复的水体污染损害,则可以综合利用上述增殖放流、补种复绿、营造动物栖息地等多种方式进行"替代修复"。总而言之,由于"替代修复"并不要求修复行为与损害行为之间具有关联性,因而只要是客观上具备生态环境保护相关功能并能够使区域内生态环境质量在整体上得到提升的行为,都可以在"替代修复"中予以适用,故"替代修复"在生态环境损害救济的相关实践中具有很大的适用空间。

除此之外,在一些无法直接进行修复或因环境自净能力而无须修复的生态环境损害事件中,适用"替代修复"而使生态环境损害责任人通过多种方式亲身践行生态环境修复工作,其效果是要优于直接要求生态环境损害责任人缴纳生态环境损害赔偿金的。[1] 这是因为金钱赔偿在一定程度上会使部分生态环境损害责任人产生"用钱购买污染特权"的错误认知,从而不利于对一些资金充足的生态环境损害责任人的生态环境损害行为形成有效制约。而与此相反,通过各种类型的"替代修复"方式,让生态环境损害责任人亲身践行生态环境修复工作,可以在一定程度上提升生态环境损害责任人的生态环境保护意识,降低其今后再次作出生态环境损害行为的可能性。

综上所述,包含了"异地修复"与"替代修复"在内的"异地替代修复"在生态环境损害救济实践中具有较为广泛的适用空间,因而是一项颇具实用价值的生态环境损害救济途径。"异地替代修复"不仅可以使一些无法直接修复或因环境自净能力而无须修复的生态环境损害得到替代性救济,从而实现环境法律体系中的原因者负担原则,亦可以为生态环境修复提供更多的选择空间,

---

[1]　蔡唱:"民法典时代环境侵权的法律适用研究",载《法商研究》2020年第4期,第172页。

使得生态环境修复工程能够在最需要的地点开展，从而取得更为理想的修复效果，以使区域内的生态环境质量在整体上得到更为显著的提升。除此之外，通过"异地替代修复"还有利于行政机关在多种可行的修复方案中作出最为合理的选择，从而同时实现经济利益与生态利益的最大化。❶ 因此，基于前文所述的应当通过行政命令途径对生态环境损害进行救济的结论，有必要创设"责令异地替代修复"的行政命令。

2. "责令异地替代修复"行政命令的适用情境

本书认为，"责令异地替代修复"的行政命令可以在以下情境中加以适用：首先，"责令异地替代修复"可以在无法原地修复的生态环境损害事件中加以适用，如对于难以直接开展修复工作的河道非法采砂行为所造成的生态环境损害，重庆市江津区运用了植树造林的方式进行替代修复，❷ 而对于非法猎捕濒危野生动物而造成的生态环境损害，内蒙古自治区兴安盟引入了营造动物栖息地的方式进行替代修复；❸ 其次，"责令异地替代修复"可以在异地修复能够取得更佳修复效果的情境下加以适用，如在盗伐或滥伐林木行为所造成的生态环境损害事件中，为了取得更为理想的生态环境治理效果，山东省在煤矿塌陷区、森林火灾发生地等亟须通过补种树木以恢复生态的地区建立了司法修复基地，并要求修复责任人在上述指定区域内履行补种树木等生态环境修复义务，进行异地替代修复；❹ 再者，"责令异地替代修复"可以在寻求降

---

❶ Joshua Lipton, Ece Özdemiroğlu, David Chapman, Jennifer Peers, Equivalency Methods for Environmental Liability, Springer, 2018, p. 8.

❷ 黄乔："江津实施生态环境损害替代性修复措施"，载《重庆日报》2018 年 8 月 14 日，第 2 版。

❸ 吴琼、刘畅："以营造动物栖息地方式进行'替代性修复'"，载《人民法院报》2019 年 1 月 3 日，第 3 版。

❹ 闫继勇："山东：环境资源专门化审判体系覆盖全省"，载《人民法院报》2020 年 6 月 8 日，第 8 版。

低救济成本的情况下加以适用，如福建省南平市通过由修复责任人一次性认购"碳汇"的方式对盗伐或滥伐林木所造成的生态环境损害进行替代性修复，以避免修复责任人后期怠于履行修复义务的风险，同时也节约了司法机关和行政机关长期监督修复责任人补种树木和抚育管护林木行为的监督成本；❶ 最后，"责令异地替代修复"可以在修复责任人确无能力承担生态环境损害修复或赔偿责任时加以适用，如江苏省连云港市引入了"劳动代偿"制度，要求确无履责能力的修复责任人通过进行公益劳动的方式替代履行生态环境修复义务，从而解决了如何使缺乏赔偿能力的修复责任人承担生态环境损害赔偿责任的难题。❷

3. "责令异地替代修复"行政命令的具体内容

在"责令异地替代修复"的行政命令之中，最为重要的内容即在于异地修复地点的选择以及替代修复方式的选择。其中，异地修复地点的选择应当以能否使生态环境修复效果实现最优化为评判标准，由行政机关根据所辖行政区域内生态环境治理的实际需要作出统筹安排，选择所辖区域内最需要进行生态环境修复的地点开展异地修复工作，以使区域内的生态环境质量能够得到最大化的提升；而替代修复方式的选择则应当以能否使受损的生态环境得到等值重建或替换，以及能否使修复责任人完整承担其生态修复义务为标准，由行政机关选择修复责任人有能力履行且能够使修复责任人完整承担其生态环境修复义务的方式进行替代修复，以确保能够通过替代修复途径有效填补其所造成的生态环境损害。

---

❶ 张聪："自愿认购'碳汇'替代性修复受损环境"，载《中国环境报》2020 年 3 月 23 日，第 8 版。

❷ 贺震："江苏探索环境司法之路"，载《中国环境报》2016 年 4 月 22 日，第 8 版。

在行政机关向修复责任人所作出的"责令异地替代修复"的行政命令之中，应当明确告知修复责任人其开展异地替代修复的时间、地点、具体的修复方案以及评价修复工作是否符合要求的验收标准。如果是采用异地植树造林、异地营造动物栖息地等需要长期抚育养护或长期维护管理的方式进行异地替代修复的，还应当告知修复责任人其需要对所种植的林木进行抚育养护的期限或对所修建的动物栖息地进行维护管理的期限。同时，在"责令异地替代修复"的行政命令之中还应当明确告知修复责任人不履行行政命令时将会导致的行政处罚等惩戒性后果，以督促修复责任人严格遵守行政机关所作出的"责令异地替代修复"的行政命令。

（四）责令赔偿生态损失

1. 创设"责令赔偿生态损失"行政命令的必要性

创设"责令赔偿生态损失"这一行政命令的必要性首先在于生态环境修复工作的长期性特征与实践中部分修复责任人难以长期保持充分修复能力的客观现实之间存在矛盾。由于生态环境修复工作是一项极为复杂的系统性工程，无论是直接在原地开展修复还是进行异地替代修复，都存在一个相对较长的修复期。如对于土壤环境污染而言，其通常只能在污染事件的发生地开展原地修复工作，而实践中即使是针对较小的土壤环境污染地块开展的修复工程，往往也需要耗费数年的时间。❶ 而在如前文所述的异地补种树木或异地建设动物栖息地等一些异地替代修复的案例之中，在前期的补种阶段或前期的栖息地的建设阶段即需要花费较长的时间，而在树木补种完成或动物栖息地建设完成之后，还需要短则数年、长则十几年甚至数十年的林木抚育养护期或动物栖息地

---

❶ 吴朝香："台州路桥：艰难的土壤污染修复之路"，载《钱江晚报》2017年11月21日，第A2版。

的管理维护期，以确保补种的树木能够存活或新建的动物栖息地能够有效运行。

　　事实上，在上述较长的修复期间内，需要修复责任人不断投入修复资金以保证修复工程的持续进行，因而在适用"责令修复生态环境"和"责令异地替代修复"的行政命令时，对于修复责任人具备长期开展生态环境修复工作的责任心具有较高的要求，同时客观上也需要修复责任人具备长期投入高额的修复资金用于开展生态环境修复工作的经济实力。然而，上述对于修复责任人长期保持充分修复生态环境的责任心以及充足修复生态环境的资金投入的要求是存在一定风险的，这是因为造成生态环境损害的修复责任人通常是一些存在环境风险的生产经营型的工业企业。一方面，这些企业以营利为目的，因而要求其长期投入大量资金用于生态环境修复存在一定的难度，其可能出现擅自减少生态环境修复资金投入等怠于履行生态环境修复义务之行为；另一方面，这些企业在生产经营的过程中存在盈利或亏损的多重可能，也存在因经营不善而导致破产或因环保政策收紧而不得不减产、停产乃至关闭的多重风险，而一旦作为修复责任人的企业出现亏损、破产或关闭等情形，即会在很大程度上影响其对于生态环境修复工程的资金投入，甚至会使其丧失继续投入资金开展生态环境修复工作的能力。因此，从尽可能保证生态环境损害得到有效救济的角度来看，为了规避上述修复责任人怠于履行修复义务或确无能力继续开展修复工作的相关风险，有必要通过"责令赔偿生态损失"的行政命令，在修复责任人尚具备相应的赔偿能力时，要求其先行全额缴纳生态环境损害赔偿金。

　　其次，从节约生态环境损害救济工作的行政成本和时间成本的角度来看，在某些生态环境修复案件中适用"责令赔偿生态损失"的行政命令更为适当。如基于生态环境修复工程的长期性特征，无论是直接在原地开展修复还是进行异地替代修复，都需要行政机关或由行政机关委托第三方机构作为监督者，对修复责任人的修复工作进行长期监督。❶ 而这种长期监督必然需要行政机关持续投入不菲的监督费用，因而也就大大增加了行政机关在生态环境损害救济工作中的行政成本。除此之外，倘若修复责任人在开展生态环境修复工作的过程中存在未严格依照修复方案进行修复等各种怠于履行生态环境修复义务之行为，行政机关即需要通过行政命令程序督促其履行相应的义务，而如果修复责任人反复出现此类怠于履行义务之行为，则行政机关将不得不多次作出责令其履行修复义务的行政命令，这无疑也会极大增加行政机关的行政成本。

而倘若在生态环境修复工程进行的过程中，修复责任人因为某些原因而拒绝继续开展修复工作，则行政机关只能选择向修复责任人追索生态环境损害赔偿金，同时委托第三方机构接替修复责任人继续开展生态环境修复工作。然而，基于生态环境修复工程的复杂性和专业性特征，对于修复责任人已经开展的修复工作如何折抵生态环境损害赔偿金是一个相对棘手的问题。❷ 同时，行政机关选聘第三方修复机构也需要花费一定的时间，这就导致生态环境修复工程所需的时间成本将会无可避免地上升。此外，基于生态环境修复工程的连贯性，修复责任人半途而废的生态环境修复行为将会给接手修复工作的第三方修复机构带来一定的不便，而修复责任人与第三方机构之间的交接过程也需要相应的时间成本。由此可见，适时使用"责令赔偿生态损失"的行政命令，特别是对于一些有较大可能出现怠于履责行为的修复责任人，通过

---

❶ 胡静、崔梦钰："二元诉讼模式下生态环境修复责任履行的可行性研究"，载《中国地质大学学报》（社会科学版）2019 年第 6 期，第 26 页。

❷ 汤啸天："生态环境资源公益诉讼要注重修复功能"，载《人民法院报》2020 年 7 月 18 日，第 2 版。

"责令赔偿生态损失"的行政命令直接要求其缴纳生态环境损害赔偿金，可以在一定程度上降低政府在生态环境损害救济中所需支出的行政成本和时间成本。

最后，对于某些无法在损害行为发生地开展修复工作而只能进行异地替代修复的生态环境损害而言，囿于在修复地点选择上的局限性，异地替代修复并不一定能够实现生态损害救济效果的最佳化，因而需要通过"责令赔偿生态损失"的行政命令来进一步优化生态环境损害救济的效果。具体而言，由于异地替代修复的修复地点通常是由具体承担生态环境损害救济工作的地方人民政府所指定的，因而出于提升本行政区域内生态环境质量之目的，地方人民政府自然仅会在本行政区域内选择异地替代修复地点。但是，生态环境损害事件的发生通常具有区域间不平衡性的特点，如我国东部经济发达地区往往存在较多因无法修复或无须修复而需要进行异地替代修复的案件，而我国的西部地区则存在诸如水土流失和荒漠化等诸多亟须进行修复的生态环境问题。然而，东部地区的地方人民政府不会要求当地的修复责任人去西部地区进行异地替代修复，因而从国家层面来看，异地替代修复并没有实现生态环境损害救济效果的最佳化。因此，倘若能够合理运用"责令赔偿生态损失"的行政命令，要求修复责任人通过缴纳生态环境损害赔偿金的方式承担生态环境损害赔偿责任，再将收缴的生态环境损害赔偿金进行全国统筹，❶ 将生态环境修复资金相对充足地区的部分资金用于资金相对缺乏地区的生态环境修复工作，无疑就能在很大程度上破解部分经济欠发达地区生态环境修复资金匮乏的困局，从而能够在全国范围内实现生态环境质量的最大化提升。

---

❶　林煜："我国生态环境损害赔偿资金制度的困境与出路"，载《中国环境管理》2019 年第 4 期，第 124 页。

综上所述，出于规避修复责任人怠于履行或确无能力履行生态环境修复责任的相关风险，以及出于节约行政机关在生态环境损害救济中所需支出的行政成本和时间成本等因素之考虑，有必要创设以货币赔偿为核心的"责令赔偿生态损失"的行政命令类型，通过要求修复责任人先行缴纳生态环境损害赔偿金的方式，尽可能使生态环境损害能够得到完整救济，并在一定程度上使我国的生态环境质量在整体上得到最大化提升。

2. "责令赔偿生态损失"行政命令的适用情境

如前文所述，为了避免使修复责任人产生可以"用钱购买污染特权"的错误认知，同时尽可能使修复责任人亲身践行生态环境修复工作以提升其生态环境保护意识，行政机关在要求修复责任人承担生态环境损害修复责任时，应当优先适用"责令修复生态环境"或"责令异地替代修复"的行政命令。但同样值得注意的是，优先适用"责令修复生态环境"或"责令异地替代修复"行政命令的前提是修复责任人具备长期投入大量修复资金用于开展生态环境修复工作之能力。换言之，倘若修复责任人是存在较高环境风险或较高亏损风险的生产经营型企业，且无法确保其能够在较长的修复期间内始终具备充足的资金用于生态环境修复工作，那么出于使生态环境损害得到完整救济之目的，则应当直接对其适用"责令赔偿生态损失"的行政命令，要求其先行缴纳生态环境损害赔偿金，以避免在生态环境修复工作正式启动后因修复责任人的资金问题而导致修复工程无法继续进行。除此之外，对于存在故意损害生态环境情节的修复责任人，以及具有怠于履行生态环境修复义务等相关不良记录的修复责任人，行政机关也可以基于对其是否能够长期保持开展生态环境修复工作的责任心的合理怀疑，而直接适用"责令赔偿生态损失"的行政命令，要求其通过先行缴纳生态环境损害赔偿金的方式承担生态环境损害赔偿责任。

具体而言，在生态环境损害事件发生之后，行政机关在组织生态环境修复领域内的专家学者就该生态环境损害事件制定修复方案并计算生态环境损害赔偿金的同时，亦需要对修复责任人开展相应的调查与评估工作。其中，需要进行调查的事项主要包括修复责任人目前的生产经营状况，其未来是否存在亏损、破产或关闭等可能影响其履行生态环境修复义务的各类风险，以及该修复责任人是否存在怠于履行生态环境修复义务的不良记录或其他失信行为等。需要予以评估的事项则主要是根据前述调查结果，判断修复责任人能否在修复方案所确定的修复期间内始终保持相应的修复资金投入能力，以及修复责任人在修复期间内出现怠于履行修复义务的可能性等。倘若行政机关在调查评估的过程中发现修复责任人存在一定的经营风险并有可能因此影响后期的修复资金投入，或者发现修复责任人存在怠于履行生态环境修复义务的不良记录等各种失信行为的，则应当直接对其适用"责令赔偿生态损失"的行政命令。

3."责令赔偿生态损失"行政命令的具体内容

依照我国《民法典》第 1235 条❶之规定，生态环境损害责任人应当赔偿的生态损失包括修复期间生态服务功能损失、生态服务功能永久性损失、调查评估费用、清除污染费用和环境修复费用等。而在行政机关作出的"责令赔偿生态损失"的行政命令之中，也应当责令修复责任人足额缴纳上述各项损失和费用，以确保通过"责令赔偿生态损失"的行政命令能够实现对生态环境损害的"应赔尽赔"。除此之外，行政机关还应当在"责令赔偿生态

---

❶ 《民法典》（2020）第 1235 条规定："违反国家规定造成生态环境损害的，国家规定的机关或者法律规定的组织有权请求侵权人赔偿下列损失和费用：
（一）生态环境受到损害至修复完成期间服务功能丧失导致的损失；
（二）生态环境功能永久性损害造成的损失；
（三）生态环境损害调查、鉴定评估等费用；
（四）清除污染、修复生态环境费用；
（五）防止损害的发生和扩大所支出的合理费用。"

损失"的行政命令中载明修复责任人缴纳生态环境损害赔偿金的方式、期限等相关内容，以及不履行行政命令时将会导致的行政处罚等惩戒性后果。

值得注意的是，在行政机关作出的"责令赔偿生态损失"的行政命令之中，应当以要求修复责任人一次性全额缴纳生态环境损害赔偿金为基本原则，但在某些特定情形下，也可以根据修复责任人的申请，在保持生态环境损害赔偿金总额不变的前提下，结合修复责任人的支付能力而对生态环境损害赔偿金的缴纳方式和缴纳期限作出一定的变通规定。如倘若修复责任人确因某些客观原因而暂无能力一次性全额缴纳生态环境损害赔偿金的，行政机关可以在"责令赔偿生态损失"的行政命令中要求其制定赔偿计划，在修复责任人将赔偿计划交由行政机关审核同意后，再由赔偿义务人依照赔偿计划中确定的缴纳方式和缴纳期限按期缴纳生态环境损害赔偿金。

三、生态环境损害行政命令救济的主体及程序

在明确了需要创设的四种专门用于救济生态环境损害的行政命令类型及其相应的适用情境之后，进一步需要厘清的则是生态环境损害行政命令救济的主体以及生态环境损害行政命令救济的具体程序，以使生态环境损害救济工作的权责划分更为清晰，同时亦可以使生态环境损害的行政命令救济途径具备相应的可操作性。

（一）生态环境损害行政命令救济的主体

由于行政命令是行政机关所作出的一项具体行政行为，是行政机关行使其行政权的重要途径之一，因而生态环境损害行政命令救济的主体当属行政机关。从我国不同行政机关的职能分工来看，我国各级生态环境主管部门因其所肩负的生态环境监管职责而理应成为生态环境损害救济的责任主体，也即前述四种专门用

于救济生态环境损害的行政命令应当由各级生态环境主管部门负责作出。虽然我国的自然资源主管部门基于其所承担的国有自然资源管理以及国土空间生态修复等职责而与生态环境主管部门在森林、草原、海洋等地区的生态环境损害救济方面存在部分职责交叉，但由于生态环境损害救济属于环境全过程监管的事后监管阶段的重要工作内容之一，并进而属于生态环境主管部门的基本职责范畴，因而由各级生态环境主管部门作为生态环境损害行政命令救济的主体更为适宜。

通常来说，具体执行生态环境损害救济工作的行政机关为基层生态环境主管部门，因而作出专门用于救济生态环境损害的行政命令的行政机关也应当以基层生态环境主管部门为主。但是，基于生态环境修复工作的复杂性特征，对于某些较为重大的生态环境损害，基层生态环境主管部门可能难以胜任包括修复方案制定、修复过程监管、修复费用计算等在内的各项技术性工作。因此，从慎重对待生态环境损害救济工作以及提升行政机关所作出的专门用于救济生态环境损害的行政命令的科学性的角度出发，有必要明确专门用于救济生态环境损害的行政命令应当由不同层级的生态环境主管部门分别作出。具体而言，对于较小的生态环境损害风险行为或者较为轻微的生态环境损害事件，可以由基层生态环境主管部门作出专门用于救济生态环境损害的行政命令；而对于可能造成较为严重损害后果的生态环境损害风险行为，或者已经造成较为严重损害后果的生态环境损害事件，则应当根据生态环境损害的严重程度，分别由市级人民政府生态环境主管部门或省级人民政府生态环境主管部门作出专门用于救济生态环境损害的行政命令。

（二）生态环境损害行政命令救济的程序

在前述四项专门用于救济生态环境损害的行政命令类型中，"责令消除环境风险"适用于尚未实际发生的生态环境损害风险，因而其属于对生态环境损害风险进行预防性救济的事前救济手段；而"责令修复生态环境""责令异地替代修复""责令赔偿生态损失"则适用于已经实际发生的生态环境损害结果，因而其属于对生态环境损害结果进行恢复性救济（填补性救济）的事后救济手段。基于两类行政命令在适用时机与适用对象上的差异，实践中两类行政命令的适用程序也存在相应的区别，具体如下文所述。

1. "责令消除环境风险"的适用程序

负有生态环境损害救济职责的行政机关发现已经存在的生态环境损害风险，或者发现行政相对人存在可能造成生态环境损害风险之行为的，应当启动"责令消除环境风险"行政命令的作出程序，具体流程如图 5 所示。

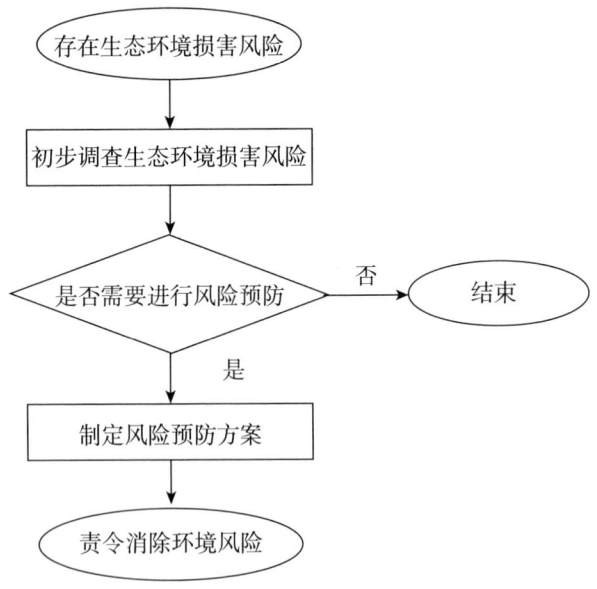

图 5 "责令消除环境风险"的适用程序

2. "责令修复生态环境""责令异地替代修复""责令赔偿生态损失"的适用程序

负有生态环境损害救济职责的行政机关发现已经实际发生生态环境损害结果的，则应当根据生态环境损害的实际情况，分别启动"责令修复生态环境""责令异地替代修复""责令赔偿生态损失"行政命令的作出程序，具体流程如图6所示。

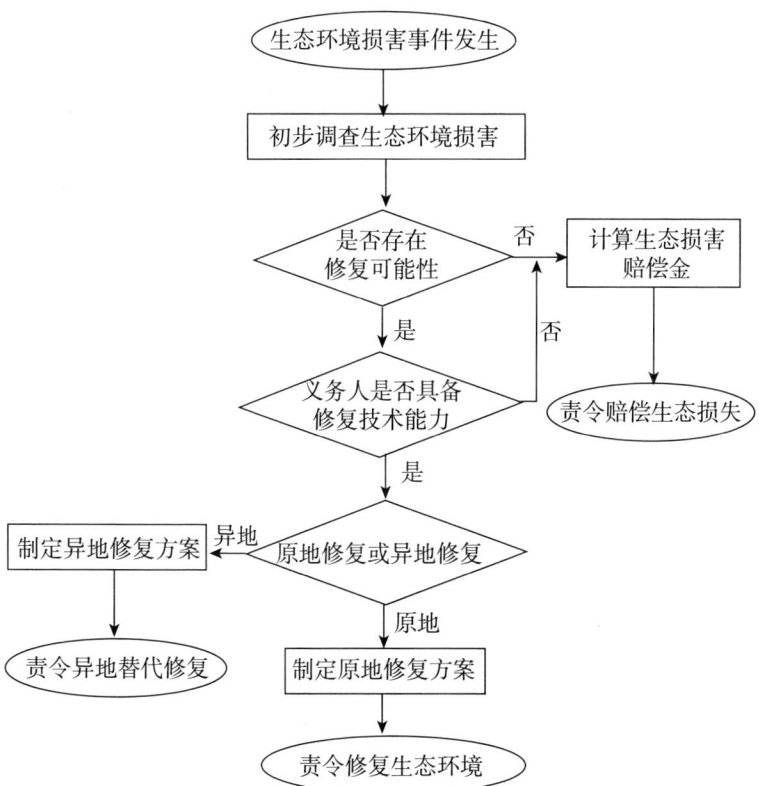

图6 "责令修复生态环境""责令异地替代修复"
"责令赔偿生态损失"的适用程序

四、生态环境损害行政命令救济程序中的重点制度构建

通常来说，行政法是由行政组织法、行政实体法、行政程序法、行政救济法等多个部分所组成的。❶ 这其中，行政程序法是行政机关实施各项行政行为时所应当遵循的方式和步骤，是规范行政权的行使与实现行政法治的重要前提。行政程序法的发达和完善与否，是衡量一国行政法治成熟程度的重要标志。❷ 在目前我国的行政法律体系中，已经对行政许可、行政处罚、行政强制、行政复议等具体行政行为进行了专门立法，对于上述各项具体行政行为的实施机关、作出程序等相关事项已经作出了较为明确的规定，从而使得行政机关在作出上述各项具体行政行为时已能实现"有法可依"。然而，由于实践中行政命令往往被作为行政处罚、行政强制等其他行政行为的前置程序或辅助程序而加以适用，在一定程度上造成我国立法者和执法者忽视了行政命令的独立价值。❸ 也正因如此，我国目前并未针对行政命令进行专门立法，这就导致在我国尚未制定统一的行政程序法的情况下，实践中对于行政命令的程序性规制尚处于缺位状态。

在此背景下，为了使前述四种专门用于救济生态环境损害的行政命令类型能够在生态环境损害救济实践中得到有效适用，同时也为了弥补我国现行法律体系中对于行政命令程序性规制的空缺，以使各级生态环境主管部门在适用行政命令途径救济生态环境损害时能够"有法可依"，实践中有必要对专门用于救济生态环境损害的行政命令作出程序中的若干重要事项进行相应的法律规

---

❶ 应松年："中国行政程序法立法展望"，载《中国法学》2010 年第 2 期，第 5 页。
❷ 姜明安主编：《行政法与行政诉讼法》（第六版），北京大学出版社 2015 年版，第 325 页。
❸ 胡建淼、胡晓军："行政责令行为法律规范分析及立法规范"，载《浙江大学学报》（人文社会科学版）2013 年第 1 期，第 110 页。

制。通常来说，行政机关在作出包括行政命令在内的各项具体行政行为的过程中，所应当遵循的程序法原则包括公正原则、公开原则、参与原则等。❶ 其中，公正原则作为行政程序法的基础和核心，❷ 不仅应当在外部行政程序中予以充分贯彻，在内部行政程序中也应当被严格遵循。❸ 因此，有必要对专门用于救济生态环境损害的行政命令的作出程序中的内部行政程序进行相应的法律规制。同时，依照行政程序法的公开原则和参与原则，在生态环境损害行政命令救济程序中构建信息公开制度与公众参与制度则同样属于应有之义。此外，基于行政程序法在保障公民合法权利方面的重要功能，❹ 在生态环境损害行政命令救济程序中构建相应的权利保障制度也必不可少。

综上所述，本书认为在对专门用于救济生态环境损害的行政命令的作出程序进行法律规制时，有必要对内部控制制度、信息公开制度、公众参与制度和权利保障制度四个方面予以重点关注，具体如下文所述。

（一）内部控制制度

基于生态环境损害救济的复杂性特征，本书所述的专门用于救济生态环境损害的行政命令不宜由执法人员当场作出，也不宜适用简易程序，而应当在对生态环境损害风险或生态环境损害结果进行详尽调查的基础上，由行政机关审慎作出。不难发现，在行政命令的作出程序中，包括行政命令文本的草拟与审核等在内的大量环节均体现为行政机关的内部行政程序，而对于这些内部

❶ 应松年主编：《行政程序法》，法律出版社 2009 年版，第 75 页。
❷ 杨建顺：《行政规制与权利保障》，中国人民大学出版社 2007 年版，第 786 页。
❸ 罗智敏："公正原则在我国行政实践中的实施范围"，载《中国法律评论》2016 年第 1 期，第 58 页。
❹ 马怀德："行政程序法的价值及立法意义"，载《政法论坛》2004 年第 5 期，第 4 页。

行政程序，行政相对人是难以进行干预的。事实上，行政相对人通常也无从知晓行政命令究竟是如何作出的，其仅能在行政机关的各项内部行政程序完结后，收到由行政机关送达的行政命令文书，因而对于行政相对人来说，行政命令的作出程序可谓是处于一个相对封闭的"黑箱"状态。❶ 然而，内部程序的公正以及合理与否，不仅会对行政相对人的合法权益产生深刻的影响，甚至直接决定了行政相对人的合法权益能否得到有效保护。❷ 因此，有必要对行政命令作出程序中的相关内部行政程序进行相应的法律规制，其中需要重点规制的内容主要包括以下几个方面。

1. 行政命令的文本起草、内部审核与集体讨论制度

行政机关拟作出的专门用于救济生态环境损害的行政命令文本，应当由具体承办生态环境损害救济案件的工作人员直接起草，这是因为具体承办生态环境损害救济案件的工作人员对于生态环境损害事件的具体情况较为熟悉，由其起草行政命令文本可以有效提升行政命令的针对性和可行性。而由具体承办生态环境损害救济案件的工作人员起草的行政命令文本在经业务科室负责人审批后，还应当交行政机关内部的法制机构对行政命令文本的合法性进行审核。基于生态环境损害案件的复杂性特征，行政机关在拟作出对当事人的生产经营活动存在较大影响的行政命令或拟作出要求当事人缴纳较大数额生态环境损害赔偿金的行政命令时，还应当在作出行政命令之前将行政命令文本交行政机关负责人集体讨论决定，以使行政决策更为科学化和民主化，避免出现重大

---

❶ 何海波："内部行政程序的法律规制（上）"，载《交大法学》2012 年第 1 期，第 130 页。

❷ 卢政峰："内部行政程序及其法治化建构研究"，载《辽宁大学学报》（哲学社会科学版）2018 年第 3 期，第 107 页。

决策失误。❶

2. 行政命令作出前的专家评审制度

基于生态环境损害救济的复杂性特征，在生态环境损害救济中引入相关领域内的专家学者为行政机关的决策提供参考意见是一项十分重要的制度安排。由于专家学者所提出的意见建议能够有效提升行政机关所作出的行政决策的公正性和科学性，因而除了案情简单、情节轻微且行政机关基于自身能力可以独立作出判断的生态环境损害案件之外，行政机关在作出专门用于救济生态环境损害的行政命令之前都应当征询专家意见。通常来说，根据专家意见的地位和效力的不同，可以将专家参与的形式分为专家评议、专家评审和专家评定三种类型。其中，专家评议的形式较为自由，所提出的意见仅供行政机关参考，对于行政机关的决策没有拘束力；而专家评审通常以评审会的形式召开，参与评审的专家一般由行政机关在专家库中随机选取，行政机关应当对专家评审意见给予高度尊重，如果行政机关拒绝采纳专家评审意见，应当说明理由并告知专家和当事人；专家评定则是指专家意见对行政机关具有拘束力，行政机关只能依据专家意见作出行政决定。❷

在行政机关作出专门用于救济生态环境损害的行政命令的过程中，宜于选择专家评审的方式进行专家参与。其理由在于：一方面，生态环境损害救济的复杂性特征决定了具有专门知识能力的专家所作出的专家意见具有较高的参考价值，故行政机关有必要高度重视专家意见，以使其作出的专门用于救济生态环境损害

---

❶ 赵娜、方卫华："重大行政决策的集体讨论决定制度研究"，载《北京航空航天大学学报》（社会科学版）2014 年第 1 期，第 19 页。

❷ 何海波："内部行政程序的法律规制（下）"，载《交大法学》2012 年第 2 期，第 139 页。

的行政命令的内容更为科学；另一方面，专家的知识能力也有其局限，❶ 专家意见也可能存在谬误，专家的立场也可能被"俘获"，故行政机关不宜简单依照专家意见直接作出行政命令，而应当对不同专家所提出的多重意见予以统筹考虑，采纳最为适当的专家意见。由此可见，如何确保专家学者的中立性以及专家意见的科学性成了行政机关内部审核机制的重要任务之一。对此，行政机关可以建立专家学者的名单库，并按照专家学者的专长领域对专家名单进行分类管理，在开展特定类型的生态环境损害救济工作时，从相应的名单库中随机抽取专家学者组成评审委员会，对拟作出的行政命令进行评审。

在专家评审的过程中，行政机关应当邀请专家学者审查行政机关在作出专门用于救济生态环境损害的行政命令的过程中是否存在工作缺漏或程序瑕疵等需要予以纠正的事项，以及审查拟作出的行政命令文本和作为文本附件的修复方案的内容是否适当。通常来说，需要评审专家进行审查的事项主要包括：行政机关在对生态环境损害风险或生态环境损害结果进行前期调查的过程中所调查的内容是否全面，能否完整展现生态环境损害风险或生态环境损害结果的客观状态；由第三方机构编制的修复方案是否具备可行性，能否对生态环境损害进行有效救济；异地替代修复案件中替代修复地点的选择是否合适、能否有效填补修复责任人所造成的生态环境损害；生态环境损害赔偿金的计算方法是否科学，所得出的生态环境损害赔偿金的数额是否准确等。

3. 行政命令的备案或审批制度

各级地方生态环境主管部门在最终确定了拟作出的行政命令文本之后，应当将拟作出的行政命令文本以及全部的案卷材料交上级生态环境主管部门备案或审批。其中，由基层生态环境主管

---

❶ 李挚萍："环境修复目标的法律分析"，载《法学杂志》2016 年第 3 期，第 6 页。

部门针对较小生态环境损害风险行为或者较轻微生态环境损害事件所作出的行政命令，应当报设区的市级生态环境主管部门备案；而由市级人民政府生态环境主管部门或省级人民政府生态环境主管部门针对可能造成较为严重损害后果的生态环境损害风险行为或者已经造成较为严重损害后果的生态环境损害事件所作出的行政命令，则应当在正式作出行政命令之前，将拟作出的行政命令文本分别报省级生态环境主管部门或国务院生态环境主管部门审批，待省级生态环境主管部门或国务院生态环境主管部门批准后，方可向行政相对人正式作出该行政命令。

（二）信息公开制度

传统的行政命令是由行政机关直接向行政相对人作出的一项具体行政行为，在行政命令程序中通常只有行政机关与行政相对人的两方参与，因而其程序相对封闭。然而，在行政机关通过行政命令途径责令生态环境损害责任人承担生态环境损害风险预防或生态环境损害修复责任时，所维护的是涉及全体社会公众的环境公共利益，行政机关所作出的专门用于救济生态环境损害的行政命令不仅会直接影响行政相对人的各项权利义务，也会对社会公众的工作和生活环境产生较为深远的影响。因此，从维护环境公共利益以及维护社会公众对于生态环境基本状况的知情权的角度出发，全面公开行政机关所作出的专门用于救济生态环境损害的行政命令是一项必然要求。[1] 为了便于检察机关、社会组织和公众充分了解行政机关是否对实践中的诸多生态环境损害事件进行了完整救济，有必要明确行政机关在开展生态环境损害救济的过程中，应当重点对以下事项进行公开。

1. 生态环境损害案件办理情况的公开

公开行政机关办理生态环境损害案件情况的目的在于减少行

––––––––––––––––

[1] 王江：《生态环境修复法治研究》，中国社会科学出版社 2019 年版，第 133 页。

政机关在生态环境损害的行政命令救济中可能存在的选择性救济现象。如前文所述，在由行政机关主导的生态环境损害赔偿制度中，行政机关出于地方保护主义等因素往往会对生态环境损害进行选择性救济，也即行政机关仅会就造成重大损害结果的生态环境损害案件开展生态环境损害赔偿磋商或提起生态环境损害赔偿诉讼。然而，在生态环境损害的行政命令救济中同样可能存在选择性救济的情况，这是因为生态环境损害的行政命令救济仍然是一种由行政机关主导的救济途径，故行政机关在通过行政命令对生态环境损害进行救济的过程中，同样可能出于地方保护主义等因素而选择性地仅对部分生态环境损害责任人作出专门用于救济生态环境损害的行政命令。因此，有必要通过加强信息公开的方式对行政机关在生态环境损害的行政命令救济中是否存在选择性救济行为进行监督。

具体而言，有必要规定行政机关应当全面公开其对于生态环境损害案件的处理情况，其中需要重点公开的内容包括行政机关已经掌握了哪些生态环境损害案件的相关线索，行政机关对其中哪些生态环境损害事件进行了立案调查，以及行政机关对其中哪些生态环境损害案件的当事人作出了专门用于救济生态环境损害的行政命令等。而由于在环境行政处罚案件中通常都会存在生态环境损害的情况，以及在公众环境举报中通常也会涉及生态环境损害问题，[1] 因而行政机关还应当进一步公开其办理的环境行政处罚案件的基本情况和接受公众环境举报的基本情况，以及是否对其中存在的生态环境损害线索进行了立案调查等。

2. 行政命令作出程序中相关信息的公开

如前文所述，行政机关在作出专门用于救济生态环境损害的

---

[1] 竺效："生态损害公益索赔主体机制的构建"，载《法学》2016 年第 3 期，第 7 页。

行政命令的过程中，存在生态环境损害状况调查、相关专家和第三方机构参与、行政命令文本的草拟与审核等多个环节，而这些环节均体现为行政机关的内部行政程序，行政相对人通常难以知晓这些内部行政程序的具体情况且难以对内部行政程序施加干预。然而，这些内部行政程序对于行政机关最终作出的专门用于救济生态环境损害的行政命令的内容有着很大的影响，● 因而无论是基于督促行政机关对生态环境损害进行完整救济之目的，抑或是从维护行政相对人合法权益的角度考虑，都有必要规定行政机关应当将部分重要行政内部程序的相关信息予以公开。

具体而言，行政机关应当公开的涉及内部行政程序的相关信息主要包括参与生态环境损害案件前期调查以及草拟行政命令文本的行政机关工作人员的基本信息，参与生态环境损害前期调查、生态环境修复方案编制、生态环境修复费用计算等工作的第三方机构的基本信息，以及参与生态环境损害救济案件评审的专家学者的相关信息。行政机关应当公开上述信息的原因在于使社会公众了解行政机关在作出专门用于救济生态环境损害的行政命令的过程中，是否存在需要回避而未回避的程序瑕疵，同时也便于行政相对人申请有利害关系的行政机关工作人员、第三方机构或评审专家等案件参与人回避。

3. 行政命令文本的公开

全面公开行政机关所作出的专门用于救济生态环境损害的行政命令文本中的具体内容，是检察机关、社会组织与公众了解行政机关所作出的专门用于救济生态环境损害的行政命令的内容是否合适、是否能够对受损生态环境进行完整救济的重要前提，同时也是检察机关、社会组织与公众判断行政机关是否切实履行了

● 何海波："内部行政程序的法律规制（上）"，载《交大法学》2012 年第 1 期，第 130 页。

生态环境损害救济职责以及判断生态环境损害责任人是否切实履行了行政命令中所规定的各项义务的重要前提。因此，在正式向行政相对人送达行政命令文本之前，应当设置一定的公告期，由行政机关将其拟作出的专门用于救济生态环境损害的行政命令的文本进行公开，以供检察机关、社会组织与公众充分了解拟作出的行政命令的具体内容。而除了应当公开包括修复方案等在内的行政命令文本之外，行政机关还应当将其在生态环境损害前期调查中所收集的相关证据资料一并予以公开，以便检察机关、社会组织与公众通过参考相关证据材料而对行政命令的内容是否适当进行判断。

行政机关公开行政命令文本以及相关证据资料的方式应当以方便检察机关、社会组织与公众的知晓和查询为原则，如可以通过政府网站发布、官方微博发布、官方微信公众号推送等多样化的方式进行公开。❶ 针对重大生态环境损害事件所作出的行政命令及相关证据资料，行政机关也可以通过召开发布会的方式向社会公众进行公开。而为了使非专业领域内的社会公众充分理解行政机关所公开的行政命令文本和相关证据资料的具体内容，行政机关应当对所公开内容中的相关专业术语增加注释，并进行必要的解释。❷ 此外值得注意的是，除了行政机关在初次作出行政命令时应当将行政命令文本的具体内容进行公开之外，倘若行政机关后期对其所作出的行政命令的内容进行了变更，则还应当将变更后的行政命令文本再次进行公开，以便检察机关、社会组织与公众对变更后的行政命令文本是否存在损害环境公共利益的情况进行

---

❶ 曹莹：“政务公开如何用好‘互联网＋’”，载《人民论坛》2017 年第 33 期，第 70 页。

❷ 胡乙、赵惊涛：“‘互联网＋’视域下环境保护公众参与平台建构问题研究”，载《法学杂志》2017 年第 4 期，第 127 页。

监督。

（三）公众参与制度

公众参与是社会公众与行政机关之间的博弈、互动与合作，是促成民主行政、科学行政、正当行政和效率行政等行政目标的活动，也是实现行政行为的合法性与正当性的必然要求。❶ 通过各方利益主体在行政过程中的有效参与，可以为行政过程及行政结果提供合法性资源。❷ 事实上，开展生态环境损害救济的目的即在于维护环境公共利益以及保障社会公众能够在良好的环境中工作与生活，因而在生态环境损害的行政命令救济的各环节中融入公众参与机制，有利于社会公众对行政命令的作出程序进行监督，以尽可能使行政机关所作出的专门用于救济生态环境损害的行政命令能够对环境公共利益的维护最大化。本书认为，在生态环境损害的行政命令救济体系中，需要公众参与的阶段主要包括以下几个。

1. 案件调查阶段

对生态环境损害风险或生态环境损害结果进行充分的前期调查，是行政机关作出专门用于救济生态环境损害的行政命令的重要前提，而生态环境损害事件前期调查工作的程序是否正当以及调查事项是否全面，则直接决定了行政机关能否最终作出公正而合理的行政命令。在行政机关工作人员以及由行政机关所聘请的第三方机构对生态环境损害风险或生态环境损害事实进行前期调查的过程中，可以邀请社会组织或公众作为监督者参与调查活动，由其对行政机关工作人员以及第三方机构是否恪尽职守进行监督。

---

❶ 邓佑文："行政参与的权利化：内涵、困境及其突破"，载《政治与法律》2014年第 11 期，第 58 页。

❷ 桂萍：《重大行政决策之公众参与制度》，苏州大学 2016 年博士学位论文，第48 页。

倘若作为监督者的社会组织或公众认为行政机关工作人员或第三方机构在前期调查中存在失职行为的，其可以向该行政机关提出意见或向上级行政机关举报，并提请更换参与生态环境损害案件调查的工作人员或第三方机构。

2. 行政命令作出阶段

虽然行政机关在作出行政命令过程中的多个环节均体现为行政机关的内部行政程序，但其中也存在若干可以开展公众参与的重要环节。如前文所述的行政机关在作出对行政相对人的生产经营活动存在较大影响的行政命令或在作出要求行政相对人缴纳较大数额生态环境损害赔偿金的行政命令之前，应当告知行政相对人有要求举行听证的权利，而在听证程序中即可以开展相应的公众参与。由于生态环境损害救济实际是在维护涉及不特定多数人所享有的环境公共利益，因而在作出专门用于救济生态环境损害的行政命令之前所进行的听证程序中，参与听证的人员除了行政机关工作人员与行政相对人两方之外，社会组织与公众也可以作为第三人参与听证。在听证程序中，社会组织与公众对于行政机关所出示的证据材料、拟作出的行政命令文本以及行政相对人所作出的陈述和申辩都可以独立发表意见，行政机关应当将社会组织与公众的意见记入听证笔录，作为作出行政命令时的重要参考，行政机关不采纳社会组织与公众所提出的意见的，应当说明理由。

3. 行政命令文本公示阶段

如前文所述，行政机关在向行政相对人正式作出行政命令之前，应当将拟作出的行政命令文本的具体内容以及作出该行政命令所依据的事实和理由等证据材料向全社会公开，其中作为行政命令附件的生态环境损害修复方案或生态环境损害赔偿方案应当作为需要重点予以公开的内容。而为了确保社会组织与公众有相对充足的时间对行政机关所公开的行政命令文本以及相关证据材料进行阅读分析，行政机关有必要在公示阶段设置一定的公告期，在公告期内社会组织或公众认为行政机关拟作出的行政命令中存在损害国家利益或环境公共利益内容的，可以向拟作出该行政命令的行政机关提出意见。行政机关应当及时受理社会组织与公众所提出的意见，并在规定期限内作出答复，同时作出是否对行政命令内容进行修改的决定。在公告期满且无社会组织或公众提出反对意见的，行政机关方可正式向行政相对人作出专门用于救济生态环境损害的行政命令。

（四）权利保障制度

如前文所述，行政程序法的首要价值在于规范行政权的公正行使，维护程序正义以及保障行政相对人的基本权利。❶ 事实上，行政机关在作出专门用于救济生态环境损害的行政命令的过程中，除了应当对受损生态环境进行完整救济之外，也不能忽视对行政相对人合法权益的维护。因此，有必要在生态环境损害的行政命令救济体系中构建对行政相对人的权利保障机制，其内容主要包括以下几个方面。

1. 回避制度

在行政机关作出专门用于救济生态环境损害的行政命令过程中的不同阶段，行政相对人可以申请与其存在利害关系的行政机关工作人员、第三方机构或专家学者回避。具体而言，在生态环境损害案件的前期调查阶段，行政相对人可以申请与其存在利害关系的行政机关工作人员回避，行政机关对行政相对人的回避申请查证属实的，应当重新委派工作人员对生态环境损害案件进行调查。在生态环境损害修复方案的编制阶段，行政相对人可以申请与其存在利害关系的第三方机构回避，行政机关对行政相对人

---

❶　应松年："中国行政程序法立法展望"，载《中国法学》2010 年第 2 期，第 5 页。

的回避申请查证属实的，应当重新选聘第三方机构开展修复方案编制工作。在行政机关作出行政命令之前的专家评审阶段，行政相对人可以申请与其存在利害关系的专家回避，行政机关对行政相对人的回避申请查证属实的，应当重新组织专家进行案件评审。

2. 听证制度

行政机关在作出对行政相对人的生产经营活动存在较大影响的行政命令之前，或者在作出要求行政相对人缴纳较大数额生态环境损害赔偿金的行政命令之前，应当告知行政相对人有要求举行听证的权利。❶ 行政相对人要求举行听证的，行政机关应当及时组织听证。在听证程序中，行政相对人可以行使陈述、申辩与质证等权利，也可以申请具有专门知识的专家参与听证。听证主持人与行政相对人存在利害关系的，行政相对人可以申请其回避。在听证程序结束后，行政机关应当根据听证笔录决定是否向行政相对人作出专门用于救济生态环境损害的行政命令。行政机关不采纳行政相对人在听证程序中所提出的陈述与申辩的，应当向行政相对人说明理由。

3. 陈述与申辩制度

在向行政相对人作出专门用于救济生态环境损害的行政命令之前，拟作出该行政命令的行政机关应当先行告知行政相对人其作出该行政命令时所依据的事实及理由，并应当同时告知行政相对人其依法享有进行陈述与申辩的权利。行政相对人可以就行政机关所认定的事实和理由进行陈述与申辩，并可以提出相反的证据和理由。对于行政相对人在陈述与申辩时所提出的相反的证据和理由，拟作出行政命令的行政机关应当进行查证与复核。行政相对人所提出的证据和理由能够成立的，拟作出行政命令的行政

---

❶ 胡静：“我国环境行政命令实施的困境及出路”，载《华中科技大学学报》（社会科学版）2021年第1期，第85页。

机关应当予以采纳，并根据行政相对人所提出的证据和理由对拟作出的行政命令进行修正，或重新作出新的行政命令。

五、生态环境损害行政命令救济与其他救济途径的关系

在本书所述的生态环境损害行政命令救济体系之中，行政命令救济途径并非是排他性的存在，而出于避免不同救济途径之间出现适用冲突之考虑，有必要进一步梳理生态环境损害行政命令救济途径与其他救济途径之间的适用顺位关系问题。本书认为，在生态环境损害行政命令救济体系中，具有生态环境损害风险预防与环境保护宣传教育等特定功能的环境民事公益诉讼制度可以予以保留，而由行政机关主导的生态环境损害赔偿制度则应当让位于行政命令救济。此外，生态环境损害的社会化救济制度以及政府救济制度则可以作为生态环境损害行政命令救济的必要补充。

（一）行政命令救济与环境民事公益诉讼制度

如前文所述，在通过环境民事公益诉讼途径对生态环境损害进行救济的过程中，存在社会组织诉讼能力不足、检察机关职能错位、诉讼程序过于冗长、选择性救济现象凸显等一系列问题，因而环境民事公益诉讼制度并非是生态环境损害救济的适当选择。但同样不容忽视的是，环境民事公益诉讼制度在生态环境损害救济中也有其特定的功能：如基于社会组织在环保公益宣传、促进公众参与等方面的相对优势，[1] 由社会组织提起的环境民事公益诉讼往往具有较大的社会影响力，因而环境民事公益诉讼制度在提

---

[1] 王华、郭红燕："国家环境社会治理工作存在的问题与对策建议"，载《环境保护》2015 年第 21 期，第 41 页。

升公众的环保意识、加强环保宣传教育等方面有其特定的积极意义。❶ 再者，由于目前我国尚未赋予社会组织与公众以环境行政公益诉讼的原告主体资格，故社会组织与公众尚无法通过环境行政公益诉讼途径督促行政机关履行其生态环境损害救济职责，这就使得环境民事公益诉讼似乎成了目前我国社会组织与公众直接参与生态环境损害救济工作的唯一渠道。而即使未来我国赋予社会组织与公众以环境行政公益诉讼的原告主体资格，但在某些特定情形下，特别是对于一些存在损害生态环境紧迫风险的行为，由社会组织与公众直接针对该生态环境损害风险行为提起预防性环境民事公益诉讼，要比由社会组织与公众先行提起环境行政公益诉讼、再由行政机关责令行为人消除环境风险的"曲折"方式更为便捷，同时可以在一定程度上避免因行政机关认为不存在生态环境损害风险而未及时作出行政命令，从而导致生态环境损害结果实际发生的不利局面。

同理，对于检察环境民事公益诉讼制度而言，虽然基于检察机关作为法律监督机关的职能定位，检察机关在生态环境损害救济中应当以提起环境行政公益诉讼为主，然而在面临不及时制止即会导致生态环境损害结果发生的紧迫风险且没有社会组织针对该风险提起预防性环境民事公益诉讼时，同样有必要允许检察机关直接针对该生态环境损害风险行为提起预防性检察环境民事公益诉讼，以规避检察机关通过环境行政公益诉讼途径督促行政机关进行生态环境损害风险预防所须历经的多个程序性环节，尽可能避免生态环境损害风险演变为生态环境损害事实。因此，检察环境民事公益诉讼制度在生态环境损害救济中亦有一定的适用空间。

---

❶ 王彬："发挥公益诉讼功能 提升群众环保理念"，载《徐州日报》2020 年 4 月 26 日，第 5 版。

综上所述，本书认为生态环境损害的行政命令救济途径与环境民事公益诉讼制度之间并无明显冲突，两者可以在生态环境损害救济体系中合理共存。当然，基于行政命令途径在生态环境损害救济中所展现出的多方面优势，有必要在生态环境损害救济中优先适用行政命令救济途径，而环境民事公益诉讼制度则应当作为生态环境损害行政命令救济途径的备选方案，在特定情境下予以补充适用。❶

（二）行政命令救济与生态环境损害赔偿制度

本书认为，在生态环境损害的行政命令救济体系之中，应当排除生态环境损害赔偿制度的适用，也即行政机关在对生态环境损害进行救济时，应当选择适用行政命令救济途径而非生态环境损害赔偿制度。理由如下。

首先，如本书第一章所述，生态环境损害赔偿制度本身即存在诸多可能导致生态环境损害无法得到有效和完整救济的多重缺陷，如由于生态环境损害赔偿制度是一个纯粹的事后填补式的救济方式，天然欠缺对生态环境损害的风险预防功能，这就导致通过生态环境损害赔偿制度难以对生态环境损害风险进行事前的预防性救济，因而有违环境法律体系中的风险预防原则。再比如在生态环境损害事件发生后的填补性救济阶段，基于生态环境损害赔偿磋商程序完全民事性质的制度架构，使得行政机关极易陷入民事主体平等协商的思维定式，从而自然地在生态环境损害赔偿磋商程序中作出各种妥协与让步，导致生态环境损害难以得到完整救济。由此可见，生态环境损害赔偿制度本就不宜在生态环境损害救济中加以适用。

其次，即使保留生态环境损害赔偿制度并将其作为生态环境

---

❶ 邓少旭：“生态环境损害赔偿诉讼：定义与定位矫正”，载《中国环境管理》2020 年第 3 期，第 124 页。

损害行政命令救济途径的备选方案，亦不利于实现对生态环境损害的完整救济。这是因为倘若保留生态环境损害赔偿制度，则行政机关在其作出的专门用于救济生态环境损害的行政命令难以得到落实时，即有可能转而通过生态环境损害赔偿磋商等具有妥协性的方式继续开展生态环境损害救济工作，而这会极大削弱行政机关所作出的专门用于救济生态环境损害的行政命令的严肃性。长此以往，行政机关所作出的专门用于救济生态环境损害的行政命令将难以得到执行，行政机关作为监管者的权威形象也会遭到动摇。

综上所述，基于生态环境损害的行政命令救济与生态环境损害赔偿制度都是以行政机关为主导的救济途径，因而倘若允许行政机关在行政执法与政府索赔之间进行自由选择，则难免产生行政机关将自身职责推卸至法院之虞。❶ 因此，在通过行政命令途径即能够使生态环境损害得到有效和完整救济的情况下，继续保留生态环境损害赔偿制度并无特别之必要，在生态环境损害救济中行政机关应当以适用行政命令救济途径为宜。

（三）行政命令救济与社会化救济及政府救济制度

在我国生态环境损害救济的相关实践中，除了环境民事公益诉讼制度与生态环境损害赔偿制度已经得到较为普遍的适用之外，亦存在其他的救济途径可供选择：一是生态环境损害的社会化救济途径，二是由行政机关对生态环境损害进行救济的政府救济途径。本书认为，在生态环境损害的行政命令救济体系中，社会化救济途径与政府救济途径亦有其特定的适用空间，因而有必要予以保留。但是，生态环境损害的社会化救济途径与政府救济途径均应当在生态环境损害责任人难以确认或确无能力履行生态环境

---

❶ 吕梦醒："生态环境损害多元救济机制之衔接研究"，载《比较法研究》2021年第1期，第136页。

损害修复或赔偿责任时方可适用，以避免生态环境损害责任人通过社会化救济途径或政府救济途径逃避其应当承担的生态环境损害修复或赔偿责任。

具体而言，由于开展生态环境损害救济的最终目的在于使受损的生态环境得到修复，从而维护全体社会公众所享有的环境公共利益。因此，在生态环境损害责任人难以确认或确无能力履行生态环境损害修复或赔偿责任时，行政机关基于其所肩负的生态环境保护职责，必须在生态环境损害救济方面采取有效行动，而不能放任生态环境受损状态的持续。循此继进，由于生态环境损害责任人难以确认或确无能力履责，导致此时生态环境修复费用只能来自非生态环境损害责任人的其他社会主体或行政机关自身，因而由社会主体主导的社会化救济途径以及由行政机关主导的政府救济途径自然成了生态环境损害救济体系中不可或缺的替补方案。

但是，由于社会化救济与政府救济实质都是由无责任的第三方为生态环境损害责任人分担甚至是替代其承担生态环境损害修复或赔偿责任，因而基于环境法律体系中的原因者负担原则之要求，以及出于维护社会公平正义之考虑，在生态环境损害救济中应当首先通过行政命令途径责令生态环境损害责任人足额承担生态环境损害修复或赔偿责任，而仅有在生态环境损害责任人难以确认或确无能力履行生态环境损害修复或赔偿责任时，方可替补适用社会化救济途径或政府救济途径。

第五章

生态环境损害行政命令救济的保障措施

如前文所述，创设专门用于救济生态环境损害的行政命令类型以及构建相应的行政命令作出程序，是实现通过行政命令救济生态环境损害的重要前提。而为了确保上述以行政命令救济生态环境损害的制度安排能够在实践中有效实现生态环境损害救济之目的，则有必要进一步为其设置相应的保障机制。具体而言，在通过行政命令救济生态环境损害的过程中，行政机关是行政命令的作出方，行政相对人是行政命令的接受方，两者是行政命令程序中最为重要的两方参与者，而倘若其中任意一方存在怠于履职或怠于履责的情形，即会造成生态环境损害的行政命令救济难以实现其功能与目的。因此，针对行政机关在生态环境损害的行政命令救济程序中可能存在的不作为或乱作为风险，以及针对行政相对人在生态环境损害的行政命令救济程序中可能存在的确无能力履责或拒不履责风险，本章分别提出了相应的应对措施，以确保通过生态环境损害的行政命令救济途径能够有效实现生态环境损害救济之目的。

一、行政机关怠于作出行政命令情形下的应对途径

所谓行政机关怠于作出行政命令，是指行政机关在面对需要进行救济的生态环境损害风险或生态环境损害结果时，未能及时且准确地作出专门用于救济生态环境损害的行政命令。行政机关怠于作出行政命令的情形主要包括以下三种：一是行政机关在生态环境损害风险产生之后，未能或未能及时向造成生态环境损害风险的行政相对人作出"责令消除环境风险"的行政命令；二是行政机关在生态环境损害结果产生之后，未能或未能及时向造成生态环境损害结果的行政相对人作出"责令修复生态环境""责令异地替代修复""责令赔偿生态损失"的行政命令；三是行政机关虽然及时向行政相对人作出了专门用于救济生态环境损害的行政命令，但通过其所作出的行政命令难以实现对生态环境损害风险的有效预防或对生态环境损害结果的完整救济：如行政机关所作出的"责令消除环境风险"的行政命令无法彻底消除生态环境损害风险，或是行政机关所作出的"责令修复生态环境""责令异地替代修复"的行政命令无法有效修复或有效填补已经造成的生态环境损害，抑或是行政机关所作出的"责令赔偿生态损失"的行政命令无法完整覆盖因生态环境损害行为而导致的各项损失和费用等。

不难发现，上述三种行政机关怠于作出行政命令的情形，都体现为行政机关在生态环境损害救济中的不作为，也即行政机关怠于履行其应当承担的生态环境损害救济职责。而行政机关的怠于履职行为将会造成生态环境损害风险无法得以消除或生态环境损害结果无法得到修复等一系列问题，并由此损害了全体社会公众所享有的环境公共利益。因此，实践中有必要通过一定的制度设计来降低行政机关出现怠于履职行为的可能性，并在行政机关

确实出现怠于履职行为时能够对其形成有力督促和有效制约。本书认为,在行政机关怠于通过行政命令履行其生态环境损害救济职责时,可以通过检察建议制度、行政公益诉讼制度和公众检举制度三种方式予以应对,具体如下文所述。

（一）检察建议制度

检察建议是我国检察机关依法履行其法律监督职责、督促行政机关依法行政以及维护社会公共利益的重要途径之一。在我国检察行政公益诉讼程序中,检察建议被确定为检察机关在提起检察行政公益诉讼之前所必须执行的一项前置程序,即检察机关在提起行政公益诉讼之前,应当先行向拟被诉的行政机关发出督促其依法履行职责的检察建议。在检察行政公益诉讼程序中设置检察建议这一诉前程序的意义在于对行政机关专业判断能力的充分尊重,❶ 以及基于行政自制规则而给予行政机关一定的自我纠错的机会。❷ 同时,倘若在检察建议阶段即能够实现督促行政机关履行职责之目的,则可以有效缓解诉讼压力并大量节约司法资源。❸

在我国,检察机关通过提出检察建议的方式履行其法律监督职责已有较长时间的工作经验积累。早在 1954 年 9 月我国制定的第一部《中华人民共和国人民检察院组织法》中,就已明确规定检察机关有权通知或要求国家机关对其作出的违法行为进行纠正。在该法中虽然尚未采用检察建议的表述方式,但自此我国检察机

---

❶ 刘超:"环境行政公益诉讼诉前程序省思",载《法学》2018 年第 1 期,第 117 页。

❷ 孙谦:"设置行政公诉的价值目标与制度构想",载《中国社会科学》2011 年第 1 期,第 160 页。

❸ 黄学贤:"行政公益诉讼回顾与展望——基于'一决定三解释'及试点期间相关案例和《行政诉讼法》修正案的分析",载《苏州大学学报》(哲学社会科学版)2018 年第 2 期,第 49 页。

关即已在实践中将检察建议作为检察监督的一般形式而加以适用。❶ 1985 年 4 月，时任最高人民检察院检察长杨易辰在第六届全国人大第三次会议上所做的最高人民检察院工作报告中，首次提出了检察建议的概念。2009 年 11 月，最高人民检察院印发了《人民检察院检察建议工作规定（试行）》，第一次以司法规范性文件的形式正式确立了检察建议制度。2019 年 2 月，最高人民检察院公布了最新制定的《人民检察院检察建议工作规定》，进一步对检察建议制度进行了更为系统和全面的规定。至此，我国的检察建议制度实现了从无到有的转变，且更加专业化和规范化。

从实践中来看，检察建议在督促行政机关依法履行职责方面具有十分显著的效果。如 2017 年 10 月，山东省选取青岛市检察院、东营市检察院等 7 个检察院开展检察建议规范化试点工作，在不到一年的试点期内共计发出了 120 份检察建议，到期回复率达 100%，采纳率达 99%，充分体现了检察建议在督促行政机关依法行政方面的重要作用。❷ 而从全国范围来看，2017 年 7 月至 2019 年 9 月，全国检察机关共计向行政机关发出行政公益诉讼诉前检察建议 182 802 件，行政机关回复整改率达 97.37%，相较之下，因行政机关拒不接受检察建议而最终进入行政公益诉讼环节的案件仅 995 件，也即绝大多数行政公益诉讼案件在诉前检察建议阶段就已经得到了有效解决。❸ 由此可见，检察建议已然成为我国检察机关在督促行政机关依法履行职责的过程中最为重要且最为有效的

---

❶ 吴孟栓、米蓓："检察建议：履行法律监督职责的重要方式"，载《检察日报》2019 年 1 月 24 日，第 3 版。

❷ 郭树合、周道洋："以规范化提升检察建议监督质效"，载《检察日报》2018 年 7 月 19 日，第 3 版。

❸ 张军："最高人民检察院关于开展公益诉讼检察工作情况的报告（摘要）——2019 年 10 月 23 日在第十三届全国人民代表大会常务委员会第十四次会议上"，载《检察日报》2019 年 10 月 25 日，第 2 版。

途径之一。

由于行政机关在生态环境损害救济中怠于作出专门用于救济生态环境损害的行政命令之行为实际是行政机关的一种行政不作为，因而属于检察机关的检察监督工作的重要内容之一。实践中，检察机关理应通过检察建议程序督促行政机关纠正其在生态环境损害救济中存在的各类怠于履职行为。基于提升检察建议程序在督促行政机关履行其生态环境损害救济职责时的有效性之目的，本书认为，可以从完善检察建议的相关程序性规则以及明确检察建议的具体格式内容两个方面，进一步展开对检察建议制度的优化工作，以使检察建议成为一项格式严谨、内容翔实、执行有力的法律文书。

具体而言，从完善检察建议的相关程序性规则这一方面来看，一是应当创新检察建议文书的送达方式。由于检察机关作出检察建议之目的在于维护公共利益，因而将更有利于公众参与并能充分提升检察建议社会影响力的宣告送达方式作为检察建议的主要送达方式更为适宜。❶ 在宣告送达时，可以邀请人大代表、政协委员、人民群众代表、新闻媒体等参加送达活动，并向社会各界公开检察建议文书，借助社会舆论力量督促行政机关履行职责。二是应当明确检察机关对其作出的检察建议的跟踪回访制度，即检察机关除了要求被建议的行政机关在合理期限内作出书面回复外，还应当对被建议的行政机关在收到检察建议后是否切实履行了相关职责进行调查确认，对于仅书面回复检察机关但并未切实履行职责的行政机关，应当及时依法提起行政公益诉讼，避免"反复建议"以及"久拖不改"。

而从明确检察建议的具体格式内容这一方面来看，一是应当

---

❶ 徐日丹："刚性的检察建议才有力量"，载《检察日报》2020 年 8 月 6 日，第 1 版。

确保检察建议文书的标准化与格式化，如应当以带有行文编号的正式文件的形式制作检察建议书，并严格执行检察建议书的抄送规定，及时将检察建议书抄送被建议的行政机关的上级机关或同级党委、人大、纪检监察机关等，如此既可以使被建议的行政机关更为重视所收到的检察建议书，同时也利于上级机关和其他部门对被建议的行政机关进行监督。二是应当充实检察建议书的具体内容，避免检察建议书文本的单薄化和空洞化。显然，一份内容翔实的检察建议书更有利于帮助被建议的行政机关尽快找出问题所在，也更有利于帮助被建议的行政机关尽快改正其怠于履职行为。为此，应当在检察建议书中增加必要的说理部分，阐明被建议的行政机关存在的各项问题，并分析产生这些问题的原因。此外，在检察建议书中还应当针对所提出的各项问题给出合理化的对策建议，以供被建议的行政机关参考，同时也便于检察机关后期核查检察建议的内容是否得以落实。

（二）行政公益诉讼制度

我国的环境行政公益诉讼制度在很大程度上是受英美等西方国家的公民诉讼制度的影响而建立的。❶ 在 20 世纪六七十年代世界环境危机的大背景下，西方国家的政府在环境执法工作上的普遍低效使得公众对于政府的环保决心和治理能力产生了深刻的怀疑，❷ 因而有学者提出了"法律必须设法给没有直接利害关系的公民找到一个位置，以防止政府内部的不法行为"的理论，❸ 呼吁应当放宽行政公益诉讼的起诉主体资格范围，使公众有更多机会参

---

❶ 练育强："争论与共识：中国行政公益诉讼本土化探索"，载《政治与法律》2019 年第 7 期，第 139 页。

❷ 巩固："美国原告资格演变及对公民诉讼的影响解析"，载《法制与社会发展》2017 年第 4 期，第 123 页。

❸ ［美］威廉·韦德：《行政法》，徐炳等译，中国大百科全书出版社 1997 年版，第 365 页。

与行政决策与行政执法，❶ 并对行政机关的不法行为提出申诉。

2015年7月，经全国人大常委会授权，我国开始在北京、内蒙古、吉林等13个省（自治区、直辖市）开展检察机关提起行政公益诉讼试点工作。经过两年的试点，2017年6月，全国人大常委会通过修改《行政诉讼法》正式确立了行政公益诉讼制度，明确检察机关可以针对行政机关在生态环境和资源保护、食品药品安全等领域内的违法行使职权或不作为行为提起行政公益诉讼。而由于行政机关怠于作出专门用于救济生态环境损害的行政命令之行为，实质属于行政机关在生态环境损害救济中的行政不作为，因而是符合行政公益诉讼制度的适用范围的。因此，可以通过行政公益诉讼途径纠正行政机关在生态环境损害救济中的怠于履职行为。

从我国现行的环境行政公益诉讼的具体诉讼规则来看，目前我国仅有检察机关具备提起环境行政公益诉讼的原告主体资格，社会组织与公众则被排除在环境行政公益诉讼的原告主体范围之外。然而，基于当下我国生态环境损害事件仍然多发、频发的客观现状，不难发现因行政机关的怠于履职行为而导致环境公共利益遭受损害的现象仍然在实践中普遍存在，而这也折射出检察机关作为唯一可以提起环境行政公益诉讼的原告主体的制度安排，恐难满足有效督促行政机关履行生态环境保护职责以及有效维护环境公共利益之客观需要。事实上，检察机关在开展环境行政公益诉讼时，并不具备完全排除更为强势的行政机关对其施加各类影响的能力，❷ 这就导致检察机关在环境行政公益诉讼中难免存在

---

❶ Barry Boyer, Errol Meidinger, Privatizing Regulatory Enforcement: A Preliminary Assessment of Citizen Suits Under Federal Environmental Laws, *Buffalo Law Review*, 1985, Vol. 34, Issue 3, pp. 833 – 964.

❷ 沈岿："检察机关在行政公益诉讼中的请求权和政治责任"，载《中国法律评论》2017年第5期，第81页。

"趋易避难""避重就轻"的选案倾向，而尽可能会选择不引起行政机关较大反对的案件来起诉。如有学者对检察机关提起行政公益诉讼的案件进行类型化分析后指出，实践中检察机关主要针对行政不作为案件提起行政公益诉讼，对于行政违法行为提起的行政公益诉讼较少，而在行政不作为案件中，又以举证难度低、面临障碍少、易取得成效的案件为主要的诉讼对象，对于执行难度较高、需要其他部门协同配合、对地方经济存在较大影响的案件，则鲜有检察机关提起行政公益诉讼。❶ 也有学者对检察机关提起行政公益诉讼的案件的层级进行统计后指出，检察机关所提起的行政公益诉讼的被告大多是县区级政府所辖的行政部门，对于更高级别的行政机关及其所属部门，则鲜有检察机关提起行政公益诉讼。❷ 虽然这一现象在某种程度上可以从较高级别的行政机关依法行政的意识较强、较少存在怠于履责行为的角度加以解释，但同样也无法排除检察机关在提起行政公益诉讼时存在"避重就轻"行为之嫌疑。

综上所述，基于行政机关在我国公权力体系中的地位，检察机关在针对行政机关的怠于履责行为提起环境行政公益诉讼时，所涉的大多是"芝麻绿豆"般的小案，而非通常意义上影响范围广泛、危害后果严重的生态环境损害事件。❸ 检察机关在环境行政公益诉讼中所呈现出的这一"趋易避难"的表现，是难以符合社会公众对于环境行政公益诉讼制度能够有效督促行政机关履行生态环境损害救济职责以及维护环境公共利益之期待的，因而将检

❶ 覃慧："检察机关提起行政公益诉讼的实证考察"，载《行政法学研究》2019 年第 3 期，第 91 页。
❷ 杨志弘："公益诉讼主体扩张的制度反思——以检察机关作为公益诉讼原告为切入点"，载《青海社会科学》2018 年第 4 期，第 154 页。
❸ 覃慧："检察机关提起行政公益诉讼的实证考察"，载《行政法学研究》2019 年第 3 期，第 93 页。

察机关作为行政公益诉讼唯一适格原告主体的行政公益诉讼一元启动模式并非是一项适当的制度安排。❶

本书认为，在当下我国公民的法治意识与维权主动性不断提高的背景下，有必要对环境行政公益诉讼的原告主体资格范围进行适当扩展。事实上，我国宪法已经赋予了公民依法进行社会监督和参与国家管理的基本权利，而社会组织作为代表公众集中表达其利益诉求的代表者，同样应当享有上述权利。因此，将社会组织与公众纳入环境行政公益诉讼的原告主体范围是具有宪法层面的正当性基础的。❷ 通过赋予社会组织与公众以环境行政公益诉讼诉权，不仅可以进一步提高社会组织与公众参与社会监督的积极性，也可以对行政机关在开展生态环境损害救济工作时是否做到恪尽职守进行更为广泛而全面的监督，从而使环境行政公益诉讼制度能够更为有效地实现对行政机关的怠于履职行为进行制约之目的。

不仅如此，对于社会组织与公众来说，其作为原告提起环境行政公益诉讼的难度明显低于其作为原告提起环境民事公益诉讼的难度，因而赋予社会组织与公众以环境行政公益诉讼的原告主体资格，客观上更有利于社会组织与公众直接参与生态环境损害救济工作，也更有利于维护环境公共利益。正如本书第一章所述，社会组织在提起环境民事公益诉讼时会面临举证责任较重但自身诉讼能力不足的矛盾：如在环境民事公益诉讼中，作为原告的社会组织在起诉时需要提交"公共利益受到损害的初步证明材料"以及"污染物与损害之间具有关联性的证明材料"，其中后一项证

---

❶ 林莉红、马立群："作为客观诉讼的行政公益诉讼"，载《行政法学研究》2011年第4期，第3页。

❷ 曾哲、梭娅："环境行政公益诉讼原告主体多元化路径探究——基于诉讼客观化视角"，载《学习与实践》2018年第10期，第26页。

明材料通常只能由专业的鉴定机构出具，这就意味着社会组织在
提起环境民事公益诉讼时需要先行支付高额的鉴定费用，从而给
社会组织带来了巨大的资金压力。然而，在环境行政公益诉讼中
通常适用举证责任倒置的规则，❶ 环境行政公益诉讼的原告只需证
明环境公共利益受到了损害，而无须进一步证明该损害是如何由
行政机关的违法行使职权或不作为行为引起的。❷ 换言之，环境行
政公益诉讼的原告只需证明生态环境损害事实客观存在即可，至
于该生态环境损害事实究竟是由哪些排污企业通过何种污染行为
所造成的，以及究竟对生态环境造成了何种程度的损害，则属于
作为被告的行政机关的调查职责所在，应当由被诉行政机关在环
境行政监管的过程中依职权予以调查。❸ 由此可见，社会组织与公
众在作为原告提起环境行政公益诉讼时所需承担的举证责任相对
较轻，环境行政公益诉讼不会超出大多数社会组织与公众的能力
范围。因此，允许社会组织与公众作为原告提起环境行政公益诉
讼的制度安排更为适当。❹

　　值得注意的是，在将社会组织与公众纳入环境行政公益诉讼
的原告主体范围之后，仍需要在目前已经存在的检察机关提起环
境行政公益诉讼的相关制度规则的基础上，根据社会组织与公众
的特点而对社会组织与公众提起环境行政公益诉讼的制度安排进

---

❶　朱全宝："论检察机关提起行政公益诉讼：特征、模式与程序"，载《法学杂志》
　　2015 年第 4 期，第 114 页。

❷　黄学贤："行政公益诉讼回顾与展望——基于'一决定三解释'及试点期间相关
　　案例和《行政诉讼法》修正案的分析"，载《苏州大学学报》（哲学社会科学
　　版）2018 年第 2 期，第 49 页。

❸　通常来说，仅证明存在生态环境损害的客观事实的难度是较低的。实践中，通过
　　出示损害现场的照片、部分污染物浓度超标的检测报告等较易取得证明材料，就
　　足以使法官确信存在生态环境损害的客观事实，而并不需要对生态环境损害的程
　　度、范围等事项进行全面而系统性的鉴定。

❹　刘汉天、刘俊："公民环境公益诉讼主体资格的法理基础及路径选择"，载《江
　　海学刊》2018 年第 3 期，第 216 页。

行相应的修正，从而在充分尊重行政机关的行政自制能力的前提下，❶ 尽可能地减少社会组织与公众在提起环境行政公益诉讼时可能遇到的各类阻碍。具体而言，在构建社会组织与公众提起环境行政公益诉讼制度时，需要重点关注的内容主要包括以下三个方面。

其一，关于起诉顺位的问题。在检察机关、社会组织与公众均具备提起环境行政公益诉讼的原告主体资格的情况下，本书认为无须设置相应的起诉顺位，也即对于行政机关的怠于履职行为，社会组织或公众可以直接提起环境行政公益诉讼，而无须先行向检察机关检举行政机关的怠于履职行为，也无须在检察机关不提起环境行政公益诉讼的情况下方可起诉。不设置起诉顺位的原因在于如前文所述，检察机关受制于行政机关所施加的压力而有可能在环境行政公益诉讼中"避重就轻"，因而社会组织与公众向检察机关进行检举的效果往往并不能得到充分的保证。换言之，即使社会组织与公众向检察机关进行检举，检察机关也有可能最终并不提起环境行政公益诉讼。并且，在检察机关决定是否提起环境行政公益诉讼的过程中，行政机关的怠于履职行为以及由此造成的生态环境损害无法得到救济的状态会一直持续，这显然不利于对环境公共利益进行有效保护。而与此相反，倘若某一地区存在大量社会组织或公众直接提起环境行政公益诉讼的案例，则会给当地的检察机关带来未能对行政机关的怠于履职行为进行有效监督的舆论压力，从而倒逼检察机关加大对行政机关的监督力度。因此，在环境行政公益诉讼中不设置起诉顺位是更为合理的选择。

其二，关于诉前程序的问题。虽然无须在检察机关、社会组

---

❶ 沈亚萍："行政自制的规则诉求与规则配置"，载《广东社会科学》2014年第6期，第249页。

织与公众提起环境行政公益诉讼时设置相应的起诉顺位，但本书认为，仍有必要参照检察机关提起环境行政公益诉讼之前应当先行发出检察建议的诉前程序规定，在社会组织与公众提起环境行政公益诉讼之前，要求作为原告的社会组织或公众先行告知被诉行政机关其拟提起环境行政公益诉讼的意图，从而给予行政机关进行自我纠错的机会以及发挥其专业技术能力的空间，以实现环境公共利益维护与诉讼资源最大化利用之间的相对平衡。但值得注意的是，倘若行政机关在收到社会组织或公众的告知后作出了一定的行政行为，并据此认为其已经纠正了其前期存在的怠于履职行为，但拟提起环境行政公益诉讼的社会组织或公众则认为行政机关所作出的行政行为并不能使环境公共利益得到有效维护，那么社会组织或公众可以在告知期限届满后以行政机关仍然存在怠于履职行为为由，直接提起环境行政公益诉讼，而无须再次履行诉前告知程序。如此方能有效维护社会组织与公众的环境行政公益诉讼诉权，并能避免因诉前告知期间的反复计算而导致受损的生态环境长时间无法得到救济的情况发生。

其三，关于起诉条件的问题。在 2015 年 7 月最高人民检察院发布的《检察机关提起公益诉讼试点方案》❶、2015 年 12 月最高人民检察院制定的《人民检察院提起公益诉讼试点工作实施办法》❷ 以及 2016 年 2 月最高人民法院印发的《人民法院审理人民

---

❶ 参见《检察机关提起公益诉讼试点方案》（2015）中关于行政公益诉讼起诉条件的规定："检察机关提起行政公益诉讼，应当有明确的被告、具体的诉讼请求、国家和社会公共利益受到侵害的初步证据，并应当制作公益诉讼起诉书。"

❷ 《人民检察院提起公益诉讼试点工作实施办法》（2015）第 44 条规定："人民检察院提起行政公益诉讼应当提交下列材料：

……

（二）国家和社会公共利益受到侵害的初步证明材料。"

检察院提起公益诉讼案件试点工作实施办法》❶ 中，均明确规定检察机关在提起行政公益诉讼时应当提交国家和社会公共利益受到侵害的"初步证明材料"。而于 2018 年 3 月最高人民法院与最高人民检察院联合印发的《关于检察公益诉讼案件适用法律若干问题的解释》中，该起诉条件被修改为检察机关在提起行政公益诉讼时应当提交国家利益或社会公共利益受到侵害的"证明材料"。❷不难发现，这份最新制定的司法解释提高了检察机关提起行政公益诉讼时的起诉条件，也即将提交"初步证明材料"改为了提交"证明材料"。而这一修改对于具备较强的调查取证能力的检察机关来说并不会造成太大的影响，但是对于并不具备调查取证权的社会组织与公众而言，要求其在提起环境行政公益诉讼时举证证明行政机关的怠于履职行为已经损害了国家利益或社会公共利益则存在一定的难度。因此，从降低社会组织与公众提起环境行政公益诉讼的难度以提升其诉讼积极性的角度出发，应当明确社会组织与公众在提起环境行政公益诉讼时只需提交国家利益或社会公共利益受到侵害的初步证明材料即可。

除此之外，无论是由检察机关还是由社会组织或公众提起的环境行政公益诉讼，亟待补强的关键一点还在于应当进一步明确行政机关败诉后的追责问题。从目前已经出台的涉及行政公益诉

---

❶ 《人民法院审理人民检察院提起公益诉讼案件试点工作实施办法》（2016）第 12 条规定："人民检察院提起行政公益诉讼应当提交下列材料：

……

（二）被告的行为造成国家和社会公共利益受到侵害的初步证明材料；

……"

❷ 最高人民法院 最高人民检察院《关于检察公益诉讼案件适用法律若干问题的解释》（2018）第 22 条规定："人民检察院提起行政公益诉讼应当提交下列材料：

……

（二）被告违法行使职权或者不作为，致使国家利益或者社会公共利益受到侵害的证明材料；

……"

讼制度的若干规范性文件与司法解释来看，仅有 2018 年 3 月最高人民法院与最高人民检察院联合印发的《关于检察公益诉讼案件适用法律若干问题的解释》第 25 条第 2 款❶涉及行政机关在行政公益诉讼中败诉后的处理办法，但该条款也仅限于将败诉结果告知被诉行政机关所属的人民政府或其他相关职能部门，而未有提及应当对败诉行政机关以及行政机关的负责人或其他直接责任人员采取怎样的惩处措施。显然，行政机关在行政公益诉讼中的败诉结果即证明了行政机关确实存在违法行使职权或怠于履行职责之行为，此时倘若不进一步追究行政机关以及行政机关负责人和其他直接责任人员的相关责任，则只能使环境公共利益在个案中得到救济，而无法对行政机关的违法行使权力或怠于履行职责行为产生普遍威慑，行政机关未来仍有继续违法的可能，环境公共利益也存在再次遭到损害的风险。❷ 因此，有必要在环境行政公益诉讼制度中进一步明确在行政机关败诉时，行政机关自身以及行政机关负责人和其他直接责任人员所应当承担的相关责任，如对于行政机关自身可以采取通报批评、取消单位年度评优资格等形式的荣誉罚，对于行政机关负责人和其他直接责任人员则可以给予相应的行政处分，并视情节严重程度决定是否移交纪委监委进一步追究其失职渎职责任等。

（三）公众检举制度

公众检举制度源于我国公民所享有的作为一项宪法基本权利的检举权。依照我国《宪法》第 41 条第 1 款之规定："中华人民

---

❶ 最高人民法院、最高人民检察院《关于检察公益诉讼案件适用法律若干问题的解释》（2018）第 25 条第 2 款规定："人民法院可以将判决结果告知被诉行政机关所属的人民政府或者其他相关的职能部门。"

❷ 秦前红："检察机关参与行政公益诉讼理论与实践的若干问题探讨"，载《政治与法律》2016 年第 11 期，第 88 页。

共和国公民对于任何国家机关或国家工作人员的违法失职行为，有向有关国家机关提出申诉、控告或者检举的权利。"因此，在行政机关怠于履行生态环境损害救济职责时，公众可以依据其所享有的检举权，向怠于履职的行政机关的上级行政机关进行检举，再由上级行政机关责令该怠于履行生态环境损害救济职责的行政机关改正其在生态环境损害救济工作中的行政不作为行为。

值得注意的是，与公众检举制度相类似的一项制度是公众举报制度。❶ 通常来说，公众检举与公众举报两者之间的区别主要在于公众检举的对象与公众举报的对象是不同的，公众检举的对象是国家机关的违法行为或失职行为，而公众举报的对象则是非国家机关的一般社会主体的违法行为或违规行为。同时，公众检举与公众举报两者的功能也存在区别，公众检举制度主要承担监督公权力之作用，而公众举报制度则主要承载着公民参与管理社会公共事务的功能。❷ 此外，与公众检举制度同样存在较高相似度的另一项制度是公众信访制度，公众检举制度与公众信访制度之间的区别主要在于两者的功能不同，公众检举制度的功能主要是对国家机关进行民主监督，而公众信访制度除了具备一定民主监督功能之外，还更多地具备个人权利救济之功能，❸ 如信访人可以通过信访程序表达要求行政机关改变其所作出的对自身不利的行政

---

❶ 在我国部分法律法规中存在"检举"与"举报"相混淆的情形。如我国《环境保护法》第 57 条第 2 款规定，公民、法人和其他组织发现地方各级人民政府、县级以上人民政府环境保护主管部门和其他负有环境保护监督管理职责的部门不依法履行职责的，有权向其上级机关或者监察机关"举报"，此处的"举报"实质应为"检举"。为了避免出现歧义，本书对"检举"与"举报"予以区分适用。

❷ 吴家清、洪丹娜："中国检举制度的变迁及完善路径"，载《学术研究》2015 年第 2 期，第 39 页。

❸ 范进学："信访行为之权利与功能分析"，载《政法论丛》2017 年第 2 期，第 17 页。

决定或行政裁决等诉求。

基于上述对公众检举制度、公众举报制度和公众信访制度三者的对比分析，不难发现对于行政机关怠于履行生态环境损害救济职责之行为，应当通过公众检举制度予以应对。本书认为，从目前我国公众检举制度的相关实践来看，有必要从完善行政机关接受公众检举的程序性规定以及明确公众检举权难以实现时的救济途径两个方面对公众检举制度予以进一步落实。

具体而言，从完善行政机关接受公众检举的程序性规定方面来看，由于我国多部法律法规中对于"检举"与"举报"两者实际并未作出严格区分，这就导致实践中部分行政机关往往会对"检举"与"举报"采用相同的处理流程，也即对收到的检举材料或举报材料进行层层转批处理。❶ 事实上，在举报流程中，将举报材料进行层层转批后交由相应的职能部门进行处理并无不妥，但在检举流程中，将检举材料层层转批则有可能使检举材料最终流入被检举对象的手中，从而出现"被检举人拿着检举材料找检举人谈话"的尴尬局面。❷ 因此，实践中有必要对检举制度进行专门的程序设计，特别是应当规定上级行政机关在收到以其下级行政机关为检举对象的检举材料后，不得随意转批处理，更不得将检举材料中的相关信息透露给下级行政机关，而应当由上级行政机关组织专门人员进行调查处理。

而所谓明确公众检举权难以实现时的救济途径，也即是明确在怠于履行生态环境损害救济职责的行政机关的上级行政机关不接受公众提交的检举材料，或者接受检举材料后逾期不回复检举

---

❶ 李沐、黄健："我国纪检监察反腐举报制度的法律重塑——基于对举报信访化的反思"，载《湖南社会科学》2019 年第 6 期，第 53 页。

❷ 刘英团："举报不应是一种'高风险行为'"，载《中国纪检监察报》2015 年 8 月 20 日，第 4 版。

人时，检举人应当如何维护其检举权的问题。本书认为，检举人可以适用的救济途径主要包括以下几种方式：一是检举人可以进一步向不接受检举的上级行政机关的上级行政机关再次进行检举或投诉，寻求由更高层级的行政机关纠正下级行政机关不接受检举的违法违规行为；二是检举人可以向监察机关进行检举，由监察机关对行政机关不接受检举的违法违规行为以及由此可能造成的行政机关在生态环境损害救济工作中的失职渎职行为进行纠正；三是检举人可以向检察机关进行检举，由检察机关通过检察建议或检察行政公益诉讼等方式对行政机关不接受检举的行政不作为行为进行纠正。

二、行政机关恣意作出行政命令情形下的应对方式

所谓行政机关恣意作出行政命令，是指行政机关针对生态环境损害风险或生态环境损害结果所作出的行政命令的内容过于严苛，超出了生态环境损害责任人所应当承担的生态环境损害风险消除责任或生态环境损害结果修复责任的合理范围，从而存在损害行政相对人合法权益的可能性。如行政机关在"责令消除环境风险"的行政命令中要求行政相对人立即停止开发建设行为，但实际上行政机关作出该行政命令时所依据的相关证据或理由并不具备充分的科学性或真实性，因而出现生态环境损害风险的可能性几乎不存在；再比如行政机关在其所作出的"责令修复生态环境""责令异地替代修复"的行政命令之中，对行政相对人科以了明显超出其所造成的生态环境损害程度的修复义务，如要求行政相对人将受损的生态环境修复至大幅超出未受损时生态环境质量水平的程度，或者要求行政相对人异地替代修复一块场地面积、污染程度都大幅超出原污染场地的地块；再比如行政机关在其所作出的"责令赔偿生态损失"的行政命令之中，选用了不恰当的生态环境价值评估方法或错误统计了各项环境要素的损害程度，

从而导致计算得出的生态环境损害赔偿费用明显偏高等。

总而言之，随着社会公众和舆论媒体对于行政机关开展生态环境损害救济工作关注度的不断提升，行政机关在生态环境损害救济程序中出现过于严苛对待行政相对人的可能性也相应提升，而行政机关的这种行为失范将会使行政相对人的合法权益遭到损害。因此，实践中亦有必要赋予受到不公正待遇的行政相对人以一定的救济手段，以维护行政相对人在生态环境损害救济程序中的合法权益。本书认为，在行政机关存在恣意作出专门用于救济生态环境损害的行政命令的情形时，行政相对人可以通过向上级行政机关提起行政复议、向人民法院提起行政诉讼以及向有关部门进行信访申诉等方式维护其合法权益，具体如下文所述。

（一）行政复议制度

由于行政机关向行政相对人作出的专门用于救济生态环境损害的行政命令属于一项具体行政行为，因而倘若行政相对人认为行政机关所作出的专门用于救济生态环境损害的行政命令侵犯其合法权益的，可以依法提起行政复议。

依照我国《行政复议法》和《行政诉讼法》中的相关规定，我国行政复议与行政诉讼两者之间的衔接关系主要可以分为"可复议、可诉讼""先复议、再诉讼""只复议、不诉讼"三种类型。其中"可复议、可诉讼"是行政复议与行政诉讼两者之间衔接关系的常态，也即对于行政机关所作出的大部分具体行政行为，行政相对人在不服时既可以选择提起行政复议，也可以选择直接提起行政诉讼，行政复议与行政诉讼两者是并行适用的平行关系；而"先复议、再诉讼"是指行政相对人对于行政机关所作出的具体行政行为不服的，必须先向作出该具体行政行为的行政机关的上级行政机关提起行政复议，对于上级行政机关所作出的复议决定仍不服的，方可提起行政诉讼，❶ 此时行政复议是行政诉讼的前置程序；而"只复议、不诉讼"则是指行政相对人对于行政机关所作出的具体行政行为不服的，只能向作出该具体行政行为的行政机关的上级行政机关提起行政复议，而上级行政机关所作出的复议决定即为最终裁决，行政相对人不得再提起行政诉讼。❷ 由此可见，在"先复议、再诉讼"和"只复议、不诉讼"两种行政复议与行政诉讼的衔接模式中，行政复议被设定为行政相对人不服具体行政行为时所必须先行适用甚至是唯一能够适用的救济手段。

事实上，我国除了在前述自然资源权属争议与自然资源确权领域内存在行政复议程序前置的救济规则之外，在诸如税收征收管理❸、商标注册管理❹、专利审查管理❺等领域内，同样存在行政复议程序前置的救济规则。不难发现的是，上述规定了行政复

---

❶ 如我国《行政复议法》（2017）第30条第1款规定："公民、法人或者其他组织认为行政机关的具体行政行为侵犯其已经依法取得的土地、矿藏、水流、森林、山岭、草原、荒地、滩涂、海域等自然资源的所有权或者使用权的，应当先申请行政复议；对行政复议决定不服的，可以依法向人民法院提起行政诉讼。"

❷ 如我国《行政复议法》（2017）第30条第2款规定："根据国务院或者省、自治区、直辖市人民政府对行政区划的勘定、调整或者征收土地的决定，省、自治区、直辖市人民政府确认土地、矿藏、水流、森林、山岭、草原、荒地、滩涂、海域等自然资源的所有权或者使用权的行政复议决定为最终裁决。"

❸ 《税收征收管理法》（2015）第88条第1款规定："纳税人、扣缴义务人、纳税担保人同税务机关在纳税上发生争议时，必须先依照税务机关的纳税决定缴纳或者解缴税款及滞纳金或者提供相应的担保，然后可以依法申请行政复议；对行政复议决定不服的，可以依法向人民法院起诉。"

❹ 《商标法》（2019）第34条规定："对驳回申请、不予公告的商标，商标局应当书面通知商标注册申请人。商标注册申请人不服的，可以自收到通知之日起十五日内向商标评审委员会申请复审……当事人对商标评审委员会的决定不服的，可以自收到通知之日起三十日内向人民法院起诉。"

❺ 《专利法》（2021）第41条规定："专利申请人对国务院专利行政部门驳回申请的决定不服的，可以自收到通知之日起三个月内向国务院专利行政部门请求复审。国务院专利行政部门复审后，作出决定，并通知专利申请人。
专利申请人对国务院专利行政部门的复审决定不服的，可以自收到通知之日起三个月内向人民法院起诉。"

议前置规则的相关领域均具有极强的专业性特征，对于缺乏相关专业知识的法院来说，判断这些领域内的具体行政行为是否合法的难度相对较高。而设置行政复议程序前置的救济规则，则可以充分利用行政机关的专业能力，特别是上级行政机关在开展行政复议工作时，必然会调取和收集更多且更为详尽的证据资料，此时倘若行政相对人在行政复议程序后再行提起行政诉讼，则受理案件的法院可以十分便捷地获取上述已经由上级行政机关收集整理完毕的各类证据资料，并在此基础上对行政行为的合法性进行判断，从而能够在很大程度上节约查找和收集证据资料所需的时间，同时也更有利于法院了解案件的具体情况并由此作出正确的判决或裁定。

故本书认为，在同样属于复杂行政事务的生态环境损害救济领域内，亦应当采用行政复议程序前置的救济规则。但由于"只复议、不诉讼"模式否决了行政相对人通过提起行政诉讼维护其合法权益之途径，而没有赋予行政相对人以充分的救济机会，在一定程度上有违公平正义，❶ 因而在生态环境损害救济领域内适用"先复议、再诉讼"模式更为合适。具体而言，行政相对人认为行政机关对其作出的专门用于救济生态环境损害的行政命令的内容过于严苛而有损其合法权益时，行政相对人应当先行向作出该行政命令的生态环境主管部门的上级行政机关提起行政复议，对行政复议决定仍不服的，则可提起行政诉讼。

（二）行政诉讼制度

如前文所述，基于生态环境损害救济领域内相关事务的高度专业化与复杂化特征，有必要在充分利用行政机关的专业能力的基础上确立行政复议程序前置的救济规则。然而，出于保障行政

---

❶　叶必丰：《行政法与行政诉讼法》，武汉大学出版社 2008 年版，第 307 页。

相对人能够享有更多救济机会从而有效维护其合法权益之目的，行政诉讼同样是行政相对人不服行政机关对其作出的专门用于救济生态环境损害的行政命令时的一项不可或缺的救济途径。事实上，据中国法学会行政法学研究会统计，截至 2018 年年底，全国各级行政复议机关共收到行政复议申请 226 万件，审结 186.4 万件，其中上级行政机关作出撤销、变更、确认违法等纠错复议决定的共计 26.6 万件，占比约 14.3%。❶ 由此可见，在行政复议程序中，上级行政机关对下级行政机关所作出的具体行政行为进行纠错的比例并不算高。当然，出现这一现象的原因主要在于近年来我国行政机关依法行政的能力不断提高，行政机关作出错误行政行为的可能性逐步降低，因而上级行政机关在行政复议程序中多以维持下级行政机关作出的行政行为为主。但尽管如此，也不能完全排除个别作为复议机关的上级行政机关因与下级行政机关之间存在较为密切的上下级关系而更倾向于维持其作出的行政行为。因此，在通常存有较多行政争议的生态环境损害救济领域内，行政复议程序有时并不能充分保障行政相对人的合法权益，这就使得作为中立判断者的法院的重要性格外凸显，因而行政诉讼也就成了一项不可或缺的救济途径。

具体而言，行政相对人在向作出专门用于救济生态环境损害的行政命令的行政机关的上级行政机提起行政复议之后，如果对行政复议决定仍不服，可以向人民法院提起行政诉讼。而在行政诉讼中，为了确保环境审判的专业性和严谨性，应当由人民法院根据生态环境损害的具体类型（如大气环境损害、水环境损害或土壤环境损害等），尽可能组织选派具有相关专业知识背景或相关审判工作经历的审判员参与案件的审理工作，并视情况引入专家

---

❶ 张维："复议机关受案二百二十六万件 七成实现案结事了"，载《法制日报》2019 年 11 月 9 日，第 1 版。

辅助人协助案件审理。值得注意的是，基于生态环境损害救济工作的紧迫性要求，行政机关所作出的专门用于救济生态环境损害的行政命令在经过公告期无异议之后，即应当严格依照行政命令的内容立即予以执行，行政相对人提起行政诉讼不影响行政命令的执行。而倘若行政机关在后续的行政诉讼中败诉的，则法院可以根据不同情形判决行政机关向行政相对人承担相应的赔偿或补偿责任。

（三）信访申诉制度

信访申诉制度是一项极具中国特色的制度设计，其本质上属于一种申诉机制，与当代世界各国普遍存在的作为非诉讼纠纷解决机制的申诉制度的功能基本相同。● 作为我国多元纠纷解决机制中的重要一环，信访制度对于诉讼、仲裁、复议、调解等纠纷解决机制具有较为重要的补充作用。❷ 我国信访制度的理论根基在于中国共产党所秉持的"一切为了群众、一切依靠群众，从群众中来、到群众中去"的群众路线。❸ 自中华人民共和国成立以来，经过数十年的曲折发展，信访制度逐渐成了一项融合了政治参与、权力监督、矛盾化解与权利救济等多重功能的政治制度，在实践中发挥着其独特的社会治理效用。❹

在当下我国已经存在包括行政复议和行政诉讼等司法救济途径的情况下，信访制度在纠纷解决体系中仍然占有较为重要地位

---

❶ 范愉："申诉机制的救济功能与信访制度改革"，载《中国法学》2014 年第 4 期，第 181 页。

❷ 陈柏峰："信访制度的功能及其法治化改革"，载《中外法学》2016 年第 5 期，第 1193 页。

❸ 刘正强："信访的'容量'分析——理解中国信访治理及其限度的一种思路"，载《开放时代》2014 年第 1 期，第 130 页。

❹ 刘厚见：《建国后中国共产党信访理论与实践研究》，湖南师范大学 2016 年博士学位论文，第 53 页。

的原因在于：上述各项司法救济途径对于受案事项均有着较为严格的形式要件要求，也即案件必须具备符合法律规定的格式化样态。然而，实践中为数不少的纠纷或矛盾所指向的对象并不是法定标的，在这些案件中也并不一定是当事人法律上的权利或法定利益受到损害，并且一些与案件有关的社会背景或历史结构等间接因素也会因为不具备法律意义而在司法程序中不予考虑，这就导致司法救济途径可能无法覆盖当事人的某些不在法律框架内的合理诉求，或者当事人的诉求虽可适用司法程序予以救济，但最终的救济结果会因"合法但不合理"而让当事人难以接受。因此，将实践中所有的纠纷或矛盾均纳入司法程序予以处理既不理性也不现实。而与此相反的是，信访申诉机制因其可以对相对僵硬的法律规则进行一定衡平变通，从而可以在化解纠纷与矛盾的过程中实现情理法与社会效果的兼顾，也更符合当下我国通过多元途径解决矛盾纠纷以及进行社会柔性治理的客观需求，因而在实践中具有一定的适用价值。

值得注意的是，依照国务院《信访条例》第 14 条第 2 款❶之规定，国家各级信访机关并不接受应当通过行政复议或行政诉讼等法定途径解决的投诉请求，而在我国多个省份所制定的信访条例中，也均有类似的明确规定。❷ 但是，这并不意味着信访申诉在生态环境损害救济程序中完全无法适用。事实上，对于行政机关在作出专门用于救济生态环境损害的行政命令的过程中所存在的

---

❶ 《信访条例》（2005）第 14 条第 2 款规定："对依法应当通过诉讼、仲裁、行政复议等法定途径解决的投诉请求，信访人应当按照有关法律、行政法规规定的程序向有关机关提出。"

❷ 如《江苏省信访条例》（2006）第 20 条第 2 款、《上海市信访条例》（2018）第 16 条、《广东省信访条例》（2014）第 10 条第 1 款、《安徽省信访条例》（2019）第 27 条第 2 款，均明确规定信访机关不受理应当通过复议、诉讼、仲裁等法定途径解决的投诉请求。

一些"合法但不合理"的行为，是可以作为信访事由而向各级人民政府的信访部门提出的。如行政机关在作出"责令赔偿生态损失"等行政命令之前，必然需要对生态环境损害的程度进行鉴定。然而，对于行政机关应当如何选择鉴定机构，相关法律法规以及政策文件中均未有明确规定，因而理论上行政机关只需要选择具备相应资质的鉴定机构开展鉴定工作即是合法合规的。实践中，行政机关为了能够更为方便地开展生态环境损害救济工作，通常会就近选择本行政区域内的鉴定机构。但如前文所述，基于生态环境损害事件的复杂性特征，即使是具备相应资质的鉴定机构，往往也有其业务专长，而行政机关就近选择鉴定机构而非有针对性地选择鉴定机构之行为，即有可能造成诸如由擅长鉴定水环境污染的鉴定机构去鉴定土壤环境污染的情形，这就导致鉴定机构所出具的鉴定报告虽然是真实合法有效的，但却有可能在鉴定结论中存在一些细小的偏差（而非错误）。

　　然而，在确定生态环境损害赔偿金的具体数额的过程中，特别是采用虚拟成本法计算行政相对人应当缴纳的生态环境损害赔偿费用时，即使是鉴定结论中的细小偏差，也有可能造成计算虚拟治理成本时所须乘以的系数发生一定的变动，而即便是零点几倍的系数差别，在乘以虚拟治理成本的基数后，也会导致生态环境损害赔偿金的总额产生上百万元甚至上千万元的变化。由此可见，行政机关在选择鉴定机构时所存在的"合法但不合理"的行为有可能对行政相对人的合法权益造成一定的损害。然而，倘若行政相对人在行政复议或行政诉讼程序中就此提出异议，则往往难以得到复议机关或人民法院的支持，这是因为从形式要件来看，行政机关选择具有相应资质的鉴定机构开展鉴定工作的行为是完全合法的，而行政机关并无进一步挑选最为合适的鉴定机构进行生态环境损害鉴定之义务。事实上，只要鉴定机构所出具的鉴定报告中不存在明显的不合理之处，就难以为复议机关或人民法院所否定。● 因而在这一情形下，行政相对人是难以通过行政复议或行政诉讼途径实现权利救济的，其只能就行政机关在生态环境损害救济工作中的"合法但不合理"行为进行信访申诉，以维护自身的合法权益。由此可见，信访申诉制度在生态环境损害救济领域内亦有其特定的适用空间。

三、责任人员确无能力履行行政命令情形下的应对方案

所谓责任人员确无能力履行行政命令，是指造成生态环境损害风险或造成生态环境损害结果的责任人员因自身能力不足，客观上无法承担行政机关所作出的专门用于救济生态环境损害的行政命令中所设定的各项义务的情形。事实上，在诸如盗伐林木、破坏草原、非法捕捞、非法采砂等生态破坏类案件中，责任人员通常是个人或个体经营者，这些责任人员因缺乏经济能力而无力履行生态环境损害修复或赔偿责任的情况并不罕见。然而，生态环境损害状态持续的时间越长，生态环境修复工作的难度也就越大，所需支出的修复成本也会相应地增加，受损的生态环境因无法提供生态服务功能而导致的损失也会不断增加，故生态环境修复工作应当尽早开展。因此，在已经明确责任人员确无能力履行行政命令中所设定的各项义务的情况下，有必要及时采取一定的应对措施，先行替代责任人员履行生态环境修复责任，以避免因生态环境修复工作停滞不前而给环境公共利益带来长期损害。

本书认为，在责任人员确无能力履行生态环境损害修复或赔

● 正如我国《行政诉讼法》中明确规定，仅对于"明显不当"的行政行为，人民法院才需要判决撤销或部分撤销。参见《行政诉讼法》（2017）第70条规定："行政行为有下列情形之一的，人民法院判决撤销或者部分撤销，并可以判决被告重新作出行政行为：

......

（六）明显不当的。"

偿责任时，可以适用的应对方案包括以社会化途径对生态环境损害进行救济、由政府运用专项资金或专项基金对生态环境损害进行救济以及由责任人员进行公益劳动代偿等，具体如下文所述。

（一）社会化救济制度

如本书第一章所述，所谓生态环境损害的社会化救济，是指在生态环境损害事件发生之后，由生态环境损害责任人与政府之外的其他社会主体来承担生态环境损害的修复或赔偿责任。通常来说，在造成生态环境损害的责任人员确无能力履行生态环境损害修复或赔偿责任时，社会化救济制度可以尽可能地集合各方面的社会力量来开展生态环境修复工作，[1] 满足了社会经济高速发展时代对于风险分担的相关要求，[2] 亦能够为生态环境损害救济提供充足的财力保障，[3] 因而是在责任人员确无能力履行生态环境损害修复或赔偿责任情形下维护环境公共利益的有效途径。

但值得注意的是，由于生态环境损害的社会化救济实质是由无责任的第三人代替生态环境损害责任人承担生态环境损害修复或赔偿责任，这就使得造成生态环境损害的责任人实际上"逃避"了生态环境损害修复或赔偿责任的承担，因而社会化救济在一定程度上是有违公平正义原则的，且与我国环境法律体系中的原因者负担原则存在一定的矛盾。因此，虽然出于提升生态环境质量以及维护环境公共利益之目的，有必要在实践中构建生态环境损害的社会化救济制度，但是从维护社会公平正义的角度出发，所有的社会化救济途径均应当作为生态环境损害责任人确无能力承

---

[1] 竺效：《生态损害的社会化填补法理研究》，中国政法大学出版社 2017 年版，第 124 页。

[2] 刘倩、季林云、於方、常纪文：《环境损害鉴定评估与赔偿法律体系研究》，中国环境出版社 2015 年版，第 50 页。

[3] 窦海阳："环境损害事件的应对：侵权损害论的局限与环境损害论的建构"，载《法制与社会发展》2019 年第 2 期，第 150 页。

担生态环境损害修复或赔偿责任时的一种兜底性的保障措施，而不应当成为生态环境损害救济的优先选择。

故本书认为，有必要在生态环境损害的社会化救济中设置一定的审核机制，对生态环境损害责任人的履责能力进行评估，以确保社会化救济途径仅在责任人员确无能力履行生态环境损害修复或赔偿责任时加以适用。通常来说，需要最终替代责任人员缴纳生态环境损害赔偿金的保险公司、基金公司或担保公司，通常更具有审查责任人员是否确无能力履行生态环境损害救济义务的意愿和动力，因而实践中可以考虑赋予保险公司、基金公司或担保公司一定的调查权，由其配合作出行政命令的行政机关对责任人员是否确无履责能力进行调查。当然，这一调查权并不能用于对抗其应当及时替代责任人员缴纳生态环境损害赔偿金之义务。换言之，保险公司、基金公司或担保公司应当先行替代责任人员缴纳生态环境损害赔偿金，确保生态环境修复工作能够及时开展，之后可以继续对责任人员进行调查，倘若发现责任人员实际具备相应的履责能力，则可以向责任人员追偿。

除此之外，亦如本书第一章所述，包括环境责任保险、环境修复基金和环境财务保证制度在内的生态环境损害的社会化救济途径目前尚处于实践尝试阶段，仍存在诸多有待完善之处。故本书认为，为了使上述生态环境损害的社会化救济途径在责任人员确无能力履行生态环境损害修复或赔偿责任时能够有效承担对生态环境损害的替补救济之功能，则有必要对上述生态环境损害的社会化救济途径进行相应的完善，具体如下文所述。

首先，在诸多社会化救济途径中，环境责任保险制度是我国环境法学者研究探讨较多的一种类型。事实上，环境责任保险作为一种降低和分散风险的重要工具，在西方发达国家长期发挥着重要作用。❶ 而基于环境责任保险在维护环境公共利益、预防和填补生态环境损害以及维护污染受害人权益等方面的重要功能，❷ 环境责任保险确实可以成为我国生态环境损害社会化救济的主要发展方向之一。然而值得注意的是，传统环境责任保险的保险标的为环境侵权行为所导致的对第三人人身或财产的损害，❸ 而本书所述的作为生态环境损害社会化救济途径的环境责任保险的保险标的则为生态环境本身所受的损害。不难发现，本书所述的环境责任保险的目的在于维护环境公共利益，因而具有明显的公益性特征，而正是基于这一公益性特征，本书所述的环境责任保险与传统意义上的环境责任保险在理赔时即存在一定的差异：传统意义上的环境责任保险在赔付时需要考虑被保险人是否存在主观恶意，倘若被保险人是故意损害生态环境而造成第三人人身或财产损失的，保险公司将不予赔付；但在本书所述的具有公益性特征的环境责任保险中则更注重对生态环境损害的填补，只要被保险人确无能力履行生态环境损害修复或赔偿责任，保险公司就应当予以赔付，以使生态环境损害能够得到及时修复。由此可见，对于保险公司而言，其开展以生态环境本身所受损害为保险标的的环境责任保险业务的风险较大，因而可能会出现承保积极性不高的情况。对此，国家应当出台相应的扶持政策，如可以给予开展公益性环境责任保险业务的保险公司一定的财政补贴或税收优惠。❹ 同时，国家应当加强对投保企业的日常监管，减少发生生态环境损

---

❶ Paul K. Freeman, Howard Kunreuther, Managing Environmental Risk Through Insurance, Kluwer Academic Publishers, 1997, p. 21.

❷ 胡艳香：“环境责任保险制度的正当性分析”，载《法学评论》2011 年第 5 期，第 106 页。

❸ 马宁：“环境责任保险与环境风险控制的法律体系建构”，载《法学研究》2018 年第 1 期，第 108 页。

❹ 姚贝、刘瑞珍：“我国环境污染责任保险立法的困境和出路”，载《法律适用》2015 年第 9 期，第 45 页。

害事件而导致出险的可能性，从而提升保险公司开展公益性环境责任保险业务的信心和积极性。

其次，由环保组织等非政府机构接受社会捐助或自行筹资设立的公益性质的环境修复基金，同样是生态环境损害社会化救济的重要内容之一。事实上，对于一些生产规模较小、环境风险不高的中小型企业来说，强制其购买环境责任保险会极大加重其经营负担，并不符合国家为中小企业"减负"的政策方向，因而现阶段更宜规定低环境风险的中小型企业可以自愿投保。❶ 但这同时也产生了这样一个矛盾：实践中，一些中小型企业虽然造成生态环境损害的风险较低，但同时其经济实力也较为有限，因而倘若这些未购买环境责任保险的中小型企业确实造成了生态环境损害，那么就有极大可能陷入无力承担生态环境损害修复或赔偿责任且无法通过环境责任保险制度进行社会化救济的窘境。而为了化解这一矛盾，除了国家可以通过政策扶持的方式鼓励更多的环境风险企业购买环境责任保险之外，❷ 环境修复基金自然成了一项不可或缺的社会化救济途径。然而，从目前由社会组织发起设立的环境修复基金的运行状况来看，由于生态环境修复工程所需的资金量通常都非常大，导致社会组织自行筹资设立的环境修复基金往往会面临资金不足的问题。对此，国家可以通过税收优惠等方式鼓励更多的企业向环境修复基金进行捐赠。同时还可以进一步明确环境民事公益诉讼胜诉后所获得的生态环境损害赔偿金，倘若在直接适用于该案的生态环境修复工作后仍有结余，则结余部分除了可以上缴国库之外，也可以注入由社会组织发起设立的环境

---

❶ 竺效："论环境污染责任保险法律体系的构建"，载《法学评论》2015年第1期，第163页。

❷ 王换娥、杜亚涛、耿平："我国环境责任保险发展模式创新研究"，载《科技管理研究》2011年第7期，第16页。

修复基金。而一些无法修复或因环境自净能力而无须修复的环境
民事公益诉讼案件中所获得的生态环境损害赔偿金，也可以注入
上述环境修复基金。由此，即可以为社会组织自行筹资设立的环
境修复基金提供部分资金支持，使其能够在责任人员无力履责时，
在一定程度上承担生态环境损害社会化救济之功能。

最后，虽然包括环境污染担保和企业互助基金等环境财务保
证制度暂未在我国生态环境损害的社会化救济中存在太多的实践
应用，但从进一步丰富生态环境损害的社会化救济途径的角度出
发，亦有必要对环境污染担保和企业互助基金等环境财务保证制
度进行相应的完善。具体而言，为了使环境污染担保制度得到落
实，国家可以扶持建立一批具有一定经济实力且具有环境风险评
估专业技术能力的环境担保公司，由这些环境担保公司向潜在的
污染企业提供环境污染担保，同时这些环境担保公司出于自身的
环境风险评估专业技能，也能为潜在的污染企业提供降低环境风
险的意见建议，从而减少潜在的污染企业实际造成生态环境损害
的可能性。而在完善企业互助基金制度方面，尽管企业间建立互
助基金通常被认为是一种体现意思自治的自主行为，但在缺乏监
管的情况下，企业互助基金制度较易引发部分不法企业利用基金
逃避生态环境损害修复或赔偿责任的道德风险，从而会对环境公
共利益造成损害且不利于维护社会的整体稳定。因此，通过立法
途径为企业互助基金制度设置相应的适用规则，同时加强对企业
互助基金的日常监管等工作同样必不可少。❶

（二）政府救济制度

出于保护生态环境以及维护环境公共利益的职责所系，政
府在责任人员确无能力承担生态环境损害修复或赔偿责任时，

---

❶ 贾爱玲：“环境损害救济的企业互助基金制度研究”，载《云南社会科学》2011
年第 1 期，第 108 页。

有代替其对受损的生态环境进行救济之义务。虽然政府的这一代为履责行为看似是走回了过去"企业污染、群众受害、政府买单"的老路,但实际上,依照我国近几年相继出台的若干专门规定生态环境损害修复资金筹集与使用问题的相关法律文件,即不难发现当下我国已经基本改变了过去因缺乏生态环境损害救济专项资金而不得不挤占政府预算中其他资金用于生态环境修复工作的尴尬情境。在环境民事公益诉讼制度与生态环境损害赔偿制度已于实践中得到广泛适用并据此获得相当体量的生态环境损害赔偿金的情况下,我国已经具备了建立由政府管理的生态环境修复专项资金和设立由政府主导的生态环境修复基金的前提条件,亦有能力实现生态环境损害救济资金的自给自足和闭环使用。

在替代确无履责能力的责任人员而对受损的生态环境进行修复时,可供政府使用的修复资金的来源主要包括两个方面:一是由政府承担全部出资责任的生态环境修复专项资金;二是由政府承担部分出资责任的生态环境修复基金。其中,生态环境修复专项资金在我国部分地区已经有了较长时间的实践探索,如早在2010年云南省昆明市就制定了《昆明市环境公益诉讼救济专项资金管理暂行办法》,建立了由昆明市环保局统一管理使用的环境公益诉讼救济专项资金,专门用于修复昆明地区受损的生态环境;2012年江苏省无锡市制定了《无锡市环保公益金管理暂行办法》,设立了专门用于支付无锡地区受损生态环境的修复费用的资金账户;此外,山东省、浙江省绍兴市、江苏省泰州市等省市也相继出台了地方性的生态环境修复资金管理办法。2020年3月,财政部、自然资源部、生态环境部等九部门联合印发了《生态环境损害赔偿资金管理办法(试行)》,明确规定生态环境损害赔偿资金是政府的非税收入,实行国库集中收缴,由赔偿权利人负责使用和管理，❶ 统筹用于在损害结果发生地开展的生态环境损害修复工作。❷ 同时，该办法还规定了环境民事公益诉讼中所获得的生态环境损害赔偿金可以参照该办法进行管理。❸ 不难发现，《生态环境损害赔偿资金管理办法（试行）》明确将生态环境损害赔偿磋商与诉讼以及环境民事公益诉讼中所获得的生态环境损害赔偿金的管理权和使用权授予了政府，从而使得政府掌握了这一体量巨大的生态环境损害赔偿资金。而在政府掌握的这项生态环境损害赔偿资金中，有一部分是无法修复或无须修复的生态环境损害案件中的赔偿义务人所缴纳的生态环境损害赔偿金，故政府掌握的这项生态环境损害赔偿资金除了可以正常用于生态环境修复工作之外，必然还会存在部分资金结余，而政府即可将这一结余部分用于替代确无履责能力的责任人员履行生态环境修复责任。

当然，在《生态环境损害赔偿资金管理办法（试行）》之中，也仍存有若干值得探讨之处：如该办法采用了由各省市分别收缴并分别使用生态环境损害赔偿资金的分散利用模式，而没有建立起一个全国统一的生态环境修复资金池，这就导致倘若在某地区发生了特别重大的生态环境损害事件且责任人员无力承担全部的生态环境损害修复或赔偿责任，而需要大量使用生态环境损害赔偿资金时，该地区就有可能出现生态环境损害赔偿资金短缺的情

---

❶ 《生态环境损害赔偿资金管理办法（试行）》（2020）第 6 条规定："赔偿权利人负责生态环境损害赔偿资金使用和管理……生态环境损害赔偿资金作为政府非税收入，实行国库集中收缴，全额上缴赔偿权利人指定部门、机构的本级国库，纳入一般公共预算管理。"

❷ 《生态环境损害赔偿资金管理办法（试行）》（2020）第 8 条规定："生态环境损害赔偿资金统筹用于在损害结果发生地开展的生态环境修复相关工作。"

❸ 《生态环境损害赔偿资金管理办法（试行）》（2020）第 15 条规定："环境民事公益诉讼中，经人民法院生效法律文书确定的生态环境无法修复或者无法完全修复的损害赔偿资金，以及赔偿义务人未履行义务或者未完全履行义务时应当支付的生态环境修复费用，可参照本办法规定管理……"

况，从而无法及时对受损的生态环境进行修复。不仅如此，正是基于上述各省市分别收缴并分别使用生态环境损害赔偿资金的分散利用模式，该办法据此进一步规定了生态环境损害赔偿资金只能统筹用于在损害结果发生地开展的生态环境修复工作，而并未作出可将生态环境损害赔偿资金用于其他地区的生态环境修复案件的变通规定，这就导致生态环境损害赔偿资金的适用范围受到了严格的地域限制。● 本书认为，生态环境损害赔偿资金的分散利用模式会导致其难以应对实践中的重大生态环境损害事件，故我国应当以建立全国范围内统一管理和使用的生态环境修复专项资金为宜。而建立全国性的生态环境修复专项资金也能够有效化解地方性生态环境损害赔偿资金异地调配使用时所面临的多重地方保护主义障碍，从而可以大大增加生态环境修复专项资金的可操作空间和灵活性，使得政府在代替确无履责能力的责任人员对受损生态环境进行修复时，能够得到更为充足的资金支持。

除了生态环境修复专项资金外，可供政府替代确无履责能力的责任人员而对受损的生态环境进行修复时所使用的资金来源还包括由政府主导的生态环境修复基金。与前文所述的生态环境修复专项资金相比，生态环境修复基金的优势在于其资金量相对更为充足，这是因为在生态环境修复基金中除了政府出资的部分外，还可以采用股权投资等市场化方式引导各类社会资本进入该项基金，并且生态环境修复基金也可以通过市场化运作的方式实现基金的保值增值，从而使基金的体量得以进一步增加。目前我国由政府主导的生态环境修复基金主要是依据生态环境损害的不同类

● 如《山东省生态环境损害赔偿资金管理办法》（2017）第 10 条即规定了生态环境损害赔偿金不可用于其他地区的生态环境损害事件："某一生态环境损害事件的赔偿金应用于该事件的生态环境修复，不可修复或无必要修复的，可用于其他污染治理和生态环境修复。资金原则上应用于损害结果发生地。"

型而分别设立的，如基于《海洋环境保护法》第 66 条第 1 款❶关于建立船舶油污保险与油污损害赔偿基金的规定，我国建立了用于恢复海洋生态环境和天然渔业资源的船舶油污损害赔偿基金；而依照《土壤污染防治法》第 71 条第 1 款❷关于设立中央土壤污染防治资金和省级土壤污染防治基金的规定，财政部、生态环境部等六部门于 2020 年 1 月联合印发了《土壤污染防治基金管理办法》，提出建立由政府与社会资本共同出资设立并采用市场化方式运作的土壤污染防治基金。依照该办法，江苏省于 2020 年 12 月设立了总规模达 20 亿元的土壤污染防治投资基金，其中由江苏省政府认缴出资 6 亿元。❸ 本书认为，未来我国应当以建立全国性、综合性的生态环境修复基金为发展方向，如此可以使生态环境修复基金的适用范围和支付能力得到进一步的提升。同时，还应当积极探索生态环境修复基金的收益模式和回报机制，使生态环境修复基金的收入与支出之间能够形成良性循环。

（三）公益劳动代偿制度

与前文所述的生态环境损害的社会化救济途径以及政府救济途径不同，公益劳动代偿通常并不能完整实现对受损生态环境的填补性救济，因而存在一定的功能局限。但是，在责任人员因缺乏经济条件而确无能力履行生态环境损害修复或赔偿责任时，公益劳动代偿则提供了一个几乎所有责任人员均可适用的履责途径，

---

❶ 《海洋环境保护法》（2017）第 66 条第 1 款规定："国家完善并实施船舶油污损害民事赔偿责任制度；按照船舶油污损害赔偿责任由船东和货主共同承担风险的原则，建立船舶油污保险、油污损害赔偿基金制度。"

❷ 《土壤污染防治法》（2018）第 71 条第 1 款规定："国家加大土壤污染防治资金投入力度，建立土壤污染防治基金制度。设立中央土壤污染防治专项资金和省级土壤污染防治基金，主要用于农用地土壤污染防治和土壤污染责任人或者土地使用权人无法认定的土壤污染风险管控和修复以及政府规定的其他事项。"

❸ 许海燕："江苏设立省级土壤污染防治投资基金"，载《江苏经济报》2020 年 12 月 29 日，第 A1 版。

从而避免了责任人员完全"逃避"承担生态环境损害修复或赔偿责任的弊端，在一定程度上维护了社会的公平正义。不仅如此，通过要求责任人员进行公益劳动的方式对其应当承担的生态环境损害修复或赔偿责任进行代偿，可以让责任人员亲身践行生态环境修复工作，提升责任人员的生态环境保护意识，降低其今后再次作出生态环境损害行为的可能性，同时客观上亦可以使生态环境质量在整体上得到一定的提升。

但值得注意的是，正因为公益劳动代偿无法实现对受损生态环境的填补性救济，因而公益劳动代偿应当与前文所述的社会化救济途径以及政府救济途径配合使用，也即在通过社会化救济途径以及政府救济途径对受损的生态环境进行填补性救济的同时，要求责任人员参与公益劳动而进行公益劳动代偿。通常来说，公益劳动的形式主要包括植树造林、清洁环境、公益宣传等，不同地区也可以根据当地的实际情况设置相应的公益劳动形式。在进行公益劳动代偿时，地方生态环境主管部门应当做好监督工作，避免公益劳动代偿因监督不严而流于形式，确保公益劳动代偿制度能够实现对责任人员的警示教育功能，❶ 以及能够在一定程度上实现生态环境保护效果。

四、责任人员拒不履行行政命令情形下的应对手段

所谓责任人员拒不履行行政命令，是指造成生态环境损害的责任人员有能力履行生态环境损害修复或赔偿责任，但出于主观上的抗拒态度而拒绝履行行政机关所作出的专门用于救济生态环境损害的行政命令的行为。实践中，有部分生态环境损害责任人漠视国家关于生态环境保护的法律法规与规章制度，不能正确认

---

❶ 丁家发："'以劳代偿'是一种有益尝试"，载《人民法院报》2020 年 12 月 30 日，第 2 版。

识到生态环境损害行为的危害性以及生态环境损害结果的严重性，从而拒绝进行生态环境损害赔偿磋商，或者拒绝履行环境民事公益诉讼或生态环境损害赔偿诉讼生效判决中要求其履行的各项义务。据此，可以预见的是，在通过行政命令对受损生态环境进行救济时，必然也会存在部分责任人员拒绝履行行政机关所作出的专门用于救济生态环境损害的行政命令之情形。因此，有必要在生态环境损害的行政命令救济程序中，针对生态环境损害责任人可能存在的拒不履责行为设置相应的应对手段，以使行政机关所作出的专门用于救济生态环境损害的行政命令能够得到有效执行。

本书认为，依照行政机关所作出的专门用于救济生态环境损害的行政命令中所设定的不同义务类型，针对生态环境损害责任人的拒不履责行为，可以分别通过行政代履行、加处罚款与划拨存款以及信用惩戒等方式予以应对，具体如下文所述。

（一）行政代履行制度

长期以来，在我国的环境行政执法中"以罚代治"的现象较为普遍，针对行政相对人的环境污染或生态破坏等行为，行政机关大多通过行政处罚的方式"一罚了之"，而较少适用行政代履行制度。但事实上，行政代履行在增强环境执法的实效性以及确保各项环境义务得到充分履行等方面具有重要价值，[1] 因而有必要对行政代履行制度加以重视。依照我国《行政强制法》第 50 条[2]之规定，当事人不履行行政机关所作出的要求当事人排除妨碍、恢复原状等义务的行政决定，造成或可能造成环境污染或生态破坏

---

[1] 唐绍均、蒋云飞："环境行政代履行制度：优势、困境与完善"，载《中州学刊》2016 年第 1 期，第 86 页。

[2] 《行政强制法》（2011）第 50 条规定："行政机关依法作出要求当事人履行排除妨碍、恢复原状等义务的行政决定，当事人逾期不履行，经催告仍不履行，其后果已经或者将危害交通安全、造成环境污染或者破坏自然资源的，行政机关可以代履行，或者委托没有利害关系的第三人代履行。"

的，行政机关可以实施代履行。由此可见，行政机关适用环境行政代履行的前提包括两个方面：一是当事人不履行责令排除妨碍、责令恢复原状等行政命令；二是因此造成或可能造成环境污染或生态破坏。本书认为，在通过行政命令途径救济生态环境损害的过程中，行政机关所作出的"责令消除环境风险""责令修复生态环境""责令异地替代修复"的行政命令符合《行政强制法》第50条所规定的适用行政代履行的前提条件，其理由如下。

首先，虽然行政机关所作出的"责令消除环境风险""责令修复生态环境""责令异地替代修复"的行政命令，与责令排除妨碍、责令恢复原状的功能之间存在一定的区别，但上述三项专门用于救济生态环境损害的行政命令的目的，却与责令排除妨碍、责令恢复原状的目的存在一定的同质性：如"责令消除环境风险"的目的可以理解为"消除妨碍生态环境处于良好状态的风险"，因而与责令排除妨碍的目的相类似；而"责令修复生态环境""责令异地替代修复"的目的则可以理解为"使受损的生态环境恢复至未受损害时的状态"，因而与责令恢复原状的目的相类似。因此，责任人员拒不履行行政机关所作出的"责令消除环境风险""责令修复生态环境""责令异地替代修复"的行政命令，可以视为符合《行政强制法》第50条所规定的行政机关实施代履行的前提条件之一。其次，倘若责任人员拒不履行"责令消除环境风险""责令修复生态环境""责令异地替代修复"的行政命令，则会导致环境污染或生态破坏事件的发生或者导致环境污染或生态破坏状态的持续乃至进一步加重，因而符合《行政强制法》第50条所规定的行政机关实施代履行的前提条件之二。故综上所述，在责任人员拒不履行"责令消除环境风险""责令修复生态环境""责令异地替代修复"的行政命令时，行政机关可以依照《行政强制法》第50条之规定而实施代履行。

　　而依照我国《行政强制法》第 52 条❶之规定，需要立即清除道路、河道、航道或者公共场所的污染物时，行政机关可以立即实施代履行。从该条款的内容来看，虽然"清除污染物"被纳入了可以立即实施代履行的情形之一，但"清除污染物"与修复生态环境之间还是存在一定的区别的，"清除污染物"通常仅是生态环境修复的前期工作内容之一。此外，立即实施代履行的地点仅限于道路、河道、航道或公共场所，但生态环境损害事件的发生地点却以湖泊、森林、草原、荒地甚至是地下空间为主，而这些地点难以被解释为公共场所。由此可见，在通过行政命令途径救济生态环境损害时，难以适用《行政强制法》中关于立即实施代履行的规定。然而如前文所述，出于提升修复效果和节约修复成本之目的，生态环境修复工程应当尽早开展，而在一些较为严重的生态环境损害事件中，修复工程的延迟开展甚至可能造成受损生态环境无法得到修复的严重后果。因此，基于生态环境损害救济的紧迫性要求，未来有必要将责任人员拒不履行"责令消除环境风险""责令修复生态环境""责令异地替代修复"的行政命令之情形，通过立法或出台司法解释的方式纳入行政机关可以立即实施代履行之范畴。

　　（二）加处罚款与划拨存款制度

　　依照我国《行政强制法》第 45 条第 1 款❷之规定，当事人不履行行政机关所作出的金钱给付义务的行政决定，行政机关可以

---

❶　《行政强制法》（2011）第 52 条规定："需要立即清除道路、河道、航道或者公共场所的遗洒物、障碍物或者污染物，当事人不能清除的，行政机关可以决定立即实施代履行；当事人不在场的，行政机关应当在事后立即通知当事人，并依法作出处理。"

❷　《行政强制法》（2011）第 45 条第 1 款规定："行政机关依法作出金钱给付义务的行政决定，当事人逾期不履行的，行政机关可以依法加处罚款或者滞纳金。加处罚款或者滞纳金的标准应当告知当事人。"

加处罚款或者滞纳金。而如前文所述，在受损的生态环境无法修复或因环境自净能力而无须修复等情形下，行政机关应当向责任人员作出"责令赔偿生态损失"的行政命令，要求其足额赔偿因生态环境损害行为所导致的各项损失和费用。不难发现，"责令赔偿生态损失"实质是一项由行政机关作出的以金钱给付义务为内容的行政命令，因而可以适用《行政强制法》第 45 条第 1 款所确立的加处罚款或者滞纳金的行政强制执行方式。同时，依照《行政强制法》第 12 条❶与第 13 条第 2 款❷之规定，行政机关可以采取划拨存款、汇款的方式对金钱给付义务进行强制执行，但法律没有授予行政强制执行权的行政机关应当申请人民法院进行强制执行。由此可见，在通过行政命令救济生态环境损害的过程中，由于各级生态环境主管部门并未得到法律的授权，因而其应当申请人民法院对责任人员的存款、汇款进行划拨，用于缴纳行政命令中所确定的生态环境损害赔偿金，以及用于缴纳加处的罚款或者滞纳金。

然而，出于尽快开展生态环境修复工程以及避免责任人员通过转移财产等方式逃避缴纳生态环境损害赔偿金等目的，划拨存款、汇款的行政强制执行应当尽早进行。但由于作出行政命令的各级生态环境主管部门并无行政强制执行权，故只能申请人民法院进行强制执行。而在实践中，人民法院在执行领域内本就存在案多人少的矛盾，且环境行政案件又是所有行政机关需要法院协

---

❶ 《行政强制法》（2011）第 12 条规定："行政强制执行的方式：

......

（二）划拨存款、汇款；

......"

❷ 《行政强制法》（2011）第 13 条第 2 款规定："法律没有规定行政机关强制执行的，作出行政决定的行政机关应当申请人民法院强制执行。"

助执行的案件中比例最高的案件,● 这就导致过多案件的积压使得人民法院的执行效率难以得到保证,执行不到位的现象也就难免会出现。● 不仅如此,行政机关申请人民法院强制执行时所必须历经的申请受理、书面审查、裁定执行等流程都需要耗费相应的时间,因而即使人民法院及时受理行政机关的强制执行申请,客观上也会使生态环境修复工程受到一定的拖延。而以上多种因素即造成了在生态环境损害救济领域内申请法院强制执行的制度安排并不适当。故本书认为,未来我国有必要适当扩展生态环境主管部门的强制执行权,特别是在时效性要求较高的生态环境损害救济领域内,应当通过立法赋予生态环境主管部门自行通过划拨存款、汇款等方式强制执行其所作出的"责令赔偿生态损失"的行政命令之权力,从而尽可能使生态环境损害赔偿金得到及时收缴。

（三）信用惩戒制度

所谓信用惩戒,通常是指行政机关针对失信人的违法失约等失信行为所采取的约束性和惩罚性措施,以使失信人承受社会谴责、生产经营活动不便等不利后果。● 信用惩戒具有加大失信人的违法失信成本,强化法律实施和提升社会治理效果等功能,从而有力地促进了社会诚信体系的建设。● 在目前我国的审判执行领域内,对于失信被执行人适用信用惩戒已经是较为普遍和成熟的做法。如失信被执行人为自然人的,可以采用将其纳入失信名单和

● 严厚福:"环境行政处罚执行难中的司法因素:基于实证的分析",载《中国地质大学学报》(社会科学版) 2011 年第 6 期,第 27 页。

● 钱水苗、魏琪:"论环保非诉案件行政强制执行制度的完善",载《法治研究》2013 年第 5 期,第 96 页。

● 李振宁:"信用惩戒的特性和运行机理(上)",载《中国市场监管报》2019 年 9 月 3 日,第 4 版。

● 戴昕:"理解社会信用体系建设的整体视角:法治分散、德治集中与规制强化",载《中外法学》2019 年第 6 期,第 1473 页。

限制其高消费的方式进行信用惩戒；而失信被执行人为单位的，
则可以通过在招标投标、行政审批、融资信贷、市场准入、资质
认定等方面进行限制或禁止的方式进行信用惩戒，并可以对该单
位的法定代表人、主要负责人、实际控制人等采取限制消费措施。
从实践中来看，我国审判执行领域内的信用惩戒制度已经取得了
较为良好的效果，据最高人民法院统计，截至 2018 年 3 月，全国
范围内已有 221.5 万被纳入失信名单的失信被执行人慑于信用惩戒
而主动履行了生效法律文书中确定的义务。❶

　　近年来，信用惩戒制度的适用范围已经由传统的审判执行领
域扩展至生态环境保护领域。如 2016 年 7 月，国家发展和改革委
员会、中国人民银行等 31 部门联合印发了《关于对环境保护领域
失信生产经营单位及其有关人员开展联合惩戒的合作备忘录》，提
出对于在环境保护领域内存在严重失信行为的生产经营者进行信
用惩戒。❷ 而在 2020 年 9 月生态环境部、司法部、财政部等 11 部
委联合印发的《关于推进生态环境损害赔偿制度改革若干具体问
题的意见》之中，则明确提出了应当对不履行或不完全履行生态
环境损害赔偿义务的赔偿义务人进行信用惩戒。❸ 本书认为，信用
惩戒不仅可以在生态环境损害赔偿制度中加以适用，在通过行政
命令途径救济生态环境损害的过程中同样可以适用信用惩戒，并

---

❶ 李飞：“联合信用惩戒体系与诚信社会建设”，载《人民法院报》2018 年 6 月 20
　日，第 8 版。
❷ 《关于对环境保护领域失信生产经营单位及其有关人员开展联合惩戒的合作备忘
　录》(2016) 第 2 条规定：“对于在环境保护领域内存在严重失信行为的生产经
　营单位及其法定代表人，各部门依照有关法律、法规、规章及规范性文件规定，
　采取限制或者禁止生产经营单位市场准入、停止执行优惠政策、在评优表彰等工
　作中予以限制等惩戒措施。”
❸ 《关于推进生态环境损害赔偿制度改革若干具体问题的意见》(2020) 第 10 条规
　定：“对于赔偿义务人不履行或不完全履行义务的情况，应当纳入社会信用体系，
　在一定期限内实施市场和行业禁入、限制等措施。”

可以作为行政代履行制度和加处罚款与划拨存款制度的有效补充。具体而言，对于具备履责能力但拒不履行专门用于救济生态环境损害的行政命令的责任人员，可以采取包括纳入失信名单、限制高消费、限制设立公司企业、限制从事特定行业等方式进行信用惩戒；而对于具备履责能力但拒不履行行政命令的企业事业单位，则可以在税收减免、荣誉嘉奖、招标投标、行政审批、政府扶持、融资信贷、市场准入、资质认定等方面进行相应的限制或禁止，直至其全面履行行政机关所作出的专门用于救济生态环境损害的行政命令。

结　语

　　生态兴则文明兴，生态衰则文明衰，生态文明建设是关系中华民族永续发展的根本大计。自中共十八大提出大力推进生态文明建设以来，"绿水青山就是金山银山"的理念深入人心，我国的生态环境质量得到了持续改善。然而，在看到我国生态文明建设所取得的诸多历史性成就的同时，也应当清醒地认识到当前我国的生态环境质量距离人民群众对于良好生态环境的期盼仍有一定的差距。当下我国生态环境保护工作的形势依然严峻，实践中环境污染与生态破坏事件时有发生的态势仍未得到有效遏制，大量生态环境损害结果亟待修复的迫切局面亦未得到彻底改变。因此，未来我国必须把生态环境保护工作摆在更加突出的位置，特别是对实践中大量存在的生态环境损害问题进行完整且有效的救济。

　　从目前我国生态环境损害救济的相关实践来看，我国已经初步形成了以环境民事公益诉讼制度与生态环境损害赔偿制度双渠道救济生态环境损害的制度格局。然而，这一以民事求偿为核心、以诉讼程序为路径的生态环境损害救济模式，实际仍存在选择性救济、迟延性救济和妥协性救济等诸多问题，因而难以实现对生态环境损害风险的有效预防以及对生态环境损害结果的有效填补。事实上，生态环境损害实质是对自然资源或环境要素生态价值的损害，也即是对环境公共利益的损害，而基于环境公共利益的公法属性，属于公共利益损害的生态环境损害应当通过公法途径进行救济。循此继进，基于我国以公权力为核心的环境事务管理体制以及以行政权为主导的生态环境监管体系，由代表国家行使公权力且具备专业技术能力的行政机关通过行政途径对生态环境损害进行救济，方才是生态环境损害救济的适当途径。

在可供行政机关选择的生态环境损害救济途径中，行政命令以其所具备的及时性、专业性和普适性特征，而应当成为行政机关在生态环境损害救济中的优先选择。但由于目前我国环境法律体系中既有的行政命令类型仅具备生态环境损害救济的部分功能，而无法实现对生态环境损害的完整救济，因而有必要创设责令消除环境风险、责令修复生态环境、责令异地替代修复和责令赔偿生态损失四种专门用于救济生态环境损害的行政命令类型，用于应对实践中不同类型和不同程度的生态环境损害。其中责令消除环境风险可以用于对尚未实际发生的生态环境损害风险的预防性救济，而责令修复生态环境、责令异地替代修复和责令赔偿生态损失则可以用于对已经实际发生的生态环境损害结果的恢复性或填补性救济。

在行政机关应当通过行政命令对生态环境损害进行救济的背景下，同样由行政机关主导的生态环境损害赔偿制度的必要性不再突出，因而在行政命令救济途径与生态环境损害赔偿制度二者之间，应当以适用行政命令救济途径为宜。而基于环境民事公益诉讼制度在生态环境损害风险预防、提升公众环保意识、加强环保宣传教育等方面所具有特定功能，可以将环境民事公益诉讼制度作为生态环境损害行政命令救济途径的备选方案，在必要情形下于合理范围内补充适用，但不应当将环境民事公益诉讼制度作为生态环境损害救济的优先选择。总而言之，生态环境损害救济仍应遵循公法调整的基本逻辑，通过构建以行政命令为中心的生态环境损害救济体系，实现以行政命令途径对生态环境损害进行有效和完整救济。

附录：《生态环境损害救济法》建议稿及立法说明

《生态环境损害救济法》建议稿

目　录

第一章　总　　则

第一条　【立法目的】为了预防和修复生态环境损害，促进社会经济可持续发展，推进生态文明建设，维护环境公共利益与社会公众的合法权益，根据宪法，制定本法。

第二条 【相关定义】本法所称的生态环境损害，是指因污染环境或破坏生态造成大气、地表水、地下水、土壤、森林等环境要素和植物、动物、微生物等生物要素的不利改变，以及上述要素构成的生态系统功能退化。

本法所称的生态环境损害救济，包括对生态环境损害风险的预防，以及对生态环境损害结果的修复或责令赔偿。

第三条 【适用范围】因污染环境或破坏生态造成人身损害、个人和集体财产损失而需要救济的，适用民法典侵权责任编的相关规定。

第四条 【主管机关】县级以上人民政府生态环境主管部门负责本行政区域内的生态环境损害风险预防和生态环境损害结果修复或责令赔偿工作。

重大生态环境损害风险的预防工作以及重大生态环境损害结果的修复或责令赔偿工作，由市级人民政府生态环境主管部门负责。特别重大的生态环境损害风险的预防工作以及特别重大的生态环境损害结果的修复或责令赔偿工作，由省级人民政府生态环境主管部门负责。

第二章　生态环境损害的前期调查

第五条 【调查人员】负有生态环境损害救济职责的行政机关应当委派不少于两名工作人员对生态环境损害风险或生态环境损害结果进行前期调查。调查人员应当向当事人或有关人员出示证件。

当事人或公众认为调查人员及其近亲属与案件存在利害关系的，可以申请调查人员回避。

第六条 【调查方式】调查人员可以采取检查、勘察、取样、拍照、录像等方式对生态环境损害风险或生态环境损害结果进行调查。调查人员可以询问当事人或要求当事人说明相关事项和提供有关材料。当事人应当配合调查,如实回答询问,不得拒绝、阻碍、隐瞒或者提供虚假情况。

生态环境损害前期调查工作的内容与程序,应当符合国家生态环境损害鉴定评估与调查的相关标准。

第七条 【调查笔录】调查人员在对生态环境损害风险或生态环境损害结果进行调查时,应当制作调查笔录。调查笔录应当如实记录调查情况。

调查笔录应当由当事人和调查人员签名或者盖章。当事人拒绝的,调查人员应当在调查笔录中予以注明。

第八条 【第三方机构参与】负有生态环境损害救济职责的行政机关可以聘请有资质的第三方机构,在调查人员的主持下协助参与前期调查工作。

当事人或社会公众认为负有生态环境损害救济职责的行政机关聘请的第三方机构与案件存在利害关系的,可以向行政机关申请更换。

第九条 【公众监督】负有生态环境损害救济职责的行政机关在开展前期调查工作期间,可以邀请社会组织代表、公众代表等人员参与前期调查工作,对前期调查工作进行监督。

社会组织代表、公众代表等监督者认为调查人员或第三方机构在前期调查中存在违法失职行为的,可以向上级生态环境主管部门提出更换。

第十条 【时效规定】负有生态环境损害救济职责的行政机关应当自立案之日起十五日内完成生态环境损害风险或生态环境损害结果的前期调查工作。

对于存在重大生态环境损害风险或造成重大生态环境损害结果的案件调查工作,应当自立案之日起三十日内完成。

第三章　生态环境损害救济的基本形式

第十一条　【行政命令救济】负有生态环境损害救济职责的行政机关应当根据前期调查结果，向当事人作出下列行政命令之一：

（一）责令消除环境风险；

（二）责令修复生态环境；

（三）责令异地替代修复；

（四）责令赔偿生态损失。

第十二条　【责令消除环境风险】企业事业单位和其他生产经营者存在下列情形之一的，负有生态环境损害救济职责的行政机关应当向当事人作出责令消除环境风险的行政命令：

（一）有充分证据证明当事人即将进行未经许可排放污染物、超标排放污染物等环境污染行为，有可能对生态环境造成损害的；

（二）有充分证据证明当事人即将进行盗伐林木、非法捕捞等生态破坏行为，有可能对生态环境造成损害的；

（三）其他可能对生态环境造成损害的情形。

第十三条　【责令修复生态环境】企业事业单位和其他生产经营者存在下列情形之一，且具备自行开展生态环境损害修复工作能力的，负有生态环境损害救济职责的行政机关应当向当事人作出责令修复生态环境的行政命令：

（一）因当事人的未经许可排放污染物、超标排放污染物等环境污染行为，已经造成生态环境损害，且该生态环境损害具备修复可能性的；

（二）因当事人的盗伐林木、非法捕捞等生态破坏行为，已经造成生态环境损害，且该生态环境损害具备修复可能性的；

（三）当事人造成其他形式的生态环境损害，且该生态环境损害具备修复可能性的。

第十四条　【责令异地替代修复】企业事业单位和其他生产经

营者存在下列情形之一,且具备自行开展生态环境损害修复工作能力的,负有生态环境损害救济职责的行政机关应当向当事人作出责令异地替代修复的行政命令:

(一)当事人造成的生态环境损害无法在原地进行修复或无须进行修复的;

(二)在异地开展生态环境损害修复,能够使区域内生态环境质量得到更大提升的;

(三)其他应当开展异地替代修复的情形。

负有生态环境损害救济职责的行政机关应当在本辖区内亟须进行生态环境修复的地区建立生态环境修复基地,用于开展异地替代修复工作。

第十五条 【责令赔偿生态损失】企业事业单位和其他生产经营者存在下列情形之一的,负有生态环境损害救济职责的行政机关应当向当事人作出责令赔偿生态损失的行政命令:

(一)有充分证据证明当事人自行开展生态环境损害修复工作难以取得良好修复效果的;

(二)有充分证据证明当事人难以长期保持生态环境损害修复能力,可能造成生态环境损害无法得到完整修复的;

(三)其他应当责令当事人承担生态环境损害赔偿责任的情形。

当事人的赔偿范围应当包括修复期间的生态服务功能损失、生态服务功能永久性损失、生态环境损害调查和鉴定评估费用、清除污染和修复生态环境费用、防止损害发生和扩大所支出的合理费用等。

负有生态环境损害救济职责的行政机关应当责令当事人一次性全额缴纳生态环境损害赔偿金。当事人确无能力一次性缴纳全部生态环境损害赔偿金的,可以制订赔偿计划,并向行政机关申请分期缴纳。行政机关批准后,当事人应当按照赔偿计划分期缴纳生态环境损害赔偿金。

当事人确无能力承担生态环境损害赔偿责任的，负有生态环境损害救济职责的行政机关可以责令当事人进行劳务代偿。

第四章　生态环境损害行政命令救济的程序

第十六条　【时效规定】负有生态环境损害救济职责的行政机关应当自前期调查终结之日起十五日内完成行政命令作出程序。

第十七条　【文本起草】负有生态环境损害救济职责的行政机关拟作出的行政命令文本，应当由该行政机关内部具体承办该生态环境损害救济案件的工作人员起草。

第十八条　【内部审核】负有生态环境损害救济职责的行政机关工作人员草拟的行政命令文本，应当交行政机关内部从事行政命令决定审核的人员审核。

负有生态环境损害救济职责的行政机关内部初次从事行政命令决定审核的人员，应当通过国家统一法律职业资格考试取得法律职业资格。

第十九条　【专家评审】除情节简单且行政机关能够独立作出判断的生态环境损害救济案件之外，负有生态环境损害救济职责的行政机关在作出行政命令之前，应当召开专家评审会，对拟作出的行政命令文本进行评审。

参加评审会的专家应当对是否有必要作出行政命令、行政命令内容是否适当等事项发表意见。专家意见应当记录在案。负有生态环境损害救济职责的行政机关不采纳专家意见的，应当予以记录并说明理由。

负有生态环境损害救济职责的行政机关应当设立专家库，通过随机抽取的方式确定参加专家评审会的专家名单。参加评审会的专家的专业领域应与生态环境损害案件的类型相同或相近。

第二十条　【听证程序】负有生态环境损害救济职责的行政机

关在作出对当事人的生产经营活动存在较大影响的行政命令之前，或者在作出责令当事人缴纳较大数额生态环境损害赔偿金的行政命令之前，应当告知当事人有要求举行听证的权利。

当事人要求举行听证的，负有生态环境损害救济职责的行政机关应当在五日内组织听证。听证期间不计入行政命令的作出期限。

社会组织与公众可以申请作为旁听人员参加听证。经组织听证的行政机关批准，社会组织与公众也可以作为第三人参与听证。组织听证的行政机关也可以主动邀请社会组织与公众作为第三人参与听证。

第二十一条 【集体讨论】负有生态环境损害救济职责的行政机关拟作出对当事人的生产经营活动存在较大影响的行政命令，或者拟作出责令当事人缴纳较大数额生态环境损害赔偿金的行政命令的，应当由行政机关负责人集体讨论决定。集体讨论的过程应当予以记录。

第二十二条 【陈述与申辩】负有生态环境损害救济职责的行政机关在作出行政命令之前，应当充分听取当事人的意见，对当事人提出的事实、理由和证据，应当进行复核。当事人提出的事实、理由或者证据成立的，行政机关应当采纳。

第二十三条 【上级备案或批准】县级人民政府生态环境主管部门作出的行政命令，应当报市级人民政府生态环境主管部门备案。

市级人民政府生态环境主管部门或者省级人民政府生态环境主管部门作出行政命令，应当分别报省级人民政府生态环境主管部门或者国务院生态环境主管部门批准。

第二十四条 【行政命令的内容】负有生态环境损害救济职责的行政机关所作出的行政命令应当载明以下内容：

（一）当事人的姓名或名称、身份证号、统一社会信用代码、地址等；

（二）前期调查所确定的事实和证据；

（三）拟作出的行政命令的类型、依据和理由；

（四）行政命令的履行方式和期限；

（五）不履行或未按规定履行行政命令的法律后果；

（六）不服行政命令，申请行政复议的途径和期限；

（七）作出行政命令的生态环境主管部门的名称和作出行政命令的日期，并加盖作出行政命令的生态环境主管部门的印章。

在行政命令文本的正文部分之后，应当以附件的形式载明当事人应当执行的修复方案、赔偿计划等内容。

第二十五条 【公告期】负有生态环境损害救济职责的行政机关应当在正式作出行政命令之前对行政命令文本进行公告，公告期不得少于三十日。公告期不计入行政命令的作出期限。

公告期满后，没有检察机关、社会组织或公众提出异议的，负有生态环境损害救济职责的行政机关应当正式向当事人作出行政命令。

第二十六条 【行政命令的送达】行政命令文书应当直接送达当事人。当事人不在场的，负有生态环境损害救济职责的行政机关应当依照民事诉讼法的有关规定进行送达。

第二十七条 【不服行政命令的救济】当事人对负有生态环境损害救济职责的行政机关所作出的行政命令不服的，可以向作出行政命令的生态环境主管部门的本级人民政府或上级生态环境主管部门提起行政复议。对复议决定不服的，可以向人民法院提起行政诉讼。

第五章　生态环境损害行政命令救济的执行

第二十八条 【主动履行】当事人应当主动履行负有生态环境损害救济职责的行政机关所作出的行政命令中确定的各项义务。

第二十九条 【催告】当事人在规定的履行期限内拒不履行或者不完全履行行政命令中确定的各项义务的，负有生态环境损害救济职责的行政机关应当在履行期届满后三日内催告当事人履行义务。

第三十条 【代履行】当事人拒不履行或者不完全履行责令消除环境风险、责令修复生态环境或责令异地替代修复的行政命令中确定的各项义务，经催告仍不履行的，负有生态环境损害救济职责的行政机关可以代履行，也可以委托没有利害关系的第三人代履行。

代履行的费用按照成本合理确定，由当事人承担。

第三十一条 【立即实施代履行】当事人拒不履行或者不完全履行责令消除环境风险、责令修复生态环境或责令异地替代修复的行政命令中确定的各项义务，可能造成重大生态环境损害或者可能造成生态环境损害结果进一步恶化的，负有生态环境损害救济职责的行政机关可以立即实施代履行。

第三十二条 【加处罚款或滞纳金】当事人拒不履行或者不完全履行责令赔偿生态损失的行政命令中确定的各项义务，经催告仍不履行的，负有生态环境损害救济职责的行政机关可以加处罚款或者滞纳金。加处罚款或者滞纳金的标准应当告知当事人。

加处罚款或者滞纳金的数额不得超出金钱给付义务的数额。

第三十三条 【划拨存款、汇款与拍卖】负有生态环境损害救济职责的行政机关实施加处罚款或者滞纳金超过十五日，经催告当事人仍不履行的，负有生态环境损害救济职责的行政机关可以强制执行。

负有生态环境损害救济职责的行政机关实施强制执行前，需要采取查封、扣押、冻结措施的，应当依照《中华人民共和国行政强制法》的规定办理。

依法拍卖财物的，由负有生态环境损害救济职责的行政机关委托拍卖机构依照《中华人民共和国拍卖法》的规定办理。

第三十四条 【信用惩戒】当事人拒不履行或者不完全履行行政命令中确定各项义务的，负有生态环境损害救济职责的行政机关应当将其行为记入社会信用体系，在一定期限内实施市场和行业禁入、限制等措施。

第六章 生态环境损害行政命令救济的保障

第三十五条 【社会化救济】国家支持环境责任强制保险制度的发展，鼓励保险公司开展环境责任强制保险业务。国家支持环保公益组织等社会组织的发展，鼓励社会组织筹资设立生态环境修复基金。

对于向社会组织设立的环境修复基金捐资、捐助的企业事业单位和个人，国家予以表彰和优待，并可以给予税收减免等优惠政策。

造成生态环境损害的责任人确无能力缴纳生态环境损害赔偿金的，可以申请使用生态环境修复基金先行垫付。

造成生态环境损害的责任人恢复履责能力后，生态环境修复基金的管理人应当向责任人追偿已垫付的生态环境损害赔偿金。

第三十六条 【政府补充救济】省级人民政府应当出资设立生态环境修复专项资金，或与社会资本共同出资设立生态环境修复专项基金。

造成生态环境损害的责任人难以确定或者确无能力缴纳生态环境损害赔偿金的，负有生态环境损害救济职责的行政机关可以申请使用生态环境修复专项资金或生态环境修复专项基金先行垫付。

造成生态环境损害的责任人得以确定或恢复履责能力后，负有生态环境损害救济职责的行政机关应当向责任人追偿已垫付的生态环境损害赔偿金。

第三十七条 【赔偿金的使用】负有生态环境损害救济职责的行政机关收缴的生态环境损害赔偿金，应当用于该案的生态环境损害修复工作。

该案无法修复或无须修复的，可以将赔偿金纳入政府设立的生态环境修复专项资金或政府与社会资本共同出资设立的生态环境修复专项基金管理，统筹用于其他生态环境损害案件的修复工作。

第三十八条 【行政公益诉讼】人民检察院在履行职责中发现负有生态环境损害救济职责的行政机关违法行使职权或者不作为，致使国家利益或者社会公共利益受到侵害的，应当向行政机关提出检察建议，督促其依法履行职责。行政机关在收到检察建议书之日起十五日内仍不依法履行生态环境损害救济职责的，人民检察院应当依法向人民法院提起行政公益诉讼。

社会组织或公众认为负有生态环境损害救济职责的行政机关违法行使职权或者不作为，致使国家利益或者社会公共利益受到侵害的，可以向行政机关提出建议，督促其依法履行职责。行政机关自收到建议之日起十五日内未作出是否启动生态环境损害救济工作的决定的，社会组织或公众可以向人民法院提起行政公益诉讼。

第三十九条 【民事公益诉讼】检察机关、社会组织或公众发现企业事业单位和其他生产经营者的行为存在造成生态环境损害的紧迫风险，或者有充分证据证明生态环境损害结果存在扩大或恶化的极大可能，不立即提起民事公益诉讼可能造成国家利益或社会公共利益遭受重大损失的，可以向人民法院提起环境民事公益诉讼。

第七章　信息公开和公众参与

第四十条 【政府信息公开义务】各级人民政府生态环境主管

部门应当依法公开生态环境损害救济工作的相关信息、完善公众参与程序，为公民、法人和其他组织参与和监督生态环境损害救济工作提供便利。

第四十一条 【案件办理情况公开】负有生态环境损害救济职责的行政机关应当定期公开其掌握的生态损害案件的数量信息，以及其中已经开展生态环境损害救济工作案件的数量信息。

第四十二条 【案件具体内容公开】负有生态环境损害救济职责的行政机关应当定期公开其正在办理的生态环境损害案件的相关信息，具体包括以下内容：

（一）案件来源与立案时间；

（二）参与案件前期调查的调查人员以及第三方机构的相关信息；

（三）前期调查所收集的证据材料；

（四）承担修复方案制订或者生态环境损害赔偿金计算工作的第三方机构的相关信息；

（五）参与案件评审工作的专家的相关信息；

（六）拟作出的行政命令的类型、依据和理由；

（七）其他需要公开的事项。

第四十三条 【案件执行情况公开】负有生态环境损害救济职责的行政机关应当定期公开已生效的行政命令文书的执行情况，具体包括以下内容：

（一）已经全部履行和尚未全部履行的生态环境损害案件的数量；

（二）当事人自行开展修复案件的修复情况和行政机关的监督情况；

（三）生态环境修复基地等异地替代修复场所的运行情况；

（四）生态环境损害赔偿金的收缴和使用情况；

（五）其他需要公开的事项。

第四十四条 【公众检举与举报】公民、法人和其他组织发现任何单位或个人存在生态环境损害风险行为或者已经造成生态环境损害的，有权向生态环境主管部门或其他负有生态环境监督管理职责的部门举报。

公民、法人和其他组织发现地方各级人民政府生态环境主管部门不依法履行生态环境损害救济职责的，有权向其上级机关或者监察机关检举。

第八章　法律责任

第四十五条 【行政机关责任】负有生态环境损害救济职责的行政机关有下列行为之一的，由本级人民政府或者上级生态环境主管部门责令改正，并对直接负责的主管人员和其他直接责任人员依法给予处分：

（一）未及时开展前期调查，造成生态环境损害事件发生或扩大的；

（二）未及时作出行政命令或未及时实施代履行，造成生态环境损害事件发生或扩大的；

（三）未及时采取划拨、拍卖等强制执行措施，造成生态环境损害赔偿金无法收缴或无法全部收缴的；

（四）未将生态环境损害赔偿金用于生态环境损害救济的；

（五）未及时公开生态环境损害救济案件的相关信息的；

（六）存在其他违法违规行为的。

第四十六条 【第三方机构责任】负有生态环境损害救济职责的行政机关聘请的第三方机构有下列行为之一的，由第三方机构的主管部门对第三方机构及其负责人和主要责任人员予以行政处罚；情节严重的，可以禁止第三方机构负责人和主要责任人员从事生态环境损害调查、鉴定等工作：

（一）在前期调查过程中弄虚作假或者存在严重失职，造成调查结果失实或者其他严重后果的；

（二）在生态环境损害修复方案制定过程中弄虚作假或者严重失职，造成修复方案存在科学性错误，无法有效修复生态环境损害的；

（三）在生态环境损害赔偿金的计算过程中存在弄虚作假或者严重失职，造成生态环境损害赔偿金数额存在重大误差的；

（四）存在其他违法违规行为的。

第四十七条 【抗拒调查责任】企业事业单位和其他生产经营者以拖延、围堵、滞留调查人员等方式拒绝、阻挠行政机关前期调查的，或者在接受前期调查时弄虚作假的，由生态环境主管部门责令改正，并视情节处以生态环境损害修复费用一倍至二倍的罚款；对直接负责的主管人员和其他直接责任人员，处十日以上十五日以下拘留；构成犯罪的，依法追究刑事责任。

第四十八条 【拒绝履行行政命令责任】企业事业单位和其他生产经营者收到负有生态环境损害救济职责的行政机关作出的行政命令后，拒不履行或不完全履行行政命令中规定的各项义务，造成生态环境损害事件发生或扩大的，由生态环境主管部门视情节处以生态环境损害修复费用一倍至三倍的罚款；对其直接负责的主管人员和其他直接责任人员，处十日以上十五日以下拘留；构成犯罪的，依法追究刑事责任。

第九章 附 则

第四十九条 【施行时间】本法自 年 月 日起施行。

关于《生态环境损害救济法》
建议稿的说明

一、制定《生态环境损害救济法》的背景和必要性

构建完善的生态环境损害救济法律制度体系，不仅是加快推进我国生态文明建设的应有之义，更是全面推进依法治国和建设社会主义法治国家的必然要求。自改革开放以来，随着我国经济社会的高速发展，突发性和累积性生态环境损害事件均逐渐进入高发期。近年间，全国范围内更是接连发生了山东章丘危废倾倒案、常州外国语学校"毒地案"、腾格里沙漠污染案等一系列令人震惊的重大生态环境损害事件。这些生态环境损害事件严重影响了广大人民群众的生活质量，大大降低了人民群众的获得感和幸福感，成为美丽中国建设中亟待突破的瓶颈。

然而，由于目前我国通过环境民事公益诉讼制度与生态环境损害赔偿制度双渠道救济生态环境损害的制度安排存在选择性救济、迟延性救济和妥协性救济等诸多欠缺，难以有效应对实践中普遍存在的生态环境损害问题，故我国亟须确立新的生态环境损害救济途径。基于行政命令所具备的及时性、专业性和普适性特征，以及行政命令救济途径在生态环境损害救济中相较于其他救济途径所展现出的优越性，我国有必要构建生态环境损害的行政命令救济体系。

由于生态环境损害救济是一项体系庞杂、内容繁多的复杂工程，其中既涉及程序构造问题，亦涵盖实体规则问题，因而宜通过专门立法而非分散立法的方式对生态环境损害救济问题进行系统性规定。因此，制定一部统一适用的《生态环境损害救济法》并据此在我国确立以行政命令为中心的生态环境损害救济体系，

自然成为发展和完善我国生态环境损害救济法律制度体系相关工作中的一项重要工作内容。

二、《生态环境损害救济法》建议稿的主要内容

《生态环境损害救济法》建议稿共分九章，共计四十九个条款。在该建议稿中，重点对生态环境损害救济中的下列问题进行了规制。

（一）关于生态环境损害救济中的时效问题

基于生态环境损害救济工作应当尽早开展的紧迫性要求，建议稿对于生态环境损害救济中的各项环节均设置了相应的时效规定。如建议稿第 10 条明确行政机关应当自立案之日起十五日内完成生态环境损害的前期调查工作，对于重大生态环境损害则应当在三十日内完成前期调查工作。建议稿第 16 条则明确行政机关应当自前期调查终结之日起十五日内完成行政命令作出程序（不含行政命令公告期）。上述时效规定可以在一定程度上减少生态环境损害救济工作的迟延性问题，以使受损的生态环境能够尽快得到修复。

（二）关于生态环境损害救济中的若干程序性问题

构建生态环境损害行政命令救济体系的相关程序性规则，是制定《生态环境损害救济法》的重要目的之一。建议稿第二章明确了在生态环境损害前期调查的过程中对于调查人员、调查方式、调查笔录等事项的具体要求，建议稿第四章则进一步对行政命令作出程序中的文本起草、内部审核、专家评审、听证程序、集体讨论、备案批准等关键环节进行了规定，从而使生态环境损害的行政命令救济程序具备了相应的可操作性。

（三）关于当事人不服行政命令而提起行政复议的相关问题

建议稿第 27 条提出在生态环境损害的行政命令救济程序中，倘若当事人对行政命令不服的，应当采用"行政复议前置"的复议模式。这是因为生态环境损害救济具有较高的专业性，确立行

政复议前置的复议规则可以充分利用行政机关的专业能力。上级行政机关在进行行政复议时,有能力调取和收集更多且更为详尽的证据资料,这些证据资料可以在后续的行政诉讼中为人民法院所利用,从而有利于人民法院节约自行查找和收集证据资料所需的时间,也有利于人民法院充分了解案件的具体情况,并在此基础上对行政命令的合法性和适当性作出较为准确的判断。

(四)关于行政命令的强制执行程序中的相关问题

为了避免申请人民法院强制执行可能造成的执行迟延问题,建议稿第五章确立了生态环境主管部门的自行强制执行权,允许生态环境主管部门在生态环境损害救济中自行强制执行其所作出的行政命令,从而节约申请人民法院强制执行所需的时间,有利于使生态环境损害尽早得到救济。建议稿第30条和第31条分别规定了在当事人拒不履行或者不完全履行行政命令时,生态环境主管部门可以自行实施代履行以及在某些特定情形下可以立即实施代履行。建议稿第32条和第33条则规定了生态环境主管部门可以通过加处罚款与滞纳金、划拨存款、汇款与拍卖的方式强制执行。

(五)关于社会化救济与政府补充救济制度的适用问题

为了避免因生态环境损害责任人难以确定或者因生态环境损害责任人确无能力缴纳生态环境损害赔偿金而导致生态环境损害无法得到及时救济的问题,建议稿第六章确立了生态环境损害的社会化救济制度和政府补充救济制度。同时,为了防止生态环境损害责任人利用社会化救济制度或政府补充救济制度逃避其应当履行的生态环境损害赔偿责任,建议稿第35条和第36条特别规定了社会化救济制度和政府补充救济制度只能在生态环境损害责任人确无能力缴纳生态环境损害赔偿金时适用,且在生态环境损害责任人恢复履责能力后,生态环境修复基金的管理人应当向生态环境损害责任人追偿。

（六）关于生态环境损害赔偿金的管理和使用问题

依照 2020 年 3 月财政部等九部门印发的《生态环境损害赔偿资金管理办法（试行）》，生态环境损害赔偿金应当全额上缴国库，纳入一般公共预算管理。然而，将生态环境损害赔偿金纳入公共预算管理，虽然可以使生态环境损害赔偿金的使用得到更为严格的监管，减少生态环境损害赔偿金被挪用的可能，但同时也降低了生态环境损害赔偿金的灵活性。在一些难以预见的突发性生态环境损害事件中，可能会因为缺少相应的预算安排而无法及时使用生态环境损害赔偿金，从而导致生态环境损害无法得到及时救济。故建议稿第 37 条提出将生态环境损害赔偿金纳入地方政府设立的生态环境修复专项资金或地方政府与社会资本共同出资设立的生态环境修复专项基金管理，以提升生态环境损害赔偿金的灵活性。

（七）关于社会组织与公众提起环境行政公益诉讼的相关问题

建议稿第 38 条确立了社会组织与公众的环境行政公益诉讼诉权。目前我国由检察机关作为行政公益诉讼单一原告主体的制度规则，难以对行政机关的怠于履职行为进行全面监督，并且在我国宪法已经赋予公民进行社会监督和参与国家管理的基本权利的情况下，有必要将社会组织与公众纳入环境行政公益诉讼的原告主体范围，允许其通过提起环境行政公益诉讼的方式督促行政机关履行生态环境损害救济职责。同时，建议稿第 38 条第 2 款亦规定了社会组织与公众在提起环境行政公益诉讼之前应当先行向拟被诉的行政机关提出建议，行政机关自收到建议之日起十五日内未作出是否启动生态环境损害救济工作的决定的，社会组织与公众方可起诉。由此，可以给予行政机关进行自我纠错的机会以及发挥专业能力的空间，从而实现维护环境公共利益与节约诉讼资源之间的相对平衡。

（八）关于环境民事公益诉讼制度的适用条件问题

基于环境民事公益诉讼制度在提升公众环保意识、加强环保宣传教育等方面的特定功能，在生态环境损害的行政命令救济体系中有必要保留环境民事公益诉讼制度的适用空间。但是，为了确保行政命令救济途径在生态环境损害救济体系中居于优先地位，环境民事公益诉讼制度仅应当在不立即提起环境民事公益诉讼可能造成国家利益或社会公共利益遭受重大损失的情况下方可适用。据此，建议稿第39条确立了环境民事公益诉讼制度可以在上述特定情形下予以补充适用的制度规则。

（九）关于生态环境损害救济案件的信息公开问题

行政机关所作出的专门用于救济生态环境损害的行政命令不仅直接关系到环境公共利益能否得到有效维护，亦会对社会公众的工作和生活环境产生较为深远的影响，因而从维护环境公共利益以及维护社会公众对于生态环境基本状况的知情权的角度出发，有必要全面公开生态环境损害案件的相关信息以及行政机关开展生态环境损害救济工作的具体情况。建议稿第七章明确了行政机关应当就生态环境损害案件的办理情况、生态环境损害案件的内容信息以及生态环境损害案件的执行情况等进行公开，从而为公民、法人和其他组织参与和监督行政机关的生态环境损害救济工作提供便利。

（十）关于对当事人怠于履责行为的行政处罚问题

建议稿第48条明确了对于拒不履行或者不完全履行行政命令中确定的各项义务的当事人，行政机关除了可以依法进行强制执行之外，还可以同时对其进行行政处罚。据此，行政机关可以通过对行政强制与行政处罚的两者的联合适用，对当事人的拒不履行或不完全履行行政命令的行为形成有效威慑并进行惩戒。同时，建议稿第48条亦明确了对于当事人拒不履行或者不完全履行行政命令行为的罚款数额为生态环境损害修复费用的一倍至三倍，从而有效提升了当事人拒不履责行为的违法成本，使得生态环境主管部门所作出的行政命令的威慑性得到充分保证。

参考文献

一、著作类

（一）中文专著

1. 陈冬．美国环境公民诉讼研究［M］．北京：中国人民大学出版社，2014.

2. 陈朝璧．罗马法原理［M］．北京：法律出版社，2006.

3. 蔡守秋．环境政策法律问题研究［M］．武汉：武汉大学出版社，1999.

4. 高家伟．欧洲环境法［M］．北京：工商出版社，2000.

5. 胡晓军．行政命令研究：从行政行为形态的视角［M］．北京：法律出版社，2017.

6. 胡建淼．行政法学［M］．北京：法律出版社，2015.

7. 胡锦光．行政法学概论［M］．北京：中国人民大学出版社，2014.

8. 侯水平．物权法争点详析［M］．北京：法律出版社，2007.

9. 吕忠梅．环境法新视野［M］．北京：中国政法大学出版社，2019.

10. 李挚萍. 环境法的新发展：管制与民主互动 ［M］. 北京：人民法院出版社，2006.

11. 李洪雷. 行政法释义学：行政法学理的更新 ［M］. 北京：中国人民大学出版社，2014.

12. 李丽平. 美国环境政策研究 ［M］. 北京：中国环境出版社，2015.

13. 邱秋. 中国自然资源国家所有权制度研究 ［M］. 北京：社会科学出版社，2010.

14. 汪劲. 环境法学 ［M］. 北京：北京大学出版社，2018.

15. 王江. 生态环境修复法治研究 ［M］. 北京：中国社会科学出版社，2019.

16. 王利明. 民法总则研究 ［M］. 北京：中国人民大学出版社，2012.

17. 王明远. 环境侵权救济法律制度 ［M］. 北京：中国法制出版社，2001.

18. 余凌云. 行政法讲义 ［M］. 北京：清华大学出版社，2014.

19. 叶必丰. 行政法与行政诉讼法 ［M］. 武汉：武汉大学出版社，2008.

20. 杨解君. 行政法与行政诉讼法 ［M］. 北京：清华大学出版社，2009.

21. 杨建顺. 行政规制与权利保障 ［M］. 北京：中国人民大学出版社，2007.

22. 张辉. 美国环境法研究 ［M］. 北京：中国民主法制出版社，2015.

23. 竺效. 生态损害的社会化填补法理研究 ［M］. 北京：中国政法大学出版社，2017.

24. 竺效．生态损害综合预防和救济法律机制研究［M］．北京：法律出版社，2016.

25. 章剑生．现代行政法基本理论［M］．北京：法律出版社，2014.

26. 张千帆，赵娟，黄建军．比较行政法：体系、制度与过程［M］．北京：法律出版社，2008.

27. 朱新力，唐明良．行政法基础理论改革的基本图谱［M］．北京：法律出版社，2013.

（二）中文编著

1. 蔡守秋．环境资源法教程［M］．北京：高等教育出版社，2017.

2. 蔡守秋．欧盟环境政策法律研究［M］．武汉：武汉大学出版社，2002.

3. 崔书红，别涛，童卫东．《中华人民共和国环境影响评价法》修改解读与释义［M］．北京：中国民主法制出版社，2016.

4. 费安玲，丁玫，张宓．意大利民法典［M］．北京：中国政法大学出版社，2004.

5. 韩德培．环境保护法教程［M］．北京：法律出版社，2018.

6. 黄先雄．行政法与行政诉讼法［M］．长沙：中南大学出版社，2016.

7. 金瑞林．环境法学［M］．北京：北京大学出版社，2016.

8. 姜明安．行政法与行政诉讼法［M］．北京：北京大学出版社，2015.

9. 贾峰．美国超级基金法研究：历史遗留污染问题的美国解决之道［M］．北京：中国环境出版社，2015.

10. 吕忠梅．环境法原理［M］．上海：复旦大学出版社，2017.

11. 吕忠梅. 环境法 [M]. 北京：高等教育出版社，2017.

12. 罗结珍. 法国民法典 [M]. 北京：中国法制出版社，1999.

13. 李向东. 环境污染与修复 [M]. 徐州：中国矿业大学出版社，2016.

14. 罗豪才，湛中乐. 行政法学 [M]. 北京：北京大学出版社，2016.

15. 刘刚. 风险规制：德国的理论与实践 [M]. 北京：法律出版社，2012.

16. 刘倩，季林云，於方，等. 环境损害鉴定评估与赔偿法律体系研究 [M]. 北京：中国环境出版社，2015.

17. 马怀德. 行政法与行政诉讼法 [M]. 北京：中国法制出版社，2015.

18. 莫于川. 行政法与行政诉讼法 [M]. 北京：中国人民大学出版社，2015.

19. 魏振瀛. 民法 [M]. 北京：北京大学出版社，2017.

20. 翁岳生. 行政法 [M]. 北京：中国法制出版社，2002.

21. 王兴润，颜湘华. 美国超级基金制度与国内污染场地评估案例 [M]. 北京：中国环境出版社，2014.

22. 夏征农，陈至立. 辞海 [M]. 上海：上海辞书出版社，2009.

23. 应松年. 行政法与行政诉讼法 [M]. 北京：中国政法大学出版社，2017.

24. 应松年. 行政程序法 [M]. 北京：法律出版社，2009.

25. 叶必丰. 行政法与行政诉讼法 [M]. 北京：中国人民大学出版社，2015.

26. 杨登峰. 行政法与行政诉讼法 [M]. 武汉：武汉大学出版社，2010.

27. 竺效. 环境公益诉讼实案释法 [M]. 北京：中国人民大学出版社，2018.

28. 周珂. 环境与资源保护法 [M]. 北京：中国人民大学出版社，2015.

29. 周佑勇. 行政法学 [M]. 武汉：武汉大学出版社，2009.

30. 赵景联. 环境修复原理与技术 [M]. 北京：化学工业出版社，2006.

31. 张皓若，卞耀武. 中华人民共和国海洋环境保护法释义 [M]. 北京：法律出版社，2000.

32. 国务院法制办公室. 中华人民共和国环境法典 [M]. 北京：中国法制出版社，2018.

33. 全国人大常委会法制工作委员会. 中华人民共和国行政诉讼法释义 [M]. 北京：法律出版社，2014.

34. 中国社会科学院语言研究所词典编辑室. 现代汉语词典 [M]. 北京：商务印书馆，2016.

（三）中文译著

1. 奥托·迈耶. 德国行政法 [M]. 刘飞，译. 北京：商务印书馆，2002.

2. 哈特穆特·毛雷尔. 行政法学总论 [M]. 高佳伟，译. 北京：法律出版社，2000.

3. 卡尔·拉伦茨. 法学方法论 [M]. 陈爱娥，译. 北京：商务印书馆，2003.

4. 克雷斯蒂安·冯·巴尔. 欧洲比较侵权行为法 [M]. 焦美华，译. 北京：法律出版社，2001.

5. 汉斯·沃尔夫，奥托·巴霍夫，罗尔夫·施托贝尔. 行政法 [M]. 高家伟，译. 北京：商务印书馆，2002.

6. 乌尔里希·贝克. 风险社会 [M]. 何博闻, 译. 南京: 译林出版社, 2004.

7. 耶利内克. 主观公法权利体系 [M]. 曾韬、赵天书, 译. 北京: 中国政法大学出版社, 2012.

8. 格劳修斯. 战争与和平法 [M]. 何勤华, 译. 上海: 上海人民出版社, 2005.

9. 詹姆斯·布坎南. 公共物品的需求与供给 [M]. 马珺, 译. 上海: 上海人民出版社, 2009.

10. 罗尔斯. 正义论 [M]. 何怀宏、何包钢、廖申白, 译. 北京: 中国社会科学出版社, 1988.

11. 曼瑟尔·奥尔森. 集体行动的逻辑 [M]. 陈郁, 译. 上海: 三联书店上海分店、上海人民出版社, 1995.

12. 詹姆斯·萨尔兹曼, 巴顿·汤普森. 美国环境法 [M]. 徐卓然, 胡慕云, 译. 北京: 北京大学出版社, 2016.

13. 约翰·斯普兰克林, 格雷戈里·韦伯. 危险废物和有毒物质法精要 [M]. 凌欣, 译. 天津: 南开大学出版社, 2016.

14. 约瑟夫·斯蒂格利茨. 公共部门经济学 [M]. 郭庆旺, 译. 北京: 中国人民大学出版社, 2005.

15. 大塚芳司. 日本国有财产之法律、制度与现状 [M]. 黄仲阳, 译. 北京: 经济科学出版社, 1991.

16. 交告尚史. 日本环境法概论 [M]. 田林, 丁倩雯, 译. 北京: 中国法制出版社, 2014.

17. 美浓部达吉. 公法与私法 [M]. 黄冯明, 译. 北京: 中国政法大学出版社, 2003.

18. 马克·韦尔德. 环境损害的民事责任: 欧洲和美国法律与政策比较 [M]. 张一心, 吴婧, 译. 北京: 商务印书馆, 2017.

19. 威廉·韦德. 行政法 [M]. 徐炳, 译. 北京: 中国大百科全书出版社, 1997.

（四）外文著作

1. Christian V. Bar. Non – Contractual Liability Arising out of Damage Caused to Another ［M］. Oxford：Oxford University Press，2009.

2. Elizabeth D. Blum. Love Canal Revisited ［M］. Lawrence：University Press of Kansas，2008.

3. Joshua Lipton，Ece Özdemiroğlu，David Chapman，Jennifer Peers. Equivalency Methods for Environmental Liability ［M］. Berlin：Springer，2018.

4. Mark Wilde. Civil Liability for Environmental Damage—A Comparative Analysis of Law and Policy in Europe and In the United States ［M］. Hague：Kluwer Law International，2002.

5. Michael Faure. Deterrence，Insurability，and Compensation in Environmental Liability：Future Developments in the European Union ［M］. Berlin：Springer – Verlag，2003.

6. Monika Hinteregger. Environmental Liability and Ecological Damage in European Law ［M］. Cambridge：Cambridge University Press，2008.

7. Paul K. Freeman，Howard Kunreuther. Managing Environmental Risk Through Insurance ［M］. New York：Kluwer Academic Publishers，1997.

二、期刊类

（一）中文期刊

1. 蔡唱. 民法典时代环境侵权的法律适用研究 ［J］. 法商研究，2020，（4）.

2. 蔡守秋．从环境权到国家环境保护义务和环境公益诉讼［J］．现代法学，2013，（6）．

3. 蔡守秋．论政府环境责任的缺陷与健全［J］．河北法学，2008，（3）．

4. 陈冬．气候变化语境下的美国环境诉讼：以马萨诸塞州诉美国联邦环保局案为例［J］．环球法律评论，2008，（5）．

5. 陈海嵩．生态环境损害赔偿制度的反思与重构：宪法解释的视角［J］．东方法学，2018，（6）．

6. 陈太清．行政罚款与环境损害救济：基于环境法律保障乏力的反思［J］．行政法学研究，2012，（3）．

7. 陈柏峰．信访制度的功能及其法治化改革［J］．中外法学，2016，（5）．

8. 陈爱武，姚震宇．环境公益诉讼若干问题研究：以生态环境损害赔偿制度为对象的分析［J］．法律适用，2019，（1）．

9. 陈秀平，陈继雄．法治视角下公权力与私权利的平衡［J］．求索，2013，（10）．

10. 程雨燕．试论责令改正环境违法行为之制度归属：兼评《环境行政处罚办法》第12条［J］．中国地质大学学报（社会科学版），2012，（1）．

11. 程关松．司法效率的逻辑基础与实现方式［J］．江西社会科学，2015，（8）．

12. 程多威，王灿发．论生态环境损害赔偿制度与环境公益诉讼的衔接［J］．环境保护，2016，（2）．

13. 楚道文，唐艳秋．论生态环境损害救济之主体制度［J］．政法论丛，2019，（5）．

14. 董斌．环境民事公益诉讼中预防性责任适用规则的优化路径［J］．中国环境管理，2019，（5）．

15. 段蕾. 新中国环保事业的起步: 1970 年代初官厅水库污染治理的历史考察 [J]. 河北学刊, 2015, (5).

16. 段厚省. 环境民事公益诉讼基本理论思考 [J]. 中外法学, 2016, (4).

17. 窦海阳. 环境损害事件的应对: 侵权损害论的局限与环境损害论的建构 [J]. 法制与社会发展, 2019, (2).

18. 邓佑文. 行政参与的权利化: 内涵、困境及其突破 [J]. 政治与法律, 2014, (11).

19. 邓少旭. 生态环境损害赔偿诉讼: 定义与定位矫正 [J]. 中国环境管理, 2020, (3).

20. 戴昕. 理解社会信用体系建设的整体视角: 法治分散、德治集中与规制强化 [J]. 中外法学, 2019, (6).

21. 范愉. 申诉机制的救济功能与信访制度改革 [J]. 中国法学, 2014, (4).

22. 范进学. 信访行为之权利与功能分析 [J]. 政法论丛, 2017, (2).

23. 冯洁语. 公私法协动视野下生态环境损害赔偿的理论构成 [J]. 法学研究, 2020, (2).

24. 傅伯杰, 于丹丹, 吕楠. 中国生物多样性与生态系统服务评估指标体系 [J]. 生态学报, 2017, (2).

25. 巩固. 环境民事公益诉讼性质定位省思 [J]. 法学研究, 2019, (3).

26. 巩固. 检察公益"两诉"衔接机制探析: 以"检察公益诉讼解释"的完善为切入 [J]. 浙江工商大学学报, 2018, (5).

27. 巩固. 美国原告资格演变及对公民诉讼的影响解析 [J]. 法制与社会发展, 2017, (4).

28. 巩固. 自然资源国家所有权公权说再论 [J]. 法学研究, 2015, (2).

29. 顾向一，陈诗一. 环境污染责任保险制度演进及路径选择［J］. 复旦学报：社会科学版，2020，（3）.

30. 胡静. 我国环境行政命令实施的困境及出路［J］. 华中科技大学学报（社会科学版），2021，（1）.

31. 胡静. 土壤修复责任的公法属性：目的和工具面向的论证［J］. 湖南师范大学社会科学学报，2020，（5）.

32. 胡静. 我国环境行政命令体系探究［J］. 华中科技大学学报：社会科学版，2017，（6）.

33. 胡静，崔梦钰. 二元诉讼模式下生态环境修复责任履行的可行性研究［J］. 中国地质大学学报（社会科学版），2019，（6）.

34. 胡乙，赵惊涛. "互联网＋" 视域下环境保护公众参与平台建构问题研究［J］. 法学杂志，2017，（4）.

35. 胡艳香. 环境责任保险制度的正当性分析［J］. 法学评论，2011，（5）.

36. 胡建淼，胡晓军. 行政责令行为法律规范分析及立法规范［J］. 浙江大学学报：人文社会科学版，2013，（1）.

37. 侯佳儒. 生态环境损害的赔偿、移转与预防：从私法到公法［J］. 法学论坛，2017，（3）.

38. 韩梅. 论行政机关提起的生态环境损害赔偿之法律范畴与路径［J］. 中国环境管理，2020，（1）.

39. 韩波. 公益诉讼制度的力量组合［J］. 当代法学，2013，（1）.

40. 韩英夫，黄锡生. 生态损害行政协商与司法救济的衔接困境与出路［J］. 中国地质大学学报：社会科学版，2018，（1）.

41. 黄萍. 生态环境损害索赔主体适格性及其实现：以自然资源国家所有权为理论基础［J］. 社会科学辑刊，2018，（3）.

42. 黄锫. 行政执法中责令改正的法理特质与行为结构［J］. 浙江学刊，2019，（2）.

43. 黄学贤. 行政公益诉讼回顾与展望：基于"一决定三解释"及试点期间相关案例和《行政诉讼法》修正案的分析 [J]. 苏州大学学报：哲学社会科学版，2018，（2）.

44. 何海波. 内部行政程序的法律规制（上）[J]. 交大法学，2012，（1）.

45. 何海波. 内部行政程序的法律规制（下）[J]. 交大法学，2012，（2）.

46. 何香柏. 风险社会背景下环境影响评价制度的反思与变革：以常州外国语学校"毒地"事件为切入点 [J]. 法学评论，2017，（1）.

47. 何艳梅. 国外环境污染损害赔偿责任担保模式及对我国之借鉴 [J]. 法治论丛（上海政法学院学报），2009，（6）.

48. 金自宁. 作为风险规制工具的信息交流：以环境行政中TRI 为例 [J]. 中外法学，2010，（3）.

49. 贾爱玲. 环境损害救济的企业互助基金制度研究 [J]. 云南社会科学，2011，（1）.

50. 柯坚. 建立我国生态环境损害多元化法律救济机制：以康菲溢油污染事件为背景 [J]. 甘肃政法学院学报，2012，（1）.

51. 康京涛. 欧盟生态损害救济：理路、实效、困境及启示：以欧盟《环境责任指令》为中心 [J]. 宁夏社会科学，2020，（1）.

52. 康京涛. 生态环境损害政府民事索赔的困境及出路：基于政策文本与案例实践的考察 [J]. 法治论坛，2019，（2）.

53. 康京涛. 生态修复责任的法律性质及实现机制 [J]. 北京理工大学学报：社会科学版，2019，（5）.

54. 康京涛. 生态修复责任：一种新型的环境责任形式 [J]. 青海社会科学，2017，（4）.

55. 况文婷，梅凤乔. 生态环境损害行政责任方式探讨 [J].

人民论坛，2016，（14）.

56. 刘超.《民法典》侵权责任编的绿色制度创新［J］. 法学杂志，2020，（10）.

57. 刘超. 论"绿色原则"在民法典侵权责任编的制度展开［J］. 法律科学（西北政法大学学报），2018，（6）.

58. 刘超. 环境行政公益诉讼诉前程序省思［J］. 法学，2018，（1）.

59. 刘超. 环境修复审视下我国环境法律责任形式之利弊检讨：基于条文解析与判例研读［J］. 中国地质大学学报：社会科学版，2016，（2）.

60. 刘静. 论生态损害救济的模式选择［J］. 中国法学，2019，（5）.

61. 刘倩. 生态环境损害赔偿：概念界定、理论基础与制度框架［J］. 中国环境管理，2017，（1）.

62. 刘茜，黄锡生. 生态利益代际衡平法律制度构建［J］. 云南社会科学，2014，（5）.

63. 吕忠梅.《民法典》"绿色规则"的环境法透视［J］. 法学杂志，2020，（10）.

64. 吕忠梅. 中国民法典的"绿色"需求及功能实现［J］. 法律科学（西北政法大学学报），2018，（6）

65. 吕忠梅. "生态环境损害赔偿"的法律辨析［J］. 法学论坛，2017，（3）.

66. 吕忠梅. 关于物权法的"绿色"思考［J］. 中国法学，2000，（5）.

67. 吕忠梅课题组. "绿色原则"在民法典中的贯彻论纲［J］. 中国法学，2018，（1）.

68. 吕忠梅，窦海阳. 民法典"绿色化"与环境法典的调适［J］. 中外法学，2018，（4）.

69. 吕忠梅，窦海阳. 修复生态环境责任的实证解析［J］. 法学研究，2017，（3）.

70. 吕忠梅，窦海阳. 以"生态恢复论"重构环境侵权救济体系［J］. 中国社会科学，2020，（2）.

71. 吕梦醒. 生态环境损害多元救济机制之衔接研究［J］. 比较法研究，2021，（1）.

72. 刘长兴. 生态文明背景下侵权法一般规则的"绿色化"改造［J］. 政法论丛，2020，（1）.

73. 刘长兴. 环境侵权规则设计之偏差及矫正：基于环境侵权鉴定的分析［J］. 法商研究，2018，（3）.

74. 刘长兴. 论行政罚款的补偿性：基于环境违法事件的视角［J］. 行政法学研究，2020，（2）.

75. 刘昕宇. 构建环境侵权损害社会化救济制度的思考［J］. 中州学刊，2016，（6）.

76. 刘士国. 民法典"环境污染和生态破坏责任"评析［J］. 东方法学，2020，（4）.

77. 刘东亮. 涉及科学不确定性之行政行为的司法审查：美国法上的"严格检视"之审查与行政决策过程的合理化的借鉴［J］. 政治与法律，2016，（3）.

78. 刘金源. 工业化时期英国城市环境问题及其成因［J］. 史学月刊，2006，（10）.

79. 刘正强. 信访的"容量"分析：理解中国信访治理及其限度的一种思路［J］. 开放时代，2014，（1）.

80. 刘汉天，刘俊. 公民环境公益诉讼主体资格的法理基础及路径选择［J］. 江海学刊，2018，（3）.

81. 刘画洁，王正一. 生态环境损害赔偿范围研究［J］. 南京大学学报：哲学·人文科学·社会科学，2017，（2）.

82. 刘鹏娇，张敬品. 拉夫运河事件与美国环境正义运动的兴起［J］.首都师范大学学报：社会科学版，2020，（2）.

83. 李昊.美国法上的环境修复责任初论：以《综合环境响应、赔偿与责任法》为中心［J］.法治研究，2020，（2）.

84. 李昊.损害概念的变迁及类型建构：以民法典侵权责任编的编纂为视角［J］.法学，2019，（2）.

85. 李昊.论生态损害的侵权责任构造：以损害拟制条款为进路［J］.南京大学学报：哲学·人文科学·社会科学，2019，（1）.

86. 李琳.法国生态损害之民法构造及其启示：以损害概念之扩张为进路［J］.法治研究，2020，（2）.

87. 李沫，黄健.我国纪检监察反腐举报制度的法律重塑：基于对举报信访化的反思［J］.湖南社会科学，2019，（6）.

88. 李挚萍.行政命令型生态环境修复机制研究［J］.法学评论，2020，（3）.

89. 李挚萍.环境修复目标的法律分析［J］.法学杂志，2016，（3）.

90. 李挚萍.论政府环境法律责任：以政府对环境质量负责为基点［J］.中国地质大学学报：社会科学版，2008，（2）.

91. 李明耀.生态环境侵权责任中"绿色原则"的功能阐释与规则整合［J］.求索，2019，（5）.

92. 李承亮.侵权责任法视野中的生态损害［J］.现代法学，2010，（1）.

93. 陆军，杨学飞.检察机关民事公益诉讼诉前程序实践检视［J］.国家检察官学院学报，2017，（6）.

94. 林煜.我国生态环境损害赔偿资金制度的困境与出路［J］.中国环境管理，2019，（4）.

95. 林潇潇.论生态环境损害治理的法律制度选择［J］.当代法学，2019，（3）.

96. 林莉红，马立群. 作为客观诉讼的行政公益诉讼［J］. 行政法学研究，2011，（4）.

97. 练育强. 争论与共识：中国行政公益诉讼本土化探索［J］. 政治与法律，2019，（7）.

98. 卢政峰. 内部行政程序及其法治化建构研究［J］. 辽宁大学学报：哲学社会科学版，2018，（3）.

99. 罗智敏. 公正原则在我国行政实践中的实施范围［J］. 中国法律评论，2016，（1）.

100. 马宁. 环境责任保险与环境风险控制的法律体系建构［J］. 法学研究，2018，（1）.

101. 马怀德. 机关运行保障立法的意义、原则和任务［J］. 中国法学，2020，（1）.

102. 马怀德. 行政程序法的价值及立法意义［J］. 政法论坛，2004，（5）.

103. 马俊驹. 国家所有权的基本理论和立法结构探讨［J］. 中国法学，2011，（4）.

104. 马道明. 民间环保集体行动产生逻辑及破局关键：基于太湖污染治理的考察［J］. 华东理工大学学报：社会科学版，2015，（6）.

105. 马春庆. 为何用"行政效能"取代"行政效率"：兼论行政效能建设的内容和意义［J］. 中国行政管理，2003，（4）.

106. 马强伟. 德国生态环境损害的救济体系以及启示［J］. 法治研究，2020，（2）.

107. 马存利. 全球变暖下的环境诉讼原告资格分析——从马萨诸塞州诉联邦环保署案出发［J］. 中外法学，2008，（4）.

108. 闵绪国. 周恩来的环境保护思想——纪念周恩来诞辰 110 周年［J］. 环境保护，2008，（5）.

109. 梅雪芹. 工业革命以来西方主要国家环境污染与治理的

历史考察［J］. 世界历史，2000，（6）.

110. 娜拉. 世界水务民营化改革的教训与启示［J］. 科技管理研究，2015，（14）.

111. 宁清同. 生态修复责任之保障制度初探［J］. 法治研究，2019，（2）.

112. 南景毓. 生态环境损害：从科学概念到法律概念［J］. 河北法学，2018，（11）.

113. 彭中遥. 生态环境损害赔偿诉讼的性质认定与制度完善［J］. 内蒙古社会科学：汉文版，2019，（1）.

114. 彭向刚. 论构建社会主义和谐社会视角下的行政效能建设［J］. 天津社会科学，2011，（5）.

115. 潘德勇. 从价值到事实：法学实证方法的变迁［J］. 社会科学，2015，（3）.

116. 潘牧天. 生态环境损害赔偿诉讼与环境民事公益诉讼的诉权冲突与有效衔接［J］. 法学论坛，2020，（6）.

117. 覃慧. 检察机关提起行政公益诉讼的实证考察［J］. 行政法学研究，2019，（3）.

118. 秦前红. 检察机关参与行政公益诉讼理论与实践的若干问题探讨［J］. 政治与法律，2016，（11）.

119. 钱水苗，魏琪. 论环保非诉案件行政强制执行制度的完善［J］. 法治研究，2013，（5）.

120. 税兵. 自然资源国家所有权双阶构造说［J］. 法学研究，2013，（4）.

121. 沈岿. 论行政法上的效能原则［J］. 清华法学，2019，（4）.

122. 沈岿. 检察机关在行政公益诉讼中的请求权和政治责任［J］. 中国法律评论，2017，（5）.

123. 沈亚萍. 行政自制的规则诉求与规则配置［J］. 广东社

会科学，2014，(6).

124. 孙谦. 设置行政公诉的价值目标与制度构想 [J]. 中国社会科学，2011，(1).

125. 孙佑海，王倩. 民法典侵权责任编的绿色规制限度研究："公私划分"视野下对生态环境损害责任纳入民法典的异见 [J]. 甘肃政法学院学报，2019，(5).

126. 史玉成. 环境法学核心范畴之重构：环境法的法权结构论 [J]. 中国法学，2016，(5).

127. 石佳友. 治理体系的完善与民法典的时代精神 [J]. 法学研究，2016，(1).

128. 石春雷. 论环境民事公益诉讼中的生态环境修复：兼评最高人民法院司法解释相关规定的合理性 [J]. 郑州大学学报：哲学社会科学版，2017，(2).

129. 施雪华，黄建洪. 中国公共行政的理论探索与实践发展之关系：从行政效能、行政方法与技术视角所作的一项分析 [J]. 中国行政管理，2010，(7).

130. 谈萧. 规范法学的方法构成及适用范围 [J]. 法律科学：西北政法大学学报，2012，(4).

131. 唐飞，李玲. 欧盟环境责任制度的立法建构及借鉴意义 [J]. 环境保护，2013，(8).

132. 唐绍均，蒋云飞. 环境行政代履行制度：优势、困境与完善 [J]. 中州学刊，2016，(1).

133. 谭冰霖. 环境行政处罚规制功能之补强 [J]. 法学研究，2018，(4).

134. 涂永前. 环境行政处罚与环境行政命令的衔接：从《环境保护法》第60条切入 [J]. 法学论坛，2015，(6).

135. 陶建国. 德国环境行政公益诉讼制度及其对我国的启示 [J]. 德国研究，2013，(2).

136. 汪劲. 论现代西方环境权益理论中的若干新理念［J］. 中外法学, 1999, (4).

137. 汪劲. 论生态环境损害赔偿诉讼与关联诉讼衔接规则的建立［J］. 环境保护, 2018, (5).

138. 王旭. 论自然资源国家所有权的宪法规制功能［J］. 中国法学, 2013, (6).

139. 王腾. 我国生态环境损害赔偿磋商制度的功能、问题与对策［J］. 环境保护, 2018, (13).

140. 王琪. 公私法互融背景下的域外生态环境损害责任制度对我国的启示［J］. 环境保护, 2019, (Z1).

141. 王曦, 胡苑. 美国的污染治理超级基金制度［J］. 环境保护, 2007, (10).

142. 王莉, 邹雄. 生态环境损害公私法二元救济的规则安排［J］. 南京社会科学, 2020, (6).

143. 王伟, 丁云龙. 论行政执法中的"分级寻租"与解决策略:"钓鱼执法"及其一般性理论解释［J］. 公共管理学报, 2011, (4).

144. 王华, 郭红燕. 国家环境社会治理工作存在的问题与对策建议［J］. 环境保护, 2015, (21).

145. 王小刚. 生态环境修复和替代性修复的概念辨正:基于生态环境恢复的目标［J］. 南京工业大学学报:社会科学版, 2019, (1).

146. 王小钢. 论环境公益诉讼的利益和权利基础［J］. 浙江大学学报:人文社会科学版, 2011, (3).

147. 王社坤. 环境侵权因果关系举证责任分配研究:兼论《侵权责任法》第 66 条的理解与适用［J］. 河北法学, 2011, (2).

148. 王明远. 论我国环境公益诉讼的发展方向:基于行政权

与司法权关系理论的分析 [J]. 中国法学, 2016, (1).

149. 王旭光. 论生态环境损害赔偿诉讼的若干基本关系 [J]. 法律适用, 2019, (21).

150. 王克稳. 自然资源国家所有权的性质反思与制度重构 [J]. 中外法学, 2019, (3).

151. 王春业. 论行政权谦抑性品格 [J]. 广东行政学院学报, 2015, (1).

152. 王泽鉴. 危险社会、保护国家与损害赔偿法 [J]. 月旦法学杂志, 2005, (2).

153. 王丽萍. 突破环境公益诉讼启动的瓶颈: 适格原告扩张与激励机制构建 [J]. 法学论坛, 2017, (3).

154. 王欢欢. 欧盟环境法中的辅助性原则 [J]. 法学评论, 2009, (5).

155. 王灿发, 程多威. 新《环境保护法》下环境公益诉讼面临的困境及其破解 [J]. 法律适用, 2014, (8).

156. 王世进, 曾祥生. 侵权责任法与环境法的对话: 环境侵权责任最新发展: 兼评《中华人民共和国侵权责任法》第八章 [J]. 武汉大学学报: 哲学社会科学版, 2010, (3).

157. 王换娥, 杜亚涛, 耿平. 我国环境责任保险发展模式创新研究 [J]. 科技管理研究, 2011, (7).

158. 吴鹏. 最高法院司法解释对生态修复制度的误解与矫正 [J]. 中国地质大学学报: 社会科学版, 2015, (4).

159. 吴惟予. 生态环境损害赔偿中的利益代表机制研究: 以社会公共利益与国家利益为分析工具 [J]. 河北法学, 2019, (3).

160. 吴一冉. 生态环境损害赔偿诉讼中修复生态环境责任及其承担 [J]. 法律适用, 2019, (21).

161. 吴家清, 洪丹娜. 中国检举制度的变迁及完善路径 [J]. 学术研究, 2015, (2).

162. 谢晖．论规范分析方法［J］．中国法学，2009，（2）．

163. 夏雨．责令改正之行为性质研究［J］．行政法学研究，2013，（3）．

164. 徐靖．论法律视域下社会公权力的内涵、构成及价值［J］．中国法学，2014，（1）．

165. 徐祥民．地方政府环境质量责任的法理与制度完善［J］．现代法学，2019，（3）．

166. 徐祥民．自然资源国家所有权之国家所有制说［J］．法学研究，2013，（4）．

167. 徐祥民，辛帅．民事救济的环保功能有限性：再论环境侵权与环境侵害的关系［J］．法律科学：西北政法大学学报，2016，（4）．

168. 徐以祥．论生态环境损害的行政命令救济［J］．政治与法律，2019，（9）．

169. 徐以祥，李兴宇．环境利益在民法分则中的规范展开与限度［J］．中国地质大学学报：社会科学版，2018，（6）．

170. 徐轶杰．新中国环境保护区域协作初探：以官厅水库水源保护工作为例［J］．当代中国史研究，2015，（6）．

171. 肖建国．利益交错中的环境公益诉讼原理［J］．中国人民大学学报，2016，（2）．

172. 薛艳华．环境行政命令与环境行政处罚的错位与匡正［J］．大连理工大学学报：社会科学版，2019，（6）

173. 薛志远，王敬波．行政公益诉讼制度的新发展［J］．法律适用，2019，（6）．

174. 姚贝，刘瑞珍．我国环境污染责任保险立法的困境和出路［J］．法律适用，2015，（9）．

175. 姚凤云．行政效能建设与政府职能转变［J］．行政论坛，2007，（6）．

176. 杨朝霞. 论环境公益诉讼的权利基础和起诉顺位：兼谈自然资源物权和环境权的理论要点 [J]. 法学论坛, 2013, (3).

177. 杨志弘. 公益诉讼主体扩张的制度反思：以检察机关作为公益诉讼原告为切入点 [J]. 青海社会科学, 2018, (4).

178. 应松年. 中国行政程序法立法展望 [J]. 中国法学, 2010, (2).

179. 叶榅平. 论自然资源国家所有权行使的基本原则 [J]. 法治研究, 2019, (4).

180. 叶榅平. 自然资源国家所有权的双重权能结构 [J]. 法学研究, 2016, (3).

181. 严厚福. 环境行政处罚执行难中的司法因素：基于实证的分析 [J]. 中国地质大学学报：社会科学版, 2011, (6).

182. 尹志强. 侵权法的地位及与民法典各编关系的协调 [J]. 华东政法大学学报, 2019, (2).

183. 尹凤英. "以罚代管"行政执法方式形成机制研究 [J]. 哈尔滨师范大学社会科学学报, 2016, (5).

184. 竺效. 论生态损害综合预防与救济的立法路径：以法国民法典侵权责任条款修改法案为借鉴 [J]. 比较法研究, 2016, (3).

185. 竺效. 生态损害公益索赔主体机制的构建 [J]. 法学, 2016, (3).

186. 竺效. 论我国环境污染责任保险单行法的构建 [J]. 现代法学, 2015, (3).

187. 竺效. 论环境污染责任保险法律体系的构建 [J]. 法学评论, 2015, (1).

188. 诸江. 生态损害的社会化救济研究 [J]. 社会主义研究, 2010, (3).

189. 诸江. 我国生态损害社会化救济的实现方式探索［J］. 湖南科技大学学报：哲学社会科学版，2010，（5）.

190. 张宝. 生态环境损害政府索赔制度的性质与定位［J］. 现代法学，2020，（2）.

191. 张宝. 生态环境损害政府索赔权与监管权的适用关系辨析［J］. 法学论坛，2017，（3）.

192. 张震. 中国宪法的环境观及其规范表达［J］. 中国法学，2018，（4）.

193. 张辉. 环境行政权与司法权的协调与衔接：基于责任承担方式的视角［J］. 法学论坛，2019，（4）.

194. 张颖. 环境公益诉讼费用规则的思考［J］. 法学，2013，（7）.

195. 张新宝. 侵权责任一般条款的理解与适用［J］. 法律适用，2012，（10）.

196. 张春莉. 生态环境损害赔偿诉讼的检视与完善［J］. 南京社会科学，2019，（12）.

197. 张旭东. 预防性环境民事公益诉讼程序规则思考［J］. 法律科学：西北政法大学学报，2017，（4）.

198. 张洋，毋爱斌. 论预防性环境民事公益诉讼中"重大风险"的司法认定［J］. 中国环境管理，2020，（2）.

199. 张梓太，李晨光. 生态环境损害政府索赔的路径选择［J］. 社会科学辑刊，2018，（3）.

200. 张梓太，李晨光. 关于我国生态环境损害赔偿立法的几个问题［J］. 南京社会科学，2018，（3）.

201. 张晋武，齐守印. 公共物品概念定义的缺陷及其重新建构［J］. 财经研究，2016，（8）.

202. 张红杰，徐祥民，凌欣. 政府环境责任论纲［J］. 郑州大学学报：哲学社会科学版，2017，（3）.

203. 周林彬，何朝丹. 公共利益的法律界定探析：一种法律经济学的分析进路［J］. 甘肃社会科学，2006，（1）.

204. 曾哲，梭娅. 环境行政公益诉讼原告主体多元化路径探究：基于诉讼客观化视角［J］. 学习与实践，2018，（10）.

205. 赵骏. 中国法律实证研究的回归与超越［J］. 政法论坛，2013，（2）.

206. 赵娜，方卫华. 重大行政决策的集体讨论决定制度研究［J］. 北京航空航天大学学报：社会科学版，2014，（1）.

207. 赵悦，刘尉.《民法典·侵权责任编（草案）》"一审稿"生态环境公益损害民事救济途径辨析［J］. 南京工业大学学报：社会科学版，2019，（3）.

208. 赵小姣. 我国生态环境损害赔偿立法：模式与难点［J］. 东北大学学报：社会科学版，2020，（5）.

209. 赵鼎新. 集体行动、搭便车理论与形式社会学方法［J］. 社会学研究，2006，（1）.

210. 郑显芳. 再论环境侵权行为的举证责任［J］. 河北法学，2009，（5）.

211. 朱谦. 环境公共利益的宪法确认及其保护路径选择［J］. 中州学刊，2019，（8）.

212. 朱谦. 环境公共利益的法律属性［J］. 学习与探索，2016，（2）.

213. 朱谦. 环境民主权利构造之路径选择［J］. 南京社会科学，2007，（5）.

214. 朱全宝. 论检察机关提起行政公益诉讼：特征、模式与程序［J］. 法学杂志，2015，（4）.

215. 朱艳丽. 论环境治理中的政府责任［J］. 西安交通大学学报：社会科学版，2017，（3）.

216. 钟瑞栋，杨静. 美丽中国建设背景下民法典侵权责任编

的完善 [J]. 河南社会科学, 2020, (2).

217. 庄敬华. 气候资源国家所有权非我国独创 [J]. 中国政法大学学报, 2012, (6).

（二）外文期刊

1. Adam D. K. Abelkop. Tort Law as an Environmental Policy Instrument [J]. Oregon Law Review, 2013, 92 (2).

2. Barry Boyer, Errol Meidinger. Privatizing Regulatory Enforcement: A Preliminary Assessment of Citizen Suits Under Federal Environmental Laws [J]. Buffalo Law Review, 1985, 34 (3).

3. Emanuela Orlando. From Domestic to Global? Recent Trends in Environmental Liability from a Multi – level and Comparative Law Perspective [J]. Review of European, Comparative & International Environmental Law, 2015, 24 (3).

4. Edkardt C. Beck. The Love Canal Tragedy [J]. EPA Journal, 1979, 5 (1).

5. Frank B. Cross. Restoring Restoration for Natural Resource Damages [J]. University of Toledo Law Review, 1993, 24 (2).

6. Gary S. Becker. Crime and Punishment: An Economic Approach [J]. Journal of Political Economy, 1968, 76 (2).

7. Howard Latin. Good Science, Bad Regulation, and Toxic Risk Assessment [J]. Yale Journal on Regulation, 1988, 5 (1).

8. Julie Foulon. Recent developments in French Environmental Law: Recognition and Implementation of Ecological Damage in French Tort Law [J]. Environmental Law Review, 2019, 21 (4).

9. Karen Bradshaw. Settling for Natural Resource Damages [J]. Harvard Environmental Law Review, 2016, 40 (2).

10. Kenneth S. Abraham. Catastrophic Oil Spills and the Problem of Insurance [J] Vanderbilt Law Review, 2011, 64 (6).

11. Keith N. Hylton. When Should We Prefer Tort Law to Environmental Regulation [J]. Washburn Law Journal, 2002, 41 (3).

12. Mark L. Wilde. The EC Commission's White Paper on Environmental Liability [J]. Journal of Environmental Law, 2001, 13 (1).

13. Mark Latham, Victor E. Schwartz, Christopher E. Appel. The Intersection of Tort and Environment Law: Where the Twains Should Meet and Depart [J]. Fordham Law Review, 2011, 80 (2).

14. Mark Seidenfeld, Janna Satz Nugent. The Friendship of the People: Citizen Participation in Environmental Enforcement [J]. George Washington Law Review, 2005, 73 (2).

15. Maria Lee. Tort, Regulation and Environmental Liability [J]. Legal Studies, 2002, 22 (1).

16. Norman Nosenchuck. The Cleanup of Love Canal [J]. EPA Journal, 1985, 11 (3).

17. Paul A. Samuelson. The Pure Theory of Public Expenditure [J]. The Review of Economics and Statistics, 1954, 36 (4).

18. Paul R. Lachapelle, Stephen F. McCool. Exploring the Concept of "Ownership" in Natural Resource Planning [J]. Society & Natural Resources, 2005, 18 (3).

19. Peter Havenga. Liability for Environmental Damage [J]. South African Mercantile Law Journal, 1995, 7 (2).

20. Peter Cane. Using Tort Law to Enforce Environmental Regulations [J]. Washburn Law Journal, 2002, 41 (3).

21. Pablo Salvador Coderch. Comments on the White Paper on

Environmental Liability ［J］. Social Science Electronic Publishing, 2000，（4）.

22. Rodriguez Valero, Isabel. The Environmental Liability Directive：Practical Impact and Implementation ［J］. Journal for European Environmental & Planning Law，2005，2（4）.

23. Theodore Baurer. Love Canal：Common Law Approaches to a Modern Tragedy ［J］. Environmental Law，1980，11（1）.

24. Tolsma Hanna，de Graaf Kars，Jans Jan. The Rise and Fall of Access to Justice in the Netherlands ［J］. Journal of Environmental Law，2009，21（2）.

三、报刊类

1. 常纪文. 社会组织参与环境公益诉讼瓶颈亟待突破 ［N］. 中国青年报，2016－1－6（8）.

2. 曹孟勤. 人与自然和谐共生的价值意蕴 ［N］. 光明日报，2019－2－25（15）.

3. 陈媛媛，张倩. 维护公共利益，这个"抓手"不可或缺 ［N］. 中国环境报，2019－3－12（8）.

4. 丁家发. "以劳代偿"是一种有益尝试 ［N］. 人民法院报，2020－12－30（2）.

5. 傅达林. 法庭规则，从专注秩序到程序正义 ［N］. 法制日报，2016－4－19（7）.

6. 高斌，赵晓明. 履行公益诉讼检察职责促进国家治理现代化：专访最高人民检察院第八检察厅厅长胡卫列 ［N］. 检察日报，2021－2－22（2）.

7. 郭树合，周道洋. 以规范化提升检察建议监督质效 ［N］. 检察日报，2018－7－19（3）.

8. 贺震. 江苏探索环境司法之路 ［N］. 中国环境报，2016－

4 - 22（8）.

9. 黄乔. 江津实施生态环境损害替代性修复措施［N］. 重庆日报，2018 - 8 - 14（2）.

10. 胡卫列. 因应人民生活新需 推进检察公益诉讼［N］. 检察日报，2019 - 12 - 19（3）.

11. 韩东良. 生态环境损害赔偿"南通模式"有看点［N］. 中国环境报，2019 - 10 - 29（4）.

12. 靳昊. 呼唤环境公益诉讼的"春天"［N］. 光明日报，2016 - 5 - 23（11）.

13. 林琳. 巨大的修复代价敲响生态保护警钟［N］. 工人日报，2017 - 11 - 23（3）.

14. 吕忠梅. 论环境侵权的二元性［N］. 人民法院报，2014 - 10 - 29（8）.

15. 刘倩，於方. 如何理解民法典中的生态环境损害赔偿？［N］. 中国环境报，2020 - 6 - 2（8）.

16. 刘晓星. 是否存在生态环境风险谁说了算？［N］. 中国环境报，2018 - 9 - 28（8）.

17. 刘英团. 举报不应是一种"高风险行为"［N］. 中国纪检监察报，2015 - 8 - 20（4）.

18. 李飞. 联合信用惩戒体系与诚信社会建设［N］. 人民法院报，2018 - 6 - 20（8）.

19. 李苑，刘华军. 历时 10 个月，500 万赔偿款终到位［N］. 中国环境报，2019 - 11 - 21（8）.

20. 李萱，袁东辉，沈晓悦，杨姝影，尚浩冉. 环境污染强制责任保险政策还有哪些不足待完善？［N］. 中国环境报，2019 - 7 - 23（3）.

21. 李海生. 美国污染土地治理的"超级基金制度"［N］. 学习时报，2013 - 12 - 2（2）.

22. 李振宁．信用惩戒的特性和运行机理（上）［N］．中国市场监管报，2019－9－3（4）．

23. 路建英．培养公益组织法律素养 提高公益组织诉讼能力［N］．中国社会报，2019－3－16（2）．

24. 孟亚旭．去年审结3.6万件环境资源刑事案［N］．北京青年报，2020－5－9（A3）．

25. 郄建荣．生态环境损害赔偿写入民法典［N］．法制日报，2020－7－4（4）．

26. 孙航．以最严格制度最严密法治保护生态环境［N］．人民法院报，2020－5－9（1）．

27. 孙航．首个生态环境损害赔偿司法解释出台［N］．人民法院报，2019－6－6（4）．

28. 汤啸天．生态环境资源公益诉讼要注重修复功能［N］．人民法院报，2020－7－18（2）．

29. 吴朝香．台州路桥：艰难的土壤污染修复之路［N］．钱江晚报，2017－11－21（A2）．

30. 吴琼，刘畅．以营造动物栖息地方式进行"替代性修复"［N］．人民法院报，2019－1－3（3）．

31. 吴孟栓，米蓓．检察建议：履行法律监督职责的重要方式［N］．检察日报，2019－1－24（3）．

32. 王玮．我国环境司法专门化体系基本形成［N］．中国环境报，2019－3－5（8）．

33. 王彬．发挥公益诉讼功能 提升群众环保理念［N］．徐州日报，2020－4－26（5）．

34. 王金南．实施生态环境损害赔偿制度 落实生态环境损害修复责任：关于《生态环境损害赔偿制度改革试点方案》的解读［N］．中国环境报，2015－12－4（2）．

35. 王社坤．环保组织会不会力不从心？［N］．中国环境报，

2014 – 9 – 9（2）.

36. 王琳琳. 保障社会组织开展公益诉讼需精准施策［N］. 中国环境报，2018 – 3 – 14（8）.

37. 王琳琳. 鼓励社会组织发起公益诉讼［N］. 中国环境报，2018 – 3 – 6（8）.

38. 王立新，黄剑，廖宏娟. 责令恢复原状，咋就成了摆设？［N］. 中国国土资源报，2015 – 10 – 27（7）.

39. 武建华. 从五个方面完善生态环境损害赔偿磋商机制［N］. 人民法院报，2018 – 9 – 12（8）.

40. 许海燕. 江苏设立省级土壤污染防治投资基金［N］. 江苏经济报，2020 – 12 – 29（A1）.

41. 许海燕. 环境有价，一旦损害"应赔尽赔"［N］. 新华日报，2018 – 9 – 17（5）.

42. 徐秋颖. 地方探索生态损害"替代性修复"［N］. 民主与法制时报，2020 – 9 – 24（1）.

43. 徐日丹. 刚性的检察建议才有力量［N］. 检察日报，2020 – 8 – 6（1）.

44. 徐日丹，贾阳. 依法履职稳步推进公益诉讼改革试点工作：最高人民检察院相关负责人解读《检察机关提起公益诉讼改革试点方案》［N］. 检察日报，2015 – 7 – 3（2）.

45. 徐日丹，闫晶晶，史兆琨. 试点两年检察机关办理公益诉讼案件9053件［N］. 检察日报，2017 – 7 – 1（2）.

46. 杨煌. 不断提升历史思维能力［N］. 学习时报，2019 – 4 – 1（1）.

47. 严厚福. 损害生态环境必须"应赔尽赔"［N］. 人民日报，2017 – 12 – 20（5）.

48. 于勇，李焱. 周总理"逼"出了新中国第一代环保人［N］. 经济日报，2015 – 1 – 12（16）.

49. 於方, 齐霁, 田超. "环境有价 损害担责 应赔尽赔" 理念初步建立 [N]. 中国环境报, 2019 - 12 - 13 (6).

50. 闫继勇. 山东: 环境资源专门化审判体系覆盖全省 [N]. 人民法院报, 2020 - 6 - 8 (8).

51. 张军. 最高人民检察院关于开展公益诉讼检察工作情况的报告 (摘要): 2019 年 10 月 23 日在第十三届全国人民代表大会常务委员会第十四次会议上 [N]. 检察日报, 2019 - 10 - 25 (2).

52. 张蕾. 让损害生态环境者承担赔偿责任: 环保部有关负责人解读《生态环境损害赔偿制度改革试点方案 [N]. 光明日报, 2015 - 12 - 4 (3).

53. 张维. 复议机关受案二百二十六万件 七成实现案结事了 [N]. 法制日报, 2019 - 11 - 9 (1).

54. 张聪. 自愿认购 "碳汇" 替代性修复受损环境 [N]. 中国环境报, 2020 - 3 - 23 (8).

55. 张明敏. 公益诉讼的破冰困局 [N]. 公益时报, 2016 - 3 - 29 (8).

56. 张旭辉, 徐卫星. 别让场地修复成了排污 [N]. 中国环境报, 2014 - 7 - 29 (12).

57. 周琳. 绿色基金为环保和发展增底气 [N]. 经济日报, 2017 - 6 - 21 (7).

58. 赵静. 以制度破解 "企业污染、群众受害、政府买单" 局面 [N]. 辽宁日报, 2021 - 1 - 28 (10).

59. 郑学林. 中国环境资源审判的新发展 [N]. 人民法院报, 2017 - 6 - 7 (8).

60. 最高人民法院. 十起环境侵权典型案例 [N]. 人民法院报, 2015 - 12 - 30 (3).

四、学位论文类

1. 桂萍. 重大行政决策之公众参与制度 [D]. 苏州：苏州大学，2016.

2. 刘厚见. 建国后中国共产党信访理论与实践研究 [D]. 长沙：湖南师范大学，2016.

3. 翟甜甜. 二元规制模式下的环境侵害民事责任研究：以美国环境侵害民事责任为中心 [D]. 济南：山东大学，2019.